小学校英語 はじめる教科書

改訂版

外国語科・外国語活動指導者養成のために
— コア・カリキュラムに沿って —

吉田 研作（監修） 小川 隆夫・東 仁美（著）

Total Guide for
Elementary
English Education

JN089244

Plant your future
mpi

は　じ　め　に

　小学校の新学習指導要領が施行されて2年が経ちますが、各小学校では、特に5・6年生の教科としての英語の教え方について試行錯誤しながら実施方法を模索しています。国の方針としては専科教員を増やすことを考えていますが、実質的には、担任が中心にならざるを得ないのが現状です。また、専科教員が入ったとしても、どこまで新学習指導要領が理解されているかについては定かではありません。中学校や高校の英語教育の免許を持っていたとしても、今回の学習指導要領の根底に流れる「帰納的」学習理論（言語活動→気付き→理解）が従来の「演繹的」学習理論（理解→練習→活用）と大きく異なることがしっかり理解されていなければ混乱が起きる可能性があります。

　新学習指導要領は従来の構造シラバス（言語構造の難易度によってシラバスが決まる）からコミュニカティブ・シラバス（英語を使って何ができるかを基準にシラバスが決まる）へと大きく変わりました。文脈のない「知識・技能」の修得から、コミュニケーションの目的にあった文脈の中で言語知識を使って「思考」し、「判断」し、そしてそれに基づいて「表現」することを通して言語を修得する、という考え方に変わっています。しかし、このことを新学習指導要領だけを読んで理解することは簡単ではありません。

　学習指導要領の理解を目的とした解説書を出していますし、具体的指導方法などを示していますが、その内容は必ずしも理解しやすいものとは言えないようです。そのため、新学習指導要領の考え方や内容をより具体的な事例や授業案などを紹介しながら、より実感しやすい解説書が求められてきました。このことは、特に大学や教員研修所などでこれから小学校の英語教育に携わるための準備をしている学生や先生に言えることです。

　本書は、第一部で新学習指導要領の文言をできるだけ正確に提示しながら、その内容を分かりやすく説明し、第二部と第三部では、第一部で紹介された内容を具体的な活動や授業と結び付けながら分かりやすく説明しています。基本的な構成は第一版と大きく変わっているわけではありませんが、新学習指導要領が施行され、その後、国が示している新たな政策、そして、実際に授業が行われる中で出てきている具体的問題点などを考慮しながら、より現状に即した充実したものとなっています。

　実際の問題として、新たに教科書ができたこと（特に5・6年生用の教科）について少し考えてみましょう。どうしても教科書ができるとそれをそのまま教えなければならないのかどうか、という疑問が生まれるしょう。しかし、教科書はそのまま教えれば良い、というも

のではありません。大切なのは、そこで紹介されている CAN-DO や言語材料を生徒の実情に合った具体的な状況の中で利用することです。つまり、教科書「を」教えるのはなく、教科書「で」教える、とよく言われるように、教科書はあくまでも生徒たちがコミュニケーション活動をするための「道具」だという視点を持つことが大切です。そして、そのためには、いろいろな事例を参考にする必要があります。本書では、そのような事例を数多く紹介しています。

　まだ始まったばかりの小学校英語教育ですので、これからもいろいろな課題が出てくるでしょうが、新しい学習指導要領を実現するために本書を利用していただけると幸いです。

上智大学名誉教授・日本英語検定協会会長

吉田研作

読者の皆様へ

『小学校英語はじめる教科書』の初版が刊行されたのは2017年12月末でした。情報があまりない中でしたが、小学校教員を目指す大学生や大学の先生方、現職の先生方、民間の指導者の皆様に少しでも役立つようにという思いで書きました。私たちの多くは、小学校時代に外国語を教科として学んだ経験がありません。国語や算数なら、自分の経験から先生がどんな教え方をしてどんな教材を使っていたか分かりますが、未経験だと想像の領域になってしまいます。その上、中学校英語の印象が強く残っているため、自分が教えられるのかと心配する人もいました。そこで、本書では小学校外国語活動と外国語科の魅力が伝わり、教えてみたいなと思っていただけるように、平易な表現で指導法や教材とその活用法などをたくさん紹介するように心掛けましたところ、たくさんの皆様に活用していただくことができました。筆者として大変うれしく思いますとともに、心より感謝いたします。

ここ数年間で文部科学省からは小学校外国語に関する新しい資料が提示され、YouTubeの解説も公開されました。2020年度には外国語科の授業が教科として始まり、年度末までに児童一人一人にタブレットが配布されました。そして、小学校教育はこれから数年かけて35人学級、専科教員の導入、デジタル教科書の導入などとめざましく変化していきます。外国語教育もそれに伴って変化していかなければなりません。

そのため、『小学校英語はじめる教科書』も新しい情報を加えて改訂版を刊行することになりました。折しも2021年度から中学校の新学習指導要領での学びが始まりました。小学校外国語活動・外国語科がいかに中学校につながり、成果を生かせるか注目されています。

改訂版『小学校英語はじめる教科書』が皆様のお役に立てることを祈っております。

小川　隆夫

2020年4月、新学習指導要領が全面実施となり、高学年の外国語科が教科となりました。検定教科書を活用した週2回の授業が始まりましたが、新しい教科の指導に不安を抱えている先生方はまだまだ多いようです。一方、教育職員免許法の改訂に伴い、教職課程の再課程認定を経て、2019年度から小学校教員養成課程で外国語（英語）が必修となりました。多くの教員養成大学では、2年次に教科の指導法や専門的事項の授業を開講していますので、2020年度の2年生が大学を卒業する2023年には、自信を持って外国語活動や外国語科の指導ができる教員が教壇に立つはずです。

聖学院大学児童学科では、2006年に小学校教員養成課程が新設され、翌2007年度から「児童英語教材研究」という科目を開講しました。自分たちが習ってきた英語とは少し違う、小学校外国語活動の楽しさを体験した卒業生が今、各地の小学校で外国語活動・外国語科の指導に奮闘しています。英語で考えや気持ちを伝え合うことを楽しめる小学生を増やすためには、豊かな言語活動を展開できる指導者を育てることが必須です。長年、教員養成に携わってきた筆者2人は、小学校外国語教育について十分に理解し、その指導法を身に付けた卒業生を世に出すために、この『小学校英語 はじめる教科書』を執筆しました。教員養成課程や小学校現場、また指導者養成の場でこの教科書を活用しながら、主体的・対話的で深い学びの中で、英語でコミュニケーションをすることを楽しめる先生が増えることを心から願っています。

　今回の改訂に当たっては、4年前に執筆した際の情報を精査し、できる限り最新の情報にアップデートしました。この改訂版では、二次元バーコードを採用し、本著で言及した音声・動画をよりスムーズに読み取れるようにいたしました。スマートフォンやタブレット端末などを片手に本を読みながら、mpi 松香フォニックスの素晴らしい音声・動画教材をお楽しみください。また、読者の皆様に検定教科書についてご紹介するため、光村図書出版の『Here We Go! 5』『Here We Go! 6』を引用することをお認めいただき、音声教材もご提供いただきました。この場を借りて、光村図書出版株式会社編集部の皆様に御礼申し上げます。

東　仁美

謝　辞

　本改訂版の刊行に当たり、引き続き監修をしていただきました吉田研作先生に感謝いたします。また、本プロジェクトを強く推し進めてくださった株式会社mpi 松香フォニックス竹村千栄子社長、温かく見守っていただいた同名誉会長の松香洋子先生に厚く御礼申し上げます。

2021年8月

小川　隆夫・東　仁美

目　次

この本の活用法について

【小学校の教員を目指している大学生の皆さんへ】

　この本の第一部、第二部では、小学校外国語活動・外国語科を指導する上で最低限必要な指導法と専門的知識を取り上げています。専門的知識や指導法の知識を模擬授業に生かし、また自身の模擬授業を振り返る中で、理論をどう実践で応用できるかを再考してください。二次元バーコードで音声や動画を視聴して、英語の発音を繰り返し声に出して練習しましょう。

【小学校の先生方へ】

　第一部では外国語指導法、第三部では外国語活動指導法を中心に学べるように編集されています。指導法を学んだ後、すぐに付属の教材を使って、教室で実践できるようになっています。教室で子どもたちと一緒に声を出して、歌やチャンツ、絵本を楽しんでください。

【外部指導者の方、J-SHINE 資格取得を目指している方へ】

　この本は、小学校英語指導者認定協議会（J-SHINE）が認定する指導者資格取得のための共通カリキュラムに完全対応しています。特に第三部の小学校教育や児童の発達段階に関する章を精読し、指導力と共に、学校教育への知識を持ち合わせた指導者を目指しましょう。

参考文献の文部科学省ホームページの URL については、2 回目以降は記載を省略してあります。

第一部

外国語の指導法

Unit 1
外国語活動と外国語科の目標

🔍 **学びの
キーワード**　　学習指導要領、外国語活動、外国語科、目標、英語の目標、3領域、
5領域

✅ **学びの
ポイント**　　平成29年3月告示の**学習指導要領**により、中学年には**外国語活動**、高学年
には**外国語科**が導入されました。本章ではそれぞれの**目標**と**英語の目標**、
外国語活動の**3領域**と外国語科の**5領域**の目標について考えます。

1．外国語活動の目標

　学習指導要領（文部科学省, 2018, p.11）「外国語活動」の目標は次のようになっています。

> 　外国語によるコミュニケーションにおける見方・考え方を働かせ、外国語による聞く
> こと、話すことの言語活動を通して、コミュニケーションを図る素地となる資質・能力
> を次のとおり育成することを目指す。

　この中の「外国語によるコミュニケーションにおける見方・考え方」とは、外国語における
コミュニケーションの中で、どのような視点で物事を捉え、どのような考え方で思考していく
のかという、物事を捉える視点や考え方として、「外国語で表現し伝え合うため、外国語やそ
の背景にある文化を、社会や世界、他者との関わりに着目して捉え、コミュニケーションを行
う目的や場面、状況等に応じて、情報を整理しながら考えなどを形成し、再構築すること」と
なっています。これは「単に外国語を知識として学ぶのではなく、実際に使われる環境や目的
に即して、自らの考えを発展的に再構築することを意味しているのである。また、外国語教育
では、このような『見方・考え方』を働かせながら、子どもたちの発達段階に応じた『見方・
考え方』を成長させることが重要であると述べている」（吉田, 2017, p.25）のです。

　また、「次のとおり」とは、育成を目指す資質・能力の三つの柱である「知識及び技能」「思
考力、判断力、表現力等」「学びに向かう力、人間性等」のそれぞれの目標のとおり育成する
ことです。

（1）外国語活動における「何を理解しているか、何ができるか」という「知識及び技能」を
　　 体験的に身に付けることに関わる目標

> 　外国語を通して、言語や文化について体験的に理解を深め、日本語と外国語との音声の
> 違い等に気付くとともに、外国語の音声や基本的な表現に慣れ親しむようにする。

(2) 外国語活動における「理解していること・できることをどう使うか」という「思考力、判断力、表現力等」の育成に関わる目標

> 身近で簡単な事柄について、外国語で聞いたり話したりして自分の考えや気持ちなどを伝え合う力の素地を養う。

(3) 外国語活動における「どのように社会・世界と関わり、よりよい人生を送るか」という「学びに向かう力、人間性等」の涵養に関わる目標

> 外国語を通して、言語やその背景にある文化に対する理解を深め、相手に配慮しながら、主体的に外国語を用いてコミュニケーションを図ろうとする態度を養う。

　こうして見ると、外国語活動は「外国語によるコミュニケーションを通して体験的に外国語や文化、また、日本と外国語の音声の違いなどに気づき、外国語の基本的な表現に慣れ親しむことが目的であり、外国語を知識として学ぶことではないのである。現行の外国語活動よりも、かなり具体的な資質・能力の育成をめざしているが、あくまでも体験学習であり、今回の改訂においても、コミュニケーション能力（伝え合う力）の素地の育成が最も重要な目標とされている」（吉田，2017, p.26）のです。

2. 外国語科の目標

　外国語科の目標は、次のようになっています（文部科学省, 2018, p.67）。

> 　外国語によるコミュニケーションにおける見方・考え方を働かせ、外国語による聞くこと、読むこと、話すこと、書くことの言語活動を通して、コミュニケーションを図る基礎となる資質・能力を次のとおり育成することを目指す。

　外国語活動との違いは「素地」が「基礎」になっている点です。ここにも育成する三つの柱それぞれに次のとおり詳細な目標を設定しています。

(1) 外国語科における「何を理解しているか、何ができるか」という「知識及び技能」の習得に関わる目標

> 　外国語の音声や文字、語彙、表現、文構造、言語の働きなどについて、日本語と外国語との違いに気付き、これらの知識を理解するとともに、読むこと、書くことに慣れ親しみ、聞くこと、読むこと、話すこと、書くことによる実際のコミュニケーションにおいて活用できる基礎的な技能を身に付けるようにする。

(2) 外国語科における「理解していること・できることをどう使うか」という「思考力、判断力、表現力等の育成に関わる目標

> コミュニケーションを行う目的や場面、状況などに応じて、身近で簡単な事柄について、聞いたり話したりするとともに、音声で十分に慣れ親しんだ外国語の語彙や基本的な表現を推測しながら読んだり、語順を意識しながら書いたりして、自分の考えや気持ちなどを伝え合うことができる基礎的な力を養う。

（3）外国語科における「どのように社会・世界と関わり、よりよい人生を送るか」という「学びに向かう力、人間性等」の涵養に関わる目標

> 外国語の背景にある文化に対する理解を深め、他者に配慮しながら、主体的に外国語を用いてコミュニケーションを図ろうとする態度を養う。

外国語科は教科ですから、単に体験的なコミュニケーション活動ではありません。言葉の仕組み等を知識として理解できるように指導することが求められています。しかし、あくまでも中学年の外国語活動で学んだ内容が基になっています。とかく読み書きが注目されがちですが、（2）に「音声で十分に慣れ親しんだ外国語の語彙や基本的な表現」とあるように、読み書きも中学年からの接続が必要です。「外国語活動においても、文字を全く使ってはいけないということはなく、教科で文字が導入される前に、話したり聞いたりする活動で用いられる絵や写真などに文字をつけることにより、文字にも慣れ親しむ機会を設ける必要がある」（吉田, 2017, p.27）と指摘があるように、外国語活動からの読み書きコミュニケーションの素地の育成が高学年の文字学習の基になっています。

3. 英語の目標

英語では、外国語活動・外国語科の目標を踏まえ、外国語活動では三つの領域別の聞くこと、話すこと［やり取り］、話すこと［発表］、外国語科では読むこと、書くことを加え、五つの領域別に設定する目標の実現を通して資質・能力の育成を目指します。次は『小学校外国語活動・外国語研修ガイドブック』（文部科学省, 2017, pp.17-18）を参考に筆者がそれぞれの目標のポイントをまとめたものです。

（1）外国語活動

① 聞くこと…「ゆっくりはっきりと話された際に、自分のことや身の回りの物を表す簡単な語句を聞き取ったり、身近で簡単な事柄に関する基本的な表現の意味が分かるようにすること」が求められています。また、「児童が興味・関心を示すような身近な事物を扱うことも大切」であり、「文字の読み方が発音されるのを聞いた際に、どの文字であるかが分かるように」します。

② 話すこと［やり取り］…「挨拶、感謝、簡単な指示をしたり、それらに応じたり、自分のことや身の回りの物について、動作を交えながら、自分の考えや気持ちなどを伝え合っ

たり、サポートを受けて、自分や相手のこと及び身の回りの物に関する事柄について、質問をしたり質問に答えたり」します。慣用的な表現が多くなりますが、機械的なやり取りにならないようにしたいものです。

③　話すこと［発表］…「人前で実物などを見せながら、自分の考えや気持ちなどを話すように」します。

（2）外国語科

①　聞くこと…「短い話の概要を捉えることができるように」します。これが中学校における「短い説明の要点を捉えることができる」につながります。

②　読むこと…「『文字の読み方』には文字の"名称の読み方"と、"文字が持っている音"」があります。「外国語科では"文字が持っている音"まで加えて指導」します。しかし、音と綴りの関係まで指導するものではありません。

③　話すこと［やり取り］…外国語活動との相違点は「その場で質問をしたり質問に答えたりして、伝え合うことができるようにする」ことです。これは「それまでの学習や経験で蓄積した英語での話す力・聞く力を駆使して、自分の力で質問したり、答えたりすることができるようになること」を指しています。

④　話すこと［発表］…「伝えようとする内容を整理した上で、自分の考えや気持ちなどを表現できるようにする」ことです。どのように内容を整理し、自分の考えや気持ちを表現できるかを考えさせます。

⑤　書くこと…「語順を意識しながら書き写すことができるようにする」ことです。「英語の文字を『書き写す』過程を通して、英語の語順にも気付かせること」が大切です。単語と単語の間にスペースを置くことにも注意して書く活動に取り組ませます。

Discussion Topic

外国語活動と外国語科では「話すこと［やり取り］」と「話すこと［発表］」はどのような違いがあるか、例を挙げて話し合いましょう。

【参考文献】
文部科学省（2017）「小学校外国語活動・外国語研修ガイドブック」
　　　〈https://www.mext.go.jp/a_menu/kokusai/gaikokugo/1387503.htm〉2021年7月1日アクセス.
文部科学省（2018）『小学校学習指導要領（平成29年告示）解説　外国語活動・外国語編』開隆堂出版.
吉田研作（編）（2017）『小学校英語教科化への対応と実践プラン』教育開発研究所.

Unit 2
小・中の接続と小学校の役割

🔍 **学びの キーワード**　慣れ親しみ、接続、一貫性、連携、言語活動

✓ **学びの ポイント**　学習指導要領では、中学年で外国語の音声や表現に**慣れ親しみ**、高学年で総合的・系統的に教科学習を行い、中学校へと**接続**を図ることが求められています。本章では、目標がいかに**一貫性**を持つように工夫されているか、**連携**のキーワードとなる**言語活動**はどういうものかを考えます。

1. 英語教育の一貫性

　学習指導要領（文部科学省, 2018, p.152, p.157, p.164）では外国語活動から外国語科、中学校外国語科へと目標が徐々に発展したものになっています。この一貫性の流れを「思考力、判断力、表現力等」で見ると、次のようになっています。

---

① 外国語活動

　<u>自分のことや身近で簡単な事柄</u>について、簡単な語句や基本的な表現を使って、<u>相手に配慮しながら</u>、伝え合うこと。

② 外国語科

　<u>身近で簡単な事柄</u>について、伝えようとする内容を整理した上で、簡単な語句や基本的な表現を用いて、<u>自分の考えや気持ちなど</u>を伝え合うこと。

③ 中学校外国語科

　<u>日常的な話題や社会的な話題</u>について、伝える内容を整理し、英語で話したり書いたりして互いに事実や<u>自分の考え、気持ちなど</u>を伝え合うこと。（下線は筆者による）

　中学年の外国語活動では児童が自分のことや身の回りのことを相手に配慮しながら伝え合うというコミュニケーション活動を目標に指導することが求められていますが、高学年の外国語科では身近で簡単な事柄の内容を整理した上で、自分の考えや気持ちを伝え合えるように指導することが求められています。そして、中学校外国語科では日常的な話題や社会的な話題について、事実や自分の考えや気持ちなどを話したり書いたりしながらお互いの考えや気持ちを伝え合うというように、個人から身の回りへ、そして社会へ、簡単な内容を単に伝えることから、自分の考えや気持ちを伝え合う、そして話したり書いたりして互いに伝え合うことへと徐々に広がりのあるコミュニケーション活動へ導く指導が求められています。

　また、学習指導要領では、外国語で「何ができるか」という能力の育成が求められています。そのため「何ができるか」という CAN-DO 項目と活用場面が小学校から高等学校までの英語の到達目標として一貫して用いられており、系統的に並べられています。これにより表1のようにどの段階で何ができるかがはっきりと分かります。

　なお、外国語活動は体験学習ですから「〜ようにする」と書かれていますが、教科としての外国語科と中学校の外国語科では「できるようにする」になっています。

五つの領域別目標「聞くこと」　　　　　　　　　　　　　　表1

中学年・外国語活動	高学年・外国語科	中学校・外国語科
（ア）ゆっくりはっきりと話された際に、自分のことや身の回りの物を表す簡単な語句を聞き取るようにする。	（ア）ゆっくりはっきりと話されれば、自分のことや身近で簡単な事柄について、簡単な語句や基本的な表現を聞き取ることができるようにする。	（ア）はっきりと話されれば、日常的な話題について、必要な情報を聞き取ることができるようにする。
（イ）ゆっくりはっきりと話された際に、身近で簡単な事柄に関する基本的な表現の意味が分かるようにする。	（イ）ゆっくりはっきりと話されれば、日常生活に関する身近で簡単な事柄について、具体的な情報を聞き取ることができるようにする。	（イ）はっきりと話されれば、日常的な話題について、話の概要を捉えることができるようにする。
（ウ）文字の読み方が発音されるのを聞いた際に、どの文字であるかが分かるようにする。	（ウ）ゆっくりはっきりと話されれば、日常生活に関する身近で簡単な事柄について、短い話の概要を捉えることができるようにする。	（ウ）はっきりと話されれば、社会的な話題について、短い説明の要点を捉えることができるようにする。

（文部科学省 , 2018, p.169）

2. 連携のキーワードは「言語活動を通して」

　コミュニケーションを図る素地・基礎となる資質・能力を育成するのは「言語活動を通して」とされています。また、「言語活動を通して」は表2のように小学校外国語活動から高等学校外国語科までを連携させるキーワードでもあります。

「言語活動」の設定・「言語活動を通して」　　　　　　　　表2

外国語活動	小学校外国語科	中学校外国語科	高等学校外国語科
外国語によるコミュニケーションにおける見方・考え方を働かせ、外国語による聞くこと、話すことの**言語活動を通して**、コミュニケーションを図る素地となる資質・能力を次のとおり育成することを目指す。	外国語によるコミュニケーションにおける見方・考え方を働かせ、外国語による聞くこと、読むこと、話すこと、書くことの**言語活動を通して**、コミュニケーションを図る基礎となる資質・能力を次のとおり育成することを目指す。	外国語によるコミュニケーションにおける見方・考え方を働かせ、外国語による聞くこと、読むこと、話すこと、書くことの**言語活動を通して**、簡単な情報や考えなどを理解したり表現したり伝え合ったりするコミュニケーションを図る資質・能力を次のとおり育成することを目指す。	外国語によるコミュニケーションにおける見方・考え方を働かせ、外国語による聞くこと、読むこと、話すこと、書くことの**言語活動及びこれらを結び付けた統合的な言語活動を通して**、情報や考えなどを的確に理解したり適切に表現したり伝え合ったりするコミュニケーションを図る資質・能力を次のとおり育成することを目指す。

（文部科学省 , 2020）

「言語活動」とはどのように捉えたらよいのでしょうか。授業中に英語を使用した活動は全て「言語活動」であると誤解されていることが多いですが、文部科学省（2017, p.23）は言語活動について次のように述べています。

　　外国語活動や外国語科における言語活動は、記録、要約、説明、論述、話し合いといった言語活動よりは基本的なものである。学習指導要領の外国語活動や外国語科においては、言語活動は、「実際に英語を用いて互いの考えや気持ちを伝え合う」活動を意味する。したがって、外国語活動や外国語科で扱われる活動がすべて言語活動かというとそうではない。言語活動は、言語材料について理解したり練習したりするための指導と区別されている。実際に英語を使用して互いの考えや気持ちを伝え合うという言語活動の中では、情報を整理しながら考えなどを形成するといった「思考力、判断力、表現力等」が活用されると同時に、英語に関する「知識及び技能」が活用される。つまり英語を用いず、日本語だけで情報を整理しながら考えなどを形成する活動は、外国語活動や外国語科においては言語活動とは言い難い。一方で、英語を用いているが、考えや気持ちを伝え合うという要素がない活動も言語活動であるとは言い難い。例えば、発音練習や歌、英語の文字を機械的に書く活動は、言語活動ではなく、練習である。練習は、言語活動を成立させるために重要であるが、練習だけで終わることのないように留意する必要がある。

　つまり、決められた表現を使った単なる反復練習のようなやり取りではなく、伝え合う目的や必然性のある場面でのコミュニケーションを大切にすることです。指導者は児童が興味・関心を持つ題材を扱い、聞いたり話したりする必然性のある体験的な活動を設定するようにしたいものです。活動形態はペアやグループ、学級全体に向けた発表、指導者から児童、児童から指導者、児童同士など、多様な形態が望ましいでしょう。こうして児童が本当に話したい内容を話したり、友達の話す内容を聞いたりする場面を設定し、誰に、何のためにという、相手意識や目的意識を持って質問したり答えたりすることが必然性のある活動になります。

　表3は「話すこと［やり取り］」の学校段階別言語活動の例です。どの段階でも自分と相手がいて、互いの考えや気持ちを伝え合う活動が行われることになっています。中学校の外国語科になると伝えようとする内容を整理し、メモなどを活用して口頭で伝え合う活動へと進化しますが、実際に英語を使用することには変わりません。

中学年・外国語活動	高学年・外国語科	中学校・外国語科
（ア）知り合いと簡単な挨拶を交わしたり、感謝や簡単な指示、依頼をして、それらに応じたりする活動。	（ア）初対面の人や知り合いと挨拶を交わしたり、相手に指示や依頼をして、それらに応じたり断ったりする活動。	（ア）関心のある事柄について、相手からの質問に対し、その場で適切に応答したり、関連する質問をしたりして、互いに会話を継続する活動。
（イ）自分のことや身の回りの物について、動作を交えながら、好みや要求などの自分の気持ちや考えなどを伝え合う活動。	（イ）日常生活に関する身近で簡単な事柄について、自分の考えや気持ちなどを伝えたり、簡単な質問をしたり質問に答えたりして伝え合う活動。	（イ）日常的な話題について、伝えようとする内容を整理し、自分で作成したメモなどを活用しながら相手と口頭で伝え合う活動。
（ウ）自分や相手の好み及び欲しい物などについて、簡単な質問をしたり質問に答えたりする活動。	（ウ）自分に関する簡単な質問に対しその場で答えたり、相手に関する簡単な質問をその場でしたりして、短い会話をする活動。	（ウ）社会的な話題に関して聞いたり読んだりしたことから把握した内容に基づき、読み取ったことや感じたこと、考えたことなどを伝えた上で、相手からの質問に対して適切に応答したり自ら質問し返したりする活動。

（文部科学省 , 2018, p.171）

Discussion Topic

小・中・高連携のために「言語活動を通して」がキーワードになっていますが、検定教科書の単元を一つ選び、どんなことが言語活動であり、言語活動ではないかを考えましょう。

【参考文献】
文部科学省（2017）「小学校外国語活動・外国語研修ガイドブック」文部科学省 HP.
文部科学省（2018）『小学校学習指導要領（平成29年告示）解説　外国語活動・外国語編』開隆堂出版.
文部科学省（2020）「なるほど！小学校外国語①言語活動」
　　〈https://www.youtube.com/watch?v=LtCjrVFOsmg〉2021年7月1日アクセス.
吉田研作（編）（2017）『小学校英語教科化への対応と実践プラン』教育開発研究所 .

Unit 3
児童や学校の多様性への対応

🔑 **学びの
キーワード**　インクルーシブ教育、特別支援を要する児童、学習障害、外国籍、地域による学力差、支援、学習スタイル、ICT

☑️ **学びの
ポイント**　インクルーシブ教育の普及とともに、全国の小学校では**特別支援を要する
児童**、**学習障害**や**外国籍**の児童など、さまざまな特徴を持った児童が一緒
に学んでいます。また、最近では**地域による学力差**も指摘されています。
本章では、児童一人一人を大切にし、外国語活動・外国語科の学びの楽し
さを体感させ、学習意欲を高めるための**支援**の方法を考えます。

1．多様な児童がいるクラス

　全国の小学校には多様な特徴を持った児童が在籍しています。障害のある児童と障害のな
い児童が共に学ぶという仕組みの「インクルーシブ教育システム」の普及により、特別支援
を要する児童が普通学級に在籍していることも一般的になりました。学習障害（LD）や注意
欠陥多動性障害（ADHD）の児童がいる学級も少なくありません。外国籍の児童が多い地域で
は日本語よりもポルトガル語、中国語、ベトナム語などが得意な児童がいます。教育に熱心
な地域やそうでない地域、英会話学校や塾などで同学年の児童よりはるかに進んで学習をし
ている児童が多い小学校もあり、学力差が問題になっています。

　学習指導要領では、外国語活動及び外国語科のどちらにおいても学級担任の教師、または
外国語を担当する教師が指導計画を作成し、授業全体のマネジメントをすることになってい
ます。学級担任や外国語担当者は、さまざまな特徴を持った児童がいる教室の中で、一人一
人を大切にして学習意欲を高めるために、授業では柔軟な対応が必要とされます。

2．それぞれの学習スタイル

　児童は一人一人自分の学習スタイルを持っています。私たちが児童の持つその類似性に目
を向けると授業や教室運営に役立つことがあります。1970年代に神経言語学的プログラミン
グ（Neuro-Linguistic Programming）という研究が行われました。それは「心とことばとの関
係を調べ、それがどのように私たちの行動を『プログラム化』しているか説明しようとする
もの」（ブルースター、エリス, 2005, p.48）でした。ブルースター、エリス（2005, p.48）
は Berman（1998, p.187）の考えた学習スタイルを次のように紹介しています。

　　視覚に依存するタイプの学習スタイル（visual learning style）を持っていれば情報は主として目から入り、聴覚的学習スタイル（auditory learning style）は聴覚にリンクした学習を好み、運動感覚学習スタイル（kinesthetic learning style）は体を動かしたり、物に実際に触れる学習に基づくことになる。平均的な大人のクラスでは29％の人が視覚型で、34％が聴覚型、残りの37％が運動感覚型であり、5歳から7歳の子どもの場合は、たえず物理的な世界が支配しているので、手、耳、目を通していろいろなことを理解している。

　この研究によれば、クラスの中には三つの学習スタイルがあるようですが、大人のクラスではそれぞれが同じような割合で存在しているようです。子どもはもっと複雑に分けられるでしょうが、この三つを意識するだけでも授業を工夫できそうです。さらにブルースター、エリス（2005, p.49）は学習者の知能に目を向けた Berman の「複合的知能チェックリスト（Multiple Intelligences Checklist）」にある8種類の知能を紹介しています。

1．言語的知能（Linguistic Intelligence）：
　　例：語彙の豊富な子ども；物語がわかる子ども；クロスワードパズルが好きな子ども
2．論理的・数理的知能（Logical-mathematical Intelligence）：
　　例：コンピュータが得意な子ども；問題解決的な学習が得意な子ども；分類したり、並べたり、序列を付ける活動を好む子ども
3．空間的知能（Spatial Intelligence）：
　　例：絵を描くことが好きな子ども；絵、チャート、地図、表などを通して十分に学習できる子ども；マインド・マップ（mind map）や単語マップ（word map）を完成したり、クモの巣図（webs）などを使って考えることの好きな子ども
4．運動感覚的知能（Kinesthetic Intelligence）：
　　例：物を動かしたり、操作したりすることの好きな子ども；アクション・ライムやゲームなど活発な活動の好きな子ども
5．音楽的知能（Musical Intelligence）：
　　例：チャンツやライム、歌の好きな子ども
6．対人的知能（Interpersonal Intelligence）：
　　例：インタビュー、ゲーム、調べ学習などのペア・グループ活動が好きな子ども
7．個人内的知能（Intrapersonal Intelligence）：
　　例：自己評価ができ、学習日誌を書いたりする内省的な活動（reflection）ができる子ども；プロジェクトやプレゼンテーションなどの個人研究的なことが好きな子ども；創作的ライティングの得意な子ども
8．博物学的知能（Naturalist Intelligence）：
　　例：物に共通するパターンを識別するのが得意な子ども；物の類似点、相違点を認識できる

子ども；物を分類し、組織化するのが得意な子ども。なお、この知能にすぐれていると、他の７つの知能にも好影響を及ぼすと考えられている。

　教師がこのような知識を持っていれば、多様な特徴を持つ児童がいるクラスでも児童それぞれの学習スタイルが分かりますし、個々の潜在能力を伸ばすことができます。外国語活動や外国語科では、自分のクラスの児童に合ったアクティビティーを考えることができます。児童が好きなアクティビティーを一つ入れるだけで授業は活気づくでしょう。

３．授業中の配慮

3.1　授業の流れを示す

　さまざまな特徴を持った児童、特別支援を要する児童と言っても一人一人が違うため、どの児童にも最良の方法を見つけることは難しいものです。しかし、全ての児童が安心して授業に集中できるようにする幾つかの方法があります。その一つは授業の流れを明確に示すことです。当日の授業の流れを黒板の右か左に書き、流れに合わせてマグネットや矢印を移動させます。ここに歌やチャンツの名前や絵本のタイトルを入れておくのもよいでしょう。もちろん、今日の目標を書いておくことも大切です。これにより、授業の進行状況と時間配分が分かり、児童は安心して授業に臨めます。これは集中するのが難しい児童にも効果的です。

3.2　意味のある褒め方を即座に

　外国語活動や外国語科の授業を円滑に進めるためには、児童の良かったことを評価し上手に褒めることが大切です。褒められると誰でもモチベーションが上がるものです。しかし、先生がいつも "Very good!" ばかり言っていると、どのレベルで褒められたのか分かりませんし、先生の口癖なのかと思うかもしれません。児童の反応や活動に対して無意識に何でも褒めるのではなく「意味のある褒め方」をしたいものです。特に特別支援を要する児童には、具体的にかつ即座に褒めてあげましょう。何をして褒められたのかが明確になった時、次もこうすればよいのだということを理解し、意欲付けになります。具体的と言っても難しい表現を使うわけではありません。liked を使うだけです。例えば、"I liked your gestures." "I liked your picture." "I liked your smile." のように言えば、何を褒められたかよく分かります。もちろん、これはどの児童にも使えます。

3.3　リズムを可視化

　多様な児童がいても、外国語活動の時間はみんなとても生き生きとしているという話をよく聞きます。筆者も特別支援を要する児童が音やリズムに敏感に反応したり、絵本の美しい色やお話に夢中になっている姿を何度も見ました。しかし、授業を楽しめず集中できない児童がいる場合、英語のリズムや強弱を感じ取れるように可視化することも一つの方法です。例えば♪ Five Little Monkeys でしたら次のように英文の下に●を付けます。●が強くなる所

で、英語の強弱を音と目で体感することができるのです。

Five little monkeys jumping on the bed.

● ・ ● ・● ・ ・ ●

音声

One fell off and bumped his head.

● ・ ● ・ ● ・ ●　　　　　　松香（2003, p.41）

　強弱がはっきりとした英語のリズムは、児童に心地よい刺激を与え喜ぶことが多いように思います。これでしたらタブレットと大型モニターさえあれば簡単に準備ができます。●の色を自由に変えて児童の好きな色にすることもできますし、猿の顔にしても楽しいです。

3.4 「読む」「書く」の活動

　国語でも長い文を書き写すことができずに、黒板の字を1文字1文字ずつ見ながらノートに書く児童がいます。ましてや英語になると音声で慣れ親しんだ単語や身近な表現とはいえ、「読む」「書く」の活動が難しい児童が出てきます。そんな時、まずはその時間にやるべきことを明確に伝えることが重要です。また、「読む」活動ではICTを活用してイラストと共に文字を提示するなど、意味が分かるようにすること。「書く」活動では、4線を使い字体と文字の大きさに配慮した見本を用意することがポイントです。英文は子どもにとっては暗号と同じです。いろいろな組み合わせで意味になっていくわけですから、しっかり書かれた文字を見せて書かせましょう。

3.5 ICTの活用

　2020年度、児童1人に1台ずつのPCやタブレットが配布されました。児童や学校が多様化していく中、こうしたデバイスの活用は大いに期待されます。一斉に練習した後、各自が自分のタブレットで学習すれば自分で何度も英語の音を聞くこともできますし、ワークシートや課題も自分のペースでやることができます。文字の大きさやボリュームも自由に選ぶことができます。現在の小学生はまさにデジタルネイティブです。先生よりも活用が上手かもしれません。2024年度からはデジタル教科書が導入と言われています。外国語活動・外国語科では生のコミュニケーション活動とともにぜひ活用したいものです。

Discussion Topic

学力差の大きい地域にある小学校において、外国語活動・外国語科の授業で留意することを考えましょう。

【参考文献】

Berman, M.（1998）*A Multiple Intelligences Road to an ELT Classroom* : Bancyfelin: Crown House.

J. ブルースター、G. エリス（2005）『「小学校英語」指導法ハンドブック』佐藤久美子編訳、大久保洋子、杉浦正好、八田玄二訳．玉川大学出版部.

松香洋子（2003）『発想転換の子ども英語』丸善株式会社.

Unit 4
言語使用を通した言語習得・音声によるインプット

🔑 **学びの
キーワード**　　子どもの英語の学び方、推測力、音声インプット、良質なインプット、必然性のあるやり取り、言語使用を通した言語習得

✓ **学びの
ポイント**　　日本人は英語を外国語（EFL）として学びます。指導者は**子どもの英語の学び方**を知り**推測力**を養いたいものです。言語習得は**音声インプット**なしでは始まりませんが、量の確保とともに**良質なインプット**が必要です。また、**必然性のあるやり取り**、**言語使用を通した言語習得**についても考えます。

1．子どもの英語の学び方

　私たち日本人は英語を外国語（EFL：English as a Foreign Language）として学びます。これは教室から一歩外に出れば、英語を使う機会がほぼない環境の中で英語を学ぶことです。一方、英語を第二言語（ESL：English as a Second Language）として学ぶ場合は、英語が話されている国に住み、常に英語環境の中で学ぶことになります。高学年の外国語科が始まりましたが、先生は日本の環境下での「子どもの英語の学び方」を知る必要があると思います。自分の中学校時代の英語の授業のイメージで授業をしていては、成果に結び付くのは難しいでしょう。松香（2011, p.36）は、

　　日本のこれまでの英語教育は、英文と日本語訳をセットで覚える「和訳・英訳教育」でした。しかし、こうした英語教育は、「コミュニケーションのための英語」「子どもへの英語教育」にはふさわしくありません。なぜなら、たとえば、"Are you ready?" という表現は、何かを始める前に使われます。子どもは "Are you ready?" という文を、「出かける前やゲームを始める前に使う言葉だ」というように理解して、記憶します。ですから、英語教室で "Are you ready?" を覚えた子どもが帰宅して、お母さんに「『用意はできましたか？』って英語でなんて言うの？」と聞かれても、子どもは答えられません。しかし、ちゃんと使うべき時には使えます。これが、「コミュニケーションのための英語」であり、「子どもの英語の学び方」なのです。

と述べています。確かに "Are you ready?" はさまざまなシチュエーションで使いますが、日本語訳はその意味と使い方を限定してしまいます。授業中、英語の後に日本語訳をすぐに言うのが癖になっている先生をよく見かけます。しかし、「人間のコミュニケーションには、『推測力』が不可欠で、ことばが話された文脈や話し方などから相手が伝えようとしている意味

や意図をおしはかる力が非常に大切なのである」（吉田 , 2017, p.25）と指摘されているように、いつも先生が日本語訳をしていると児童が言葉の意味を推測する大切な機会を失ってしまいます。また、そのクラスには、かなり限定された日本語の意味だけがインプットされ「和訳・英訳教育」が続いてしまう可能性があるのです。

2．英語を使用する活動を積み重ねる

　「『英語が使える日本人』の育成のための行動計画」では、英語の授業改善の目標を「英語を使用する活動を積み重ねながらコミュニケーション能力の育成を図る」とし、「『英語が使える』ようになるためには…中略…英語をコミュニケーションの手段として使用する活動を積み重ね、…中略…コミュニケーション能力の育成を図っていく指導の工夫が必要である」（文部科学省, 2003, p.2）と述べています。これらは小学校外国語活動・外国語科の目標にある「言語活動を通して…中略…コミュニケーションを図る素地、基礎となる資質・能力を次のとおり育成することを目指す」に通じるものであり、表現こそ違いますが、その重要性は同様です（下線は筆者による）。

3．まずは、音声によるインプットから

　使用言語を通した言語習得を目指すと言っても、音声によるインプットがなければ何も始まりません。幼児は 5 歳児になる頃までに約 17,520 時間の母語によるインプットを受けている（Morley, 1991）と言われています。私たちが 1 日 3 時間毎日勉強するとして、おおよそ 16 年かかる計算になります。日本人の中・高・大を合わせた平均的な英語学習時間は 1,120 時間（松村, 2009）ですから、私たちは乳幼児期に膨大な母語のインプットを受けて日本語をものにしてきたわけです。インプット量が少なければ、アウトプットできる量はそれよりもはるかに少なくなる（和泉, 2009）わけです。中学年の外国語活動を 45 分授業で週 1 回、年間 35 週分と高学年の外国語科を 45 分授業で週 2 回、年間 35 週分の合計は 157.5 時間です。これを 1,120 時間に合わせても、たった 1277.5 時間にしかなりません。ちなみに、英語ネイティブスピーカーが日本語を習得するのにかかる想定時間は 2,200 時間（廣森, 2015）と言われています。週に 1 回や 2 回の限られた時間だからこそ、できるだけたくさんのインプットをしたいものです（第二部 Unit 6 参照）。

4．良質なインプットのために

　子どもに英語を教えるためには、まずはインプットの質（quality）が何よりも大切であり、次が量（quantity）、そしてやり取り（interaction）、最後に通じるか（松香, 2003）です。外

国語活動・外国語科の授業中、できるだけたくさん英語に触れる機会を作るとともに、そのインプットの質をできるだけ高め、限られた時間の中で最大限の効果を上げるにはどんな活動が質の高いインプットになるのでしょうか。松香（2003）は、本物（authentic）であり、自然なものであり、よく使われているもの。文法的に可能（possible）というより、多くの人がそのように使っている（probable）ものが良いとして、特にリズムのはっきりした歌やチャンツ、絵本、チャンク（決まり文句）の使用を勧めています。

5．インフォメーション・ギャップ

　一般的に「インフォメーション・ギャップがある」「目的がある」「使う表現に自由がある」活動をコミュニケーション（中本, 2003）と呼んでいますが、インフォメーション・ギャップとは、対話する両者の間の情報のずれを意味しています。このずれを利用して互いに質問しながら解決する課題活動をインフォメーション・ギャップ・タスクと言います。次の例を考えてみてください。先生が絵を見せて児童が答えている場面です。

　　　　先生：What's this?　　　児童：It's a pen.　　　先生：That's right.

やり取りはあっという間に終わり、先生は次の絵に進んでいます。このやり取りは確かに使用言語を使った活動です。しかし、英語はコミュニケーションの道具なのですから、最初から答えが分かっていることを尋ねるでしょうか。自分が本当に何だか分からない時に使うのが "What's this?" です。そう考えると "That's right." も不自然な返事になります。本来なら "I see." あるいは "Thank you." "I don't know." となるでしょう。インフォメーション・ギャップでは自分の知りたい情報を相手に聞き、聞かれた方は自分の持っている情報を相手に伝える必要性があるのです。ただ機械的に丸暗記したものだけを使用した口頭練習を繰り返す練習ばかりでは、必然性のあるやり取りになりません。これからの外国語活動と外国語科では意味のあるコミュニケーション活動を行っていきたいものです。

6．使用言語を通した言語習得

　小学生時代、リコーダーや鍵盤ハーモニカを演奏したり、水泳やバスケットボール、サッカーなどのスポーツをした経験がある人は多いと思います。そして、その技術の習得のためには演奏や運動を何度も繰り返したのではないでしょうか。外国語も同様です。私たちは言語の使用なしに言語を習得することはできないのです。単語をたくさん覚えて、文法事項を学び、定型表現を暗記してもそれだけでは実際の場面で力となる「コミュニケーションを図る資質や能力」を身に付けることはできないのです。それは実際のコミュニケーションで言語を使用する中で身に付けていくのです。

　学習指導要領（文部科学省, 2018）の外国語科の目標には、「コミュニケーションを図る基

礎となる資質・能力」を育成することが示されていますが、これは「言語活動を通して」育成するものとしています。この「言語活動」とは実際に英語を使用して互いの考えや気持ちを伝え合う活動を意味しています。例えば次のようなやり取りです。

先生		What fruit do you like?		
子ども	①	I like bananas.		
先生	②	Wow, you like bananas.	③	I like bananas, too.
先生	④	And I like peaches, too.　How about peaches?		
子ども	⑤	I don't like peaches.		

①で子どもは自己表現をします。②で先生は子どもの表現を受け止めます。③で先生は子どもの表現に共感します。④で先生は子どもに質問を返します。⑤で子どもは自己決定をします。こうしてお互いの本当の気持ちを伝え合うのです。

　また、ここには学級づくりに大切な3要素（・それぞれの子どもが自己存在感を持てる・共感的な人間関係が生まれる・子どもに自己決定の場があり、自己の可能性を拓ける）が含まれています。

　小学校では言語活動を通して学習集団づくりも可能なのです（文部科学省, 2020）。

Discussion Topic

必然性のあるインフォメーション・ギャップ・タスクを利用したレッスンにはどのようなものがあるか、考えてみましょう。

【参考文献】
廣森友人（2015）『英語学習のメカニズム　第二言語習得研究にもとづく効果的な勉強法』大修館書店.
和泉伸一（2009）『「フォーカス・オン・フォーム」を取り入れた新しい英語教育』大修館書店.
松香洋子（2003）『発想転換の子ども英語』丸善株式会社.
松香洋子（2011）『子どもと英語』mpi 松香フォニックス.
松村昌紀（2009）『英語教育を知る58の鍵』大修館書店.
文部科学省（2003）「『英語が使える日本人』の育成のための行動計画（案）」,〈https://www.mext.go.jp/b_menu/shingi/chukyo/chukyo4/007/gijiroku/03032401/009.pdf〉2021年7月1日アクセス.
文部科学省（2018）『小学校学習指導要領（平成29年告示）解説　外国語活動・外国語編』開隆堂出版.
文部科学省（2020）「なるほど！小学校外国語①言語活動」文部科学省 / mextchannel.
Morley, J.（1991）Trends and developments in listening comprehension: Theory and practice. In J. E. Alatis（Ed.）, *Georgetown University Round Table on Language and Linguistics 1990: Linguistics, language teaching and acquisition: The interdependence of theory, practice, and research*（pp. 317-337）. Washington, D.C.: Georgetown University Press.
中本幹子（2003）『実践家からの児童英語教育法解説編』アプリコット.
吉田研作（編）（2017）『小学校英語教科化への対応と実践プラン』教育開発研究所.

Unit 5
コミュニケーションの目的や場面、状況等を明確にした言語活動

🔑 学びの キーワード	主体的・対話的で深い学び、コミュニケーションを行う目的・場面・状況等、他者に配慮、意味のあるやり取り
☑ 学びの ポイント	主体的・対話的で深い学びの実現に向けた言語活動では、**コミュニケーションを行う目的・場面・状況**を明確に設定することが大切です。外国語教育における主体的な学び、対話的な学び、深い学びの指導で大切なこと、**他者に配慮**したコミュニケーション、**意味のあるやり取り**の重要性について考えます。

1．「主体的・対話的で深い学び」とは

1.1　主体的な学び

　学習指導要領では「どのように学ぶか」という学びの質が重視され、「主体的・対話的で深い学び」が大きな柱になっています。文部科学省（2017, p.156）は外国語教育における「主体的な学び」について次のように述べています。

① 外国語を学んだり、外国語を用いてコミュニケーションを行ったりすることに興味や関心をもつこと
② 生涯にわたって外国語によるコミュニケーションを通して社会・世界と関わり、学んだことを生かそうとすることを意識すること
③ コミュニケーションを行う目的・場面・状況等を明確に設定したり理解したりして見通しをもって粘り強く取り組むこと
④ 自らの学習やコミュニケーションを振り返り次の学習につなげることであると言える。
　　小学校では、やってみたいという気持ちをもって活動に取り組んだり、楽しみながら活動をしたり、自分の本当の気持ちや考えを伝え合いたいという思いをもって活動をしている時、主体的に学んでいると言える

1.2　対話的な学び

　外国語を用いたコミュニケーションの基礎となる資質・能力の育成には、他者との対話が必須です。外国語教育における対話的な学びとは、「表面的なやり取りのことではなく、他者を尊重して情報や考えなどを伝え合い、自らの考えを広げたり深めたりすること」（文部科学省,2017, p.156）です。ここには絵本や読み物を通して社会を知ることや、他の人の考えから学ぶこと、自分の考えを深めることも入ります。

1.3 深い学び

外国語教育における深い学びについて、文部科学省（2017, p.156）は

① コミュニケーションを行う目的・場面・状況等に応じて思考力・判断力・表現力等を発揮する中で、言語の働きや役割に関する理解や外国語の音声、語彙・表現、文法の知識がさらに深まり、それらの知識を聞くこと、読むこと、話すこと、書くことにおいて実際のコミュニケーションで運用する技能がより確実なものとなるようにすること

② 深い理解と確実な技能に支えられて、外国語教育において育まれる「見方・考え方」を働かせて思考・判断・表現する力が活用されるようにすることである

と述べています。ここでも「コミュニケーションを行う目的・場面・状況等に応じて」がいかに重要か分かります。これがあるからこそ深い学びにつながることは疑う余地もありません。

2．「主体的・対話的で深い学び」を実現させるには

「主体的・対話的で深い学び」を実現させるためには「『目的・場面・状況等に応じて情報や自分の考え及びそれらを表現するためにどのような言語材料等を使用するとよいかについて思考・判断すること』が重要」（文部科学省, 2017, p.88）とされています。指導で大切なことは①主体的であるか　②対話的であるか　③深い学びであるかです。

①主体的であるか

主体的であるということは、自分自身の本当の気持ちや考えを表現させることです。定型表現だけでやり取り練習をしていると、自分の気持ちではないことを機械的に話してしまうことがあります。こうした練習も必要な時もありますが、自分の素直な気持ちを表現できる機会をなるべく増やしたいものです。例えば、お盆に友達と一緒にわくわくしながら花火を楽しんだことを伝えたくて "I enjoyed fireworks with my friends on August 13ᵗʰ. It was exciting." と、喜々として言うと、聞き手はまるで一緒に大輪の花火を見たような気持ちになります。実際に体験したこと、感動をしたことを素直に伝えたいという思いがあると、機械的に繰り返す文型練習などとは違い臨場感があり、気持ちが伝わってくるのです。まして、誰もが経験したことがある身近な生活の話題は聞き手に思いが伝わりやすく親近感が湧きます。

②対話的であるか

対話的な活動は、ペアでやることが全て対話的な活動というわけではありません。形だけが対話的に見えても、実際はただの二人組で会話練習をしているだけということも多いのです。対話的な活動では「①対話する目的があること　②対話する（伝え合う）内容が互いに未知であること」（文部科学省, 2017, p.88）を留意したいものです。

この項では対話的活動の絵本の例として *What Shall We Have for Tea Tonight?* を紹介します。イギリス英語のため tea は食事を意味しますので「今晩の食事は何にしようか？」という

タイトルです。絵本は、お父さんと小さな女の子がスーパーマーケットで買い物をしている所から始まります。この本は絵ではなく写真で構成されているのが特徴です。登場人物、店内、品物は全て写真です。

"What shall we have for tea tonight?" とお父さんはつぶやきます。

"First find the fish fingers. Put them in the trolley."

「まず、白身フライを見つけて、カートに入れて」とお父さんが言うと、女の子は冷凍庫から白身フライを取り出して笑顔でカートに入れます。隣のページには "They come from the North Sea." 「北海産です」と書かれた地図と写真があります。

"Next find the rice. Put it in the trolley." 「次はお米をカートに入れて」とお父さんが言うと、女の子は棚からお米の袋を取ってカートに入れます。隣のページには "It comes from India." 「インド産です」と書かれた地図と写真があります。

そして、"Next find the peas. Put them in the trolley." 「次はエンドウ豆をカートに入れて」と続き、"They come from England." 「イングランド産です」と書かれた地図と写真が出てきます。

次に orange juice（スペイン産）、最後に chocolate ice cream and chocolate sauce（ブラジル産）となります。

女の子の言葉はどこを探してもありません。しかし、お父さんと買い物を楽しんでいる様子が分かり、品物をカートに入れている彼女の写真からは言葉が聞こえてきそうです。絵本では、直接的対話がなくてもこのように対話が表現できるのです。また、1品カートに入れるとそれを盛り付けたお皿の写真が紹介され、最後はイギリスの普通の家庭の食事が完成するようになっています。絵本によって、私たちの食材が世界中から集められていることやイギリス人の食事を知ることができます。このように直接的対話がなくても社会や世界について知り、他者のことを学べる絵本では対話的な学びができるのです。

③深い学びであるか

目的・場所・状況に応じたコミュニケーション活動を行うことにより、知識・技能をより深く学ぶことができます。6年生の最後では「小学校の思い出」について取り上げることが多いですが、修学旅行を例にすると、"My best memory is the school trip. I went to Nikko in October. We saw many waterfalls. We enjoyed talking with my friends." となります。これは「意味」が分かった上で、思い出の学校行事について伝え合うという「場面」の中で、その言語材料を使う「目的（日光での思い出の楽しさを相手に知ってもらう）」を持った上で使用させます。つまり、「意味」「場面」と「目的」を結び付けながら、言語材料を工夫しながら使用して言語活動に取り組んでいる状態が「深い学び」を実現させるのです。

3．配慮するのは相手か他者か

学習指導要領の「学びに向かう力、人間性等」の涵養に関わる目標の中に、外国語活動で

は「外国語を通して、言語やその背景にある文化に対する理解を深め、相手に配慮しながら、主体的に外国語を用いてコミュニケーションを図ろうとする態度を養う」、外国語科では「外国語の背景にある文化に対する理解を深め、他者に配慮しながら、主体的に外国語を用いてコミュニケーションを図ろうとする態度を養う」とあります（下線は筆者による）。このように外国語活動と外国語科では誰に配慮するのかに違いがあります。「聞くこと」「話すこと」が中心の中学年では、発達段階に合わせてコミュニケーションの対象を目の前にいる相手と限定していることが分かります。しかし、高学年では「読むこと」「書くこと」が加わり、「言語は通常、人との関わりの中で用いられるため、他者を尊重し、聞き手・読み手・話し手・書き手に配慮しながらコミュニケーションを図ることが求められる」ことになるのです（文部科学省, 2018, p.16）。

4．聞く必然のある活動としての TPR

　意味のあるやり取りのためには、まず、聞く活動を十分にする必要がありますが、ここには「聞く必然性のある活動」が必要となります。TPR（Total Physical Response：全身反応指導法）は、米国の心理学者 James Asher（1977）が提唱した、英語を聞いて理解することと、理解したこととを動作で表現するという、言語と動作を連動させた教授法です。リスニングを中心としており、発話を無理に求められないので心理的負担も少なく聞くことに集中もできます。TPR を使った活動に♪ Head, shoulders, knees and toes という歌に合わせて体を動かす活動があります。教員は、まず "Let's sing and touch each part." と言って歌い始め、1 回終わった後で、"Don't sing and touch head this time." と言います。児童は、これを聞き逃すとどこを歌わずタッチしてはいけないのか分からなくなってしまいます。「聞く必然があって聞く」という状況はここにあります。しかし、いつも同じ順番で歌わない部分があったり、教師が動作を誘導していたらどうでしょう。児童は聞く必要がなくなってしまい「聞くこと」が行われなければ、そこには言語が介在していないのと同じです。

Discussion Topic

対話的な学びに使えそうな絵本を選び発表しましょう。また、聞く必然性のある活動にはどのようなものがあるか考えましょう。

【参考文献】
Asher, J.（1977）*Learning Another Language Through Actions: The Complete Teacher's Guide Book*, Sky Oaks Productions.（2nd ed. 1982）
Coles, M. & Hall, C.（2001）*What Shall We Have for Tea Tonight?* Info Trail, Edinburgh Gate, Pearson Education.
文部科学省（2017）『小学校外国語活動・外国語研修ガイドブック』文部科学省 HP.
文部科学省（2018）『小学校学習指導要領（平成29年告示）解説　外国語活動・外国語編』開隆堂出版.

Unit 6
音声から文字へ

学びの キーワード　音声言語、文字言語、音声だけでも理解できるような力、理解しようとする態度、聞く力

学びの ポイント　言葉は**音声言語**から**文字言語**へ、受信言語から発信言語へというプロセスで獲得されます。まずは音声で英語に触れる楽しさを体感させ**音声だけでも理解できるような力、理解しようとする態度**を育てることが大切です。本章では「**聞く力**」を伸ばすために、歌やチャンツや絵本を活用し、音に慣れ親しませた後に、自然な形で文字や単語に親しませる活動へとつなげていく方法を考えます。

1．音声を重視した指導

　英語を始めるのは、音声面の優位性という面で考えると小さい頃の方が有利であると考えられています。子どもは聞いた音を再生（reproduce）する能力が高く、英語の音の持つ特有のリズム、発音、イントネーションを母語に干渉されずに身に付けていくことができます。そのため外国語活動・外国語科ではこの子どもの特性を生かした音声を重視した指導、特に「聞くこと」の指導が大切なのです。岡、金森（2007, p.179）は「いわゆる『4技能』のうち、『リスニング』の力はほかの3つのスキルに転化することが期待されます。これらのことから、小学校段階においては『聞く、聞き取る』という活動を最も重視すべきでしょう」と述べています。

2．「音声だけでも理解できるような力」と「理解しようとする態度」

　たくさんの時間をかけ英語を勉強し、語彙力もあるのにネイティブの話が全く聞き取れないという経験を持っている人は多いようです。そんな時、文字があると安心するはずです。これは入門期の音声による指導が十分でなかったことに大きな原因があると考えられます。この点から考えても小学校段階での「聞く力」を育てる指導は、これからの日本の英語教育を向上させるためには大変重要なものです。

　子どもたちは10歳を過ぎると子音の後に母音を付けて発音したり、日本語にない音を聞いた時、一番近い音を持つ日本語に置き換えて発音する傾向が増すようです。これは分析的に言語を捉えるようになるからだと言われています（中本, 2003）。私たちは中学年から高学年、そして、中学校に向かうにつれて論理的、分析的な思考力が発達し、文字を利用した記憶や理解を求めるようになります。だからこそ、その前に「音声言語」としての英語に触れる楽しさを体感させ、音声だけでも理解できるような力、理解しようとする態度を育てる必要が

あるのです（岡、金森, 2007）。

　松香（2011, p.13）は、音声言語としての英語を楽しめる時期の子どもたちには、言語習得に適した次のような特質があると述べています。

- ・耳から新しいことを学ぶことができる。
- ・分かるところだけ分かり、分からないところは気にしない。
- ・まねがうまい。
- ・くり返しを楽しむ。しつこいぐらいくり返す。
- ・身体を使って言葉のリズムを楽しむ。
- ・知らないことや、珍しいことに対する好奇心が強い。
- ・100％分かっていないことでも口に出す。

　このような特質を考えると、小学校中学年からの外国語活動は音声言語としての英語を習得させるには、まさに適期と考えられます。いったん文字を頼りにしてしまうと、音声だけから学ぶことは大変難しくなります。英語がよくできる人でも洋画を観る時、字幕があるとついつい読んでしまうと言われていますが、文字があると便利なため、いったん頼り始めるとずっと頼ることになってしまうのです。

３．簡単な語句や基本的な表現を聞き取る

3.1　学習指導要領（文部科学省, 2018, pp.19-20, pp.76-77）を見ると、外国語活動の「聞くこと」の目標は、次のようになります（下線は筆者による）。

> ア　ゆっくりはっきりと話された際に、自分のことや身の回りの物を表す<u>簡単な語句</u>を聞き取るようにする。
> イ　ゆっくりはっきりと話された際に、身近で簡単な事柄に関する<u>基本的な表現</u>の意味が分かるようにする。
> ウ　文字の読み方が発音されるのを聞いた際に、どの文字であるかが分かるようにする。

外国語科の「聞くこと」の目標は、次のようになります。

> ア　ゆっくりはっきりと話されれば、自分のことや身近で簡単な事柄について、<u>簡単な語句や基本的な表現</u>を聞き取ることができるようにする。
> イ　ゆっくりはっきりと話されれば、日常生活に関する身近で簡単な事柄について、<u>具体的な情報</u>を聞き取ることができるようにする。
> ウ　ゆっくりはっきりと話されれば、日常生活に関する身近で簡単な事柄について、<u>短い話の概要</u>を捉えることができるようにする。

「聞くこと」における外国語活動と外国語科の両方の目標に共通するのは「簡単な語句」「基本的な表現」ですが、高学年イとウでは「具体的な情報を聞き取ることができるようにする」「短い話の概要を捉えることができるようにする」と徐々に高度になっていくことが分かります。

3.2　意味の塊

　岡、金森（2007, p.179）は「積極的に人と関わり、コミュニケーションをとる態度を育てながら、同時に『英語の音声の特徴に慣れさせ、聞こえてきた音声（単語や短い文）からその意味内容を認識したり、自然な音声の中から意味の塊を聞き取ったりできるようになる能力を育てること』が、小学校段階の英語教育のスキル面において目ざすべきことと言えます」と述べています。聞こえてきた音声（単語や短い文）から意味内容を認識するということは学習指導要領の目標と合致しています。

　岡、金森が言う意味の塊はチャンクを意味します。チャンクとは、Michael Lewis（1993）によって提唱されたもので、一つ以上の単語の塊をチャンクとし、単語を一つずつ単独で教えることを避け、固定されたフレーズや慣用文で指導していきます。例えば、いつも決まっている単語の black and white, salt and pepper、挨拶の “Good morning. How are you doing?”、決まり文句の “Thank you.” “No, thank you.” などです。

　「・英語によるコミュニケーションの 8 割はたった 2000 語の英単語から成り立っている・しかしこの 2000 語の単語は単独で使われるのではなく 2 語以上の一定の結び付きをしている」（松香, 2003, p.129）。これにより、従来のように単語をたくさん覚えて文法規則と結び付ける学習よりも、英語の意味が自然な形で理解しやすくなります。また、「英語をフレーズや決まり文句といった文単位で教えていくと、より大勢の人がその表現とそっくり同じ表現を使うため、・聞き取りが早くできるようになり・自分が発話した場合に通じやすくなり・読み取りが速くなり・書く時には間違いが少なくなる」（松香, 2011, pp.67-68）など、利点が挙げられ、その場に応じた自然な英語が話せるようになると言われています。

４．歌が背景的知識に

　歌、チャンツ、絵本、チャンクは「聞く力」を育てるために欠かすことができません。まずはその中の歌に注目してみます。私たちは英字新聞を読んでみたいなとか、英語のニュースを聞いてみたいと思うことはあっても、英語ではとても理解できないなと感じる人が多いでしょう。しかし、これが主要国首脳会議（サミット）などのように連日、新聞やテレビで取り上げられているものならどうでしょう。日本語のニュースが英語になっているだけですから、何となく内容が分かります。これを「背景的知識」、または「先行知識」と呼びます。どんなに易しい英語で書かれていても、自分にとって全くなじみのないニュースや宗教の話題は理解が難しいものです。「歌の『ツール』（道具）としての一番の役割は、こうした『先行知識を創造し、活性化すること』なのです」（佐藤、松香, 2008, p.8）。例えば、♪ Rainbow の

Red and yellow and pink and blue, purple and orange and green.

I can see a rainbow, see a rainbow, see a rainbow now.

と何度も歌った歌は、色とともに "I can see a rainbow." という文までインプットされます。やがて色や can を学ぶ時、この歌は「背景的知識」となるのです。また、「歌は『複数の感覚を使った学習である』。聴覚・視覚・運動感覚・触覚などを積極的に学習に応用することが勧められます」（佐藤、松香，2008, p.8）。多くの感覚を使うほど学習のレベルは深く、広くなると言われています。歌は聞きながら、手足をたたいて、ジェスチャーを付けることもできます。こうして歌は聞いて、歌って、体を動かしながら、どんどん自分の言葉になり好きな色を "I like red." とすぐ口から出せるようになり、自然な形で受信から発信へとつながっていくのです。

5. 音から文字へ

何度も歌って慣れた歌やチャンツは、次のステージである「読むこと」につなげることができます。歌詞を指さして歌うことにより、いくつ文字や単語があったのかなど、新しい発見があります。単語を見てスペルアウトする練習もできます。歌って読ませる、読ませてから歌うことを繰り返すことによって歌もよりはっきり歌えるようになり、読みも自然になります。もちろん同時に、絵本を一緒に使いたいものです。小さい頃に読んだ絵本を大きくなって文字を通して再確認することは文字学習へのモチベーションを上げます。絵本は、「最初は先生が絵本を読んで、子どもたちはその単語を指さします。次に、子ども自らが文字を読みながら同時に指でさす練習をします。すでに英語の音が子どもたちには入っているので、その音のリズムや発音を崩さないように読むことを心がけるように指導します」（佐藤、松香，2008, p.14）。もちろん、文字が入ると個人差が出ますが、このように自然な形で文字や単語に親しませる活動は文字へのアプローチとしてとても重要です。

Discussion Topic

歌やチャンツ、絵本から一つ選んで、音から文字へとつなげていく方法を考えて発表しましょう。

【参考文献】

Lewis, M.（1993）*The Lexical Approach: The State of ELT and a Way Forward*. Hove, UK: Language Teaching Publications.

松香洋子（2003）『発想転換の子ども英語』丸善株式会社 .

松香洋子（2011）『子どもと英語』mpi 松香フォニックス .

文部科学省（2018）『小学校学習指導要領（平成29年告示）解説　外国語活動・外国語編』開隆堂出版 .

中本幹子（2003）『実践家からの児童英語教育法解説編』アプリコット .

岡秀夫、金森強（編著）（2007）『小学校外国語活動の進め方−「ことばの教育」として−』成美堂 .

佐藤久美子、松香洋子（2008）『きょうから私も英語の先生！』玉川大学出版部 .

Unit 7
国語教育との連携

🔑 **学びの
キーワード** ことばへの気づき、国語と英語との良き関係、主語、語順の違い

✓ **学びの
ポイント** 児童が英語に出合うことで**ことばへの気づき**や関心が高まることが期待されます。本章では**国語と英語との良き関係**、**主語**の教え方、英語を学ぶことで分かる**語順の違い**について考えます。

1．国語と英語との良き関係

　国語教育は小学校 1 年生から始まります。しかし、その後、始まる英語教育によって国語の楽しさを再発見し、日本語の奥深さを知ることができるとよく言われます。国語教育と英語教育にはさまざまな違いがありますが、私たちは知らず知らずのうちに両方の影響を受けて言語への気付きや関心を高めているのです。

　"Brown bear, brown bear, what do you see? I see a red bird looking at me." これは Eric Carle の有名な絵本 *Brown Bear, Brown Bear, What Do You See?* に出てくる文章ですが、児童は楽しい絵と先生の音読を楽しんでいるうちに see と look at の違いを何となくつかんでいきます。やがて徐々に自分でも読めるようになりますが、その頃には自分の言葉として see や look at を無意識に使えるようになります。そして、さらに英語に慣れ親しんでいくと意識的に日本語も使い分けるようになります。文部科学省で国語の教科調査官を務めた小森（2016, p.14）は、

　　何気なくラジオを聞くことや学校で先生の話を聞くことも「〜を聞く」と使用していたが、英語学習で hear（〜を聞く）と listen（〜を聴く）との違いや使い方を学習すると、目的や相手に応じて母国語を意識して使用するようになった。同様に無意識に「話す」と使用していたが、speak、talk、tell を学習することで、内容に応じて、会話をする、話をする、物語る等を区別するようになった。つまり、相手意識や目的意識に応じて、母語である日本語を意識的に運用するようになった。同様に「〜を見る」ことも see、look、watch と出合うことで、例えば、「〜風景が見える」「注意して静止しているものを観察する」「野球やサッカーの選手たちの変化や動きを観戦する」等の表現に使い分けるようになった。」中略

　　何気なく多用していた「〜と思う」という文末表現も、think のほかに believe、guess、suppose、doubt 等を学習することで、自分の思いや感想なのか、推測や判断なのか、提案

や疑問、賛成や評価なのか等が不明確であることに気付き、日本語の文末表現の重要性も再学習（メタ認知）することができた。（下線は筆者による）

と述べています。つまり、英語を学ぶことによって日本語を意識し、区別し、使い分け、再学習することを可能にし、国語と英語との「良き関係」（両者を学ぶ相乗効果）を築くことができるのです（小森, 2016）。

２．ことばへの気づき

　5年生の『Hi, friends! 1』を使った外国語活動の研究授業で興味深い場面がありました。それは電子黒板に映されたTシャツの中で、誰が何番のTシャツが好きかを当てるリスニングクイズでした。先生と児童のやり取りは電子黒板のスピーカーから流れてきます。

　1番は田中先生が愛さんを指名して愛さんが答えます。

　　田中先生：No. 1, Ai.

　　愛さん　：I like the pink T-shirt and I like black and white hearts.

　　田中先生：What number T-shirt?

　2番は田中先生がたく君を指名して、たく君が答えます。

　　田中先生：No. 2, Taku.

　　たく君　：I like soccer and I like black.

　　田中先生：What number T-shirt?

　この時です。1人の男子が「"Taku like soccer and Taku like black." だって言えるよね。」と言いました。筆者はなるほどと思いました。彼はきっと1番の "I like the pink T-shirt." を "Ai like the pink T-shirt." と思ったのです。担任はとっさのことで彼の発言意図が分からなかったようで、その発言には触れずに授業が進みました。Ai like が言えるのであれば Taku like が言えると考えてもおかしくないのです。確かに子どもなら「愛はピンクが好き。」と言うこともあります。英語では likes となりますが、5年生がそんな文法規則を知る由もありません。このように児童は、私たちが思っている以上に「ことばへの気づき」があると考えられます。これをいかに先生たちが取り上げて大事に育てるかが大切なのだと思います。

３．国語教育と英語教育の主語の教え方

　2の例は日本語の主語の感覚を英語に当てはめたとも言えます。それでは、国語教育では主語はどのように教えるのでしょうか。『小学校学習指導要領（平成29年告示）解説国語編』（文部科学省, 2018b, p.47）では、第1学年及び第2学年の内容に「文の中における主語と述語との関係に気付くこと」「主語と述語との関係とは、主語と述語の適切な係り受けのことで

ある。」と記されています。

　小学校1年生の国語科では、初期の段階から「わたしは」「ぼくは」を主語にして「わたしは　たんぽぽを　みつけました。」「ぼくは　ごはんを　たべました。」のように自分が何をしたかを話す練習をします。それとともに「が」をつけて、「うまが　はしる。」「とりが　なく。」「いぬが　ほえる。」のように主語と述語を入れた文を作ったり、読んだりする練習をします。低学年では「私が好きなパンは、メロンパンが好きです。」のように主語と述語がかみ合わないねじれ文を書く子がいます。これは主語と述語の係り受けを意識しないことから起こります。そこで、国語教育では低学年から常に主語と述語の照応関係を意識した学習が行われているのです。

　それに対して、英語教育では主語はどう扱われているのでしょうか。菅井（2012, p.84）は、「英語の場合は比較的明快で、『述語と一致（agreement）を示すもの』と規定できます。」と述べています。一致とは、動詞が主語の人称や数（単数）に応じて語形を変えることです。例えば、A. The children like bananas.　B. The child likes bananas. の二つの文で、A の動詞の形が like になるのは the children が複数だからで、B の動詞が likes になるのは the child が三人称単数だからです。つまり the children や the child が動詞の形を決めているのです。

　主語が曖昧になりやすい日本語では、小学校1年生から国語における主語と述語の照応関係を意識付ける学習によって国語力の基礎を固めています。また、中学校1年生で学ぶ英語の主語と述語の一致という文法現象では、生徒に日本語と英語の相違点と言葉の面白さに気付かせることができます。しかし、これを難しいことだと思い英語嫌いになってしまうこともあります。そのためにも小学校外国語活動・外国語科で「音声に慣れ親しむ」活動を十分に行い、文法にとらわれずに音の違いに気付かせていくことが大切なのです。

4．語順の違い

　日本語と英語の言葉の仕組みを理解するためには、音声の違いや特徴への気付きとともに語順の違いなど文構造への気付きが必要です。日本語と英語の語順は異なっています。英語は語順が重要ですが、日本語は最後の動詞の位置が重要になり、他は自由なことが多く語順はさほど重視されません。吉田（2003, pp.110-111）は日本語と英語の語順による意味の違いを考えるため、次のような例を挙げています。

　　1）彼　ねずみ　チーズ　あげた。
　　2）チーズ　ねずみ　彼　あげた。
　　3）ねずみ　チーズ　彼　あげた。
　　4）彼　チーズ　ねずみ　あげた。

1）John gave mouse cheese.

2）Mouse gave John cheese.

3）Cheese gave mouse John.

4）Cheese John gave mouse.

　これらを見ると日本語ではいずれも「彼がネズミにチーズをあげた」のだと何となく分かります。しかし、英語では1）はジョンがねずみにチーズをあげたという意味ですが、2）はねずみがジョンにチーズをあげたことになります。3）にいたってはチーズがねずみにジョンをあげたとなり、4）はジョンがねずみにチーズをあげたという解釈になります。

　日本語では、「人間」「動物」「食べ物」と出てくれば、当然、人間が動物に食べ物をあげる順序になります。しかし、英語はこうした「意味的可能性」とは関係なく「文法規則」によって意味が決まります（吉田，2003）。私たちは日本語と英語の違いや特徴を、英語を学ぶことによって知ることがあるのです。

Discussion Topic

国語と英語の関係で気付いたこと、国語教育と英語教育の良き関係のために連携できることを考えて話し合いましょう。

【参考文献】

小森　茂（2016）「母国語教育と他言語教育との連携の在り方～"良き関係"（両者を学ぶ相乗効果）の構築へ～」
　　　　『自律した学習者を育てる英語教育の探求―(8)小中高大を接続することばの教育として―』中央教育研究所.
文部科学省（2018a）『小学校学習指導要領（平成29年告示）解説　外国語活動・外国語編』開隆堂出版.
文部科学省（2018b）『小学校学習指導要領（平成29年告示）解説　国語編』東洋館出版社.
菅井三実（2012）『英語を通して学ぶ日本語のツボ』開拓社.
吉田研作（2003）『新しい英語教育へのチャレンジ―小学生から英語を教えるために―』くもん出版.

Unit 8
Classroom English, Small Talk, Teacher Talk

🔑 **学びの**
キーワード　コミュニケーション、Classroom English, Small Talk, Teacher Talk

✓ **学びの**
ポイント　外国語活動・外国語科の授業では、教師と児童が**コミュニケーション**のために使う **Classroom English**、高学年の授業で行われる **Small Talk**、教師が児童に合わせて調整しながら話す **Teacher Talk** が使われます。本章ではこれらの使い方のポイントを考えます。

1．Classroom English（教室英語）の活用

1.1　何のために使うの？

　Classroom English は、授業中の挨拶、指示、活動を紹介する時、児童を褒める時、励ます時などに使います。しかし、たくさんの表現を使えばよいというわけではありません。インプットのためにたくさんの英語を聞かせることは大切ですが、児童が分からない表現を一方的に使っても、分からないままで終わってしまいます。Classroom English は授業の中で教師と児童のコミュニケーションのために使う言葉です。Classroom English を覚えれば All English の授業も可能ですが、最初は無理をせずに日本語を徐々に少なくするように心掛けていくのがよいでしょう。

1.2　英語で授業をする時のポイント

（1）最後まで自信を持ってはっきりと言い切る

　　児童が聞き取りやすいように、最後まではっきりと言い切る習慣を付けましょう。

（2）いつも児童から見える所にいる

　　授業中は、常に児童の視線の中にいるように意識しましょう。ALT が話している時もそばにいてさりげなく、繰り返したり、驚いたり、同意するなど、児童に自然なコミュニケーションを見せたいものです。

（3）声の大きさや話す速さに気を付ける

　　内容によって声の大きさや速さを変えましょう。

（4）実物・本物を活用する

　　実物や写真、絵、臨場感ある音や画像を活用しましょう。

（5）説明するよりやって見せる

　　英語だけの説明では不十分だと思われる時は、デモンストレーションをしましょう。

（6）非言語コミュニケーションを使う

　　表情豊かに自然なジェスチャーを付けましょう。

1.3　励ます・褒める表現

（1）まずは褒めることから

　　教師が最初に覚える Classroom English は「褒める表現」だと言われています。私たちは大人でさえ、たとえ理解できない言葉であっても褒められれば直感的に分かりますし、うれしいものです。児童も同じです。教室では児童のパフォーマンスや努力をいろいろな表現で褒めたいものです。特に like を使って褒めると何を褒められたのかが具体的になり、次への意欲につながります。ここでは児童を励ます、褒める表現を中心にまとめています。リズムに合わせて何度も口に出して覚えましょう。

〈**All**〉

Come on, everyone! You can do it. Do your best. Don't give up.

Come on, everyone! You can do it. Do your best. Don't give up.

〈**Teachers**〉	〈**Students**〉
It's time for our skit show.	Okay.
Who wants to try?	Let me try!
Any volunteers?	Let me try!
That was great!	Thank you very much.
You did a good job.	Thank you very much.

〈**All**〉

I liked your gestures.

I liked your picture.

I liked your skit.

I liked your smile.

Well done! Well done! Very well done.

That was perfect. You did great.

That's right. Very good. That's excellent!

〈**Teachers**〉	〈**Students**〉
Give them a big hand!	（大きく拍手）
Who's next?	It's our turn.

（2）意味を確認しましょう。

① Come on, everyone! さあ、みんな、がんばれ。　② You can do it. できるよ。

③ Do your best. ベストを尽くして。　④ Don't give up. あきらめないで。

⑤ It's time for our skit show. スキットショーの時間です。⑥ Who wants to try? やりたい人は？

⑦ Let me try! やりたいです。　⑧ Any volunteers? だれかやりたい人は？

⑨ That was great! とてもよかったです！　⑩ Thank you very much. ありがとうございます。

⑪ You did a good job. よくできました。　⑫ I liked your gestures. ジェスチャーがよかったです。

⑬ I liked your picture. 絵がよかったです。　⑭ I liked your skit. スキットがよかったです。

⑮ I liked your smile. 笑顔がよかったです。　⑯ Well done! よくできた。

⑰ Very well done. とってもよくできた。　⑱ That was perfect. 完璧でした。

⑲ You did great. すばらしくできた。　⑳ That's right. そのとおり。

㉑ Very good. とってもよい。　㉒ That's excellent! すばらしい！

㉓ Give them a big hand! 発表者に拍手！　㉔ Who's next? 次はだれ？

㉕ It's our turn. 私たちの番です。

（3）他の Classroom English

　この他にぜひ教室で使いたい表現が資料として198ページから202ページにあります。

2．Small Talk

　Small Talk は高学年で授業の初めに取り組むことになっています。5年生では指導者のまとまった話を聞くことを中心に、6年生ではペアで自分の考えや気持ちを伝え合うことを中心に行います。文部科学省（2017, p.84）は Small Talk を行う目的を「既習表現を繰り返し使用できるようにしてその定着を図ること」と「対話の続け方を指導すること」の2点であると述べています。

　Small Talk が出てきた背景には、今まで言語材料の使用が単元ごとで完結し、繰り返し使用する機会が少なかったことで、定着が難しかったことと対話の継続という課題があるからです。英語で対話を続けるのは大人でも難しいことですが、文部科学省（2017, p.84）は表1のような「対話を続けるための基本的な表現例」を提示しています。この表現例が日常のコミュニケーション場面で常に使えるとは限りませんが、対話を継続させるための基礎固めには役立ちそうです。

対話を続けるための基本的な表現例　　　　　　　表1

対話の開始	対話の始めの挨拶 Hello./ How are you?/ I'm good. How are you? など
繰り返し	相手の話した内容の中心となる語や文を繰り返して確かめること 相手：I went to Tokyo. 自分：（You went to）Tokyo. など
一言感想	相手の話した内容に対して自分の感想を簡単に述べ、内容を理解していることを伝えること That's good./ That's nice. /Really?/ That sounds good. など
確かめ	相手の話した内容が聞き取れなかった場合に再度の発話を促すこと Pardon?/ Once more, please. など
さらに質問	相手の話した内容についてより詳しく知るために、内容に関わる質問をすること 相手：I like fruits. 自分：What fruits do you like? など
対話の終了	対話の終わりの挨拶 Nice talking to you./ You, too. など

　英語で言う Small Talk は、ちょっとした会話で人間関係を円滑にするために世間話や雑談のことを指します（鳥飼, 2018）。外国語科で行う Small Talk とは趣旨が違うようですが、あまりにも既習表現の定着と対話の継続を意識し過ぎると、本来の Small Talk から別なものになってしまい児童に誤解を与えそうです。これから Small Talk に慣れてきたら、教師は適度に雑談的な要素を取り入れていくのもよいでしょう。

3．Teacher Talk

　教師は児童に英語を教える際、分かりやすくするために話し方を調整することがあります。それを Teacher Talk（教師発話）と言います。森永（2003, p.82）は、

　　たとえば、小学 1 年生に話すためには、単語も簡単に、文も簡潔に、かなりゆっくりと話すことが必要である。英語の授業でも、教師の口にする英語は、特に入門期や初心者の場合には、教師発話が大切であると考えられる。具体的には、保護者の話し方（caretaker speech）、外国人に対する話し方（foreigner talk）、あるいは母親ことば（motherese）等と呼ばれるものと同じである。その特徴は、①成人話者に話しかける場合よりも短い発話、②文法的に簡単な発話、③抽象的な語や難解な語は使用しない、④別の表現への言い換えや繰り返しが多い、⑤はっきりとした、大げさな発音やイントネーションの使用、⑥普通よりもゆっくりとした、大きな声で言うこと、⑦大切なことは文のはじめに出して、繰り返す。

と述べています。教師がこうして話し方を調整するで、児童は分かりやすくなるのです。Slattery と Willis（2003, p.109）は、次のような Teacher Talk を用いて絵の中に四つの間違いがあることを何度も言い換えて繰り返し、子どもたちに指示を出しています。

　"Then I want you to do pairwork.　I prepared two pictures A and B. OK, so please don't show your pictures to your partner. OK? sh... sh..."

　"OK, everybody, everybody... <u>there are four differences.</u> <u>There are four differences in the pictures.</u> So please talk about the picture and find out <u>what the four differences are.</u> OK?"

（下線は筆者による）

Discussion Topic

検定教科書から一つの単元を選び Small Talk を考えて発表し、意見交換をしましょう。

【参考文献】
松香洋子、小川隆夫（監修）（2004）『リズムでおぼえる教室英語ノート』mpi 松香フォニックス .
文部科学省（2017）「小学校外国語活動・外国語研修ガイドブック」文部科学省 HP.
森永正治（2003）『応用言語学辞典』小池生夫（編集主幹）研究社 .
白畑知彦、冨田祐一、村野井仁、若林茂則（2009）『英語教育用語辞典第 3 版』大修館書店 .
Slattery, M. & Willis, J.（2003）『子ども英語指導ハンドブック』外山節子（日本語版監修）旺文社 .
鳥飼玖美子（2018）『子どもの英語にどう向き合うか』NHK 出版.

Unit 9
「読むこと」と「書くこと」への導き方

🔍 **学びの キーワード**　読むこと、書くこと、文字に慣れ親しませる、読み書きのゴール、やり取り、書きためる

✅ **学びの ポイント**　5年生から始まる**「読むこと」「書くこと」**の指導のために中学年の外国語活動で十分に**文字に慣れ親しませる**ことが大切です。6年生の**読み書きのゴール**は、**やり取り**を何度も繰り返した文を毎時間1文ずつ**書きためて**発表し、清書して読む活動につなげます。

1．「読むこと」「書くこと」の目標

　学習指導要領では、外国語科の「読むこと」の目標を「ア 活字体で書かれた文字を識別し、その読み方を発音することができるようにする」「イ 音声で十分に慣れ親しんだ簡単な語句や基本的な表現の意味が分かるようにする」（文部科学省, 2018, p.78）としています。また、「書くこと」の目標は「ア 大文字、小文字を活字体で書くことができるようにする。また、語順を意識しながら音声で十分に慣れ親しんだ簡単な語句や基本的な表現を書き写すことができるようにする」「イ 自分のことや身近で簡単な事柄について、例文を参考に、音声で十分に慣れ親しんだ簡単な語句や基本的な表現を用いて書くことができるようにする」（文部科学省, 2018, pp.81-82）としています。留意点として「読むこと」では語句や表現の意味が分かるためには発音することが必要なため、発音の手掛かりとなる文字の音の読み方を学習の段階に応じて指導します。また、「書くこと」では「書くことができるようにする」とありますが、あくまで例文を参考に書くことができるようにすることになります。

2．文字に慣れ親しませる活動

2.1　身の回りにある文字

　外国語活動では、まず文字に慣れ親しむ活動を大切にしたいものです。私たちの身の回りにはたくさんの英語の文字があふれていますので、身近にある英語の文字を探す活動から始めましょう。図1のように家や学校、教室の中、通学路、街中、駅などにはたくさんの英語の文字があります。集めたものを発し合うと今まで気付かなかったものも多く、色鮮やかな文字や大小さまざまな書体の文字を発見することができます。先生が児童の通学路にある看板を写真に撮り、児童と一緒に読むこともできます。読む時は文字を識別し、一つずつ文

字の名前を言ってから単語の発音をしましょう。こうした活動で児童の好奇心は刺激され、もっと文字が読みたくなります。児童が自分のタブレットで写真を撮り発表し合うことも楽しい活動になります。

図1

2.2　歌詞を読む

慣れ親しんだ歌の歌詞を使い文字に慣れ親しみ、興味・関心を持たせる活動ができます。

①最初は、図2の歌を普通に歌い、2回目に歌詞を指でさしながら歌います。これによってこの歌にどんな文字や単語が使われているのかが分かります。そして、3回目は歌詞を指でさしながら読みます。初めは無意識にメロディーが付く児童もいますが、徐々に上手に読めるようになります。

図2 『Superstar Songs 2』より

②今度は単語探しをします。先生は "Can you find 'sun'?" と尋ね、児童が "Yes, I can." と答えたら、そこを指でさすように指示します。この歌のように sun が幾つも出ている場合はどれを指してもよいことにします。

③最後にスペルアウトします。先生は "How do you spell sun?" と尋ねます。児童が s-u-n と答えたら、先生は s-u-n、sun とスペルアウトして sun と発音をします。その後にもう一度全員で同じように言います。この方法を Alphabetical Method と呼び、これをリズミカルに繰り返すことにより児童は s-u-n を sun という一つのかたまりとして読めるようになります（仲田，1993）。

3．小学校6年生の読み書きのゴール

3.1　毎時間、1文ずつ書きためる

学習指導要領の「読むこと」と「書くこと」の目標に向けて指導をしていくと、6年生のゴールはどうなるのでしょうか。文部科学省（2020）は YouTube 動画を公開し、直山木綿子初等中等教育局視学官が読み書きのゴールとその指導法について解説しています。以下は筆者が直山視学官の解説の要旨をまとめ編集したものです。※例文などは異なっています。

I want to join the soccer team.
What club do you want to join?
I like running.
I can run fast.
I want to enjoy sports day.
What event do you want to enjoy?

表1　小学校6年生の読み・書きのゴール例

43ページの表1は移行期間中に使用した『We Can! 2』の6年生最後の単元にある文です。5年生から始めた「読むこと」「書くこと」の指導の総まとめとして、6年生の卒業前にはこれらの六つの文が読んだり書いたりできるように指導することが求められます。こんなに難しいことができるかと不安になるかもしれませんが、次のような手順を踏むと8時間で可能になります。

（1） まずは、先生（T）と児童（S）が何度も何度もやり取りをします。

T：I like playing badminton.

　　Do you like playing badminton?　　S1：Yes.　S2: No.

T：What sport do you like?　　　　　S2：I like basketball.

T：You like playing basketball or you like watching basketball games?　S2：Playing basketball.

T：Oh, you like playing basketball. I like playing badminton.

　　　　ここでは本当のこと（自分が本当に好きなスポーツ）についてやり取りすることが重要です。何度もやり取りをするうちに子どもたちは今日の表現は "I like basketball." ではなく "I like playing basketball." だと推察します。走ることが好きなら "I like running." だと分かるのです。その後、"I like running." を参考にして自分の立場で文を書くことにします。先生が作成し、配布したワークシートで I like のグレー部分をなぞらせ、running の部分は下にあるイラスト付きの語群から自分の立場で選んで書き写させます。

（2） 文を変えてこうしたことを何度も繰り返して、毎時間1文ずつ書き6時間目まで書きためていきます。

（3） ここで書きためてきたことを基に、中学校で入ってみたい部活、やってみたい行事を含めてスピーチすることを提案して考えさせます。

（4） 7時間目には自分のことについてスピーチをして、友達同士で聞き合います。

（5） 最後の8時間目には、7時間目のスピーチ文を清書してポスターにします。この時、なぜポスターを作るのかという目的、誰に向かって書くのかを共有することが重要です。友達に読んでもらうためには読めるように清書する必要があります。その後、ポスターを無記名のまま回収してアトランダムに配ります。1人ずつに配布されたポスターは今まで何度も聞いたり話したりしてきた文であり、前時にスピーチで聞いている文ですから、子どもたちは読むことができます。それぞれがポスターに書かれた内容を読み、7時間目のスピーチを思い出し、誰が書いたポスターかを考えます。こうして8時間をかけて子どもたちは読んだり書いたりできるようになるのです。

　5年生から始めたとはいえ、6年生の最後で読み書きが自由にできるようになるわけではありません。この指導のように毎回毎回、何度も何度もやり取りの練習をした後、書きためたものを発表し、清書、読むという手順が重要なのです。手間はかかりますが一人一人を大切にした学習方法で、挑戦するに値する一方法ではないでしょうか。

3.2 「読む・書く」の基礎の力・自ら読んだり書いたりする態度の育成のために

　同じ動画では、子どもたちが自分から読んでみよう、書いてみようとする態度を育てるた

めに必要な文字指導の活動を次のように紹介しています。

- 中学年でアルファベットの大文字・小文字に慣れ親しむ
- アルファベットの文字の認識をする
- アルファベットの文字を読んだり書いたりする　→　中学校で文字の指導はない
- アルファベットの文字には２種類の読み方（名称と音_{おん}）があることを知る
- 単語を聞いた時の最初の音（初頭音）が分かる
- 単語は一つのかたまりだと分かる
- 単語を書き写す
- 例文を参考に書く、清書する、友達の清書を読む
- 英文を読む（音声をまねて言う）
- 英文を見ながらそれが読まれる音声を聞く
- 読み聞かせを文字を追いながら聞く
- 絵本の読み聞かせを絵本を見ながら聞く（動画内の説明画面から筆者が書き写しています）

　直山視学官は、これらは順序立ててやることではなく何度も何度も繰り返してやることが重要であると述べています。しかし、こうした活動は森や山の中の１本ずつの木を見ているだけであり、絵本の読み聞かせや語句や文を読むなどという森や山を見る活動を並行して行うことが大切である。その中で子どもたちには読んだり書いたりする力の基礎ができ、自分で読んでみよう、書いてみようとする態度が身に付き、中学校での読み書きにつながると強調しています。

　検定教科書は、「１本ずつの木」を見る活動とともに「絵本」などを取り入れた「森や山」を見る活動が一緒にできるように単元や構成を工夫しています。６年生の読み書きのゴールの設定にも各教科書の特徴がよく出ています。それを使う教師が教科書の特徴や創意工夫箇所をしっかりと捉え最大限に生かすことで、６年生の読み書きのゴールに向けた効果的な指導ができると思います。

Discussion Topic

　６年生の検定教科書を見て、読み書きのゴールの扱いを確認し、どのような手順で指導するのが効果的かを考え、話し合いましょう。

【参考文献】
宮清子（2009）『Superstar Songs 2 英語のおとあそび教室』mpi 松香フォニックス.
文部科学省（2018）『小学校学習指導要領（平成29年告示）解説　外国語活動・外国語編』開隆堂出版.
文部科学省（2020）「なるほど！小学校外国語②読むこと　書くこと」
　　〈https://www.youtube.com/watch?v=983p0QScfSg〉 2021年7月1日アクセス.
仲田利津子（1993）『こうして教える子どもの英語 ― 話せる英語の指導 ―』アプリコット出版.
佐藤久美子、松香洋子（2008）『きょうから私も英語の先生！』玉川大学出版部.

Unit 10
題材の選定と教材

> **学びのキーワード** 題材の選定、興味・関心、他教科等、学校行事、異文化理解、音声教材
>
> **学びのポイント** 外国語活動・外国語科の授業を行うためには、適切な**題材の選定**が必要です。そのために児童の**興味・関心**に合ったもので**他教科等**で学習したものを活用したり**学校行事、異文化理解**などに関連付けたりする工夫が必要です。本章では題材選定の留意点と**音声教材**の選定について考えます。

1．題材選定の留意点

文部科学省（2018，pp.45-46）は、外国語活動で扱う題材についての留意点を次のように述べています。

> エ　言語活動で扱う題材は、児童の興味・関心に合ったものとし、国語科や音楽科、図画工作科など、他教科等で児童が学習したことを活用したり、学校行事で扱う内容と関連付けたりするなどの工夫をすること。
>
> オ　外国語活動を通して、外国語や外国の文化のみならず、国語や我が国の文化についても併せて理解を深めるようにすること。言語活動で扱う題材についても、我が国の文化や、英語の背景にある文化に対する関心を高め、理解を深めようとする態度を養うのに役立つものとすること。

また、外国語科で扱う題材については、配慮することとして次のように述べています（文部科学省, 2018, p.125）。

> オ　言語活動で扱う題材は、児童の興味・関心に合ったものとし、国語科や音楽科、図画工作科など、他の教科等で児童が学習したことを活用したり、学校行事で扱う内容と関連付けたりするなどの工夫をすること。

2．こんな題材を

2020年度からは、高学年は検定教科書を使用していますので、各教科書の単元に沿って授業が行われていると思いますが、次のような題材は外国語学習への意欲を高めることができると考えます。

（1）　日常生活にあるもの

　児童が日常生活で体験しているさまざまな出来事や興味・関心を持つものを取り扱う。小学生の発達段階、行動範囲、人間関係を考慮する。人間関係を考慮することによって、無理のない題材を選ぶことができます。

（2）　他教科や学校行事

　国語、算数（計算）、社会（地理や歴史）、理科（植物の成長）、体育（身体表現）、家庭科（調理や栄養）など、英語以外の他教科に関連付けることで児童の知的好奇心を育てることができます。最近ではクリル（CLIL：Content and Language Integrated Learning：内容言語統合型学習）の研究が盛んになりました。これは他教科を学ぶ時に英語を使う学習方法ですが、学習の際に英語を実践的に使うことになるため、英語の技能の向上につながると言われています。また、運動会、社会科見学、修学旅行などの学校行事、清掃など、誰もが共通に体験している題材は話題が多くやり取りが活発になります。

（3）　異文化理解

　外国の文化と我が国の文化、国語と英語を比較することで初めて気付くことや理解できることがあります。言語を通してだけでなく、言語を使用している人々の日常生活・文化・歴史・習慣についても、積極的に取り扱いたいものです。

3．題材例

3.1　外国語活動の題材例

　中学年では、『Let's Try! 1』『Let's Try! 2』を使用している学校が多いでしょう。中学年の児童が興味・関心を持ち、自分からやってみたいと思うような場面を授業中に設定できる題材を選びたいものです。また、児童の日常生活にあることで、みんなが体験していること、知っている人、使っている物などは共通の話題になりやすく、取り扱いやすい題材です。次は中学年に適した題材例です。

　（1）好きな物…スポーツ、食べ物、色、果物、飲み物、野菜、数、動物、曜日など
　（2）触れ合っている人たち…家族、友達、先生など
　（3）使う物、持ち物、欲しい物…文房具、食材、身の回りの物など

3.2　外国語科の題材例

　外国語科でも、検定教科書を使用して授業が行われることが多いでしょうが、時にはオリジナルの題材を取り扱うのもよいでしょう。高学年が興味・関心を持ち、面白いと感じ、積極的になるためには憧れることや流行、未来へのチャレンジを入れたいものです。次はそうした高学年に適した題材例です。

　（1）知りたいこと

　　世界で活躍する日本人、日本で活躍する外国人、世界の食事、日本の食事、世界の音楽、

日本の音楽、世界の天気予報、世界の郵便ポスト、世界の交通事情、世界の気温など

（2）伝え合いたいこと

自分の好み、学校生活、行ってみたい国、憧れの人、夏休みの思い出、学校生活の思い出、将来の夢、将来の仕事、中学校生活への期待など

3.3　言語の使用場面

学習指導要領（文部科学省 , 2018, pp.36-37, pp.114-115）では、言語の使用場面を（ア）と（イ）に分け、次のように例を挙げています。（　）に指定がない場合は、外国語活動・外国語科共通です。

（ア）　児童の身近な暮らしに関わる場面・家庭での生活・学校での学習や活動・地域の行事・子供の遊び（外国語活動のみ）　など

（イ）　特有の表現がよく使われる場面・挨拶・自己紹介・買物・食事・道案内・旅行（外国語科のみ）　など

これらを上述の題材例と一緒に考えることでより適切な題材を選ぶことができます。

4．音声教材

4.1　音声教材の選定

英語の学習では音声教材が必須ですが、特に歌やチャンツは英語の音声的な特徴であるプロソディー（リズム、ストレス、イントネーションなど）をインプットするために有効です。歌やチャンツでは、決まった尺の中に英語の表現が丸ごと入っていることが多く、歌っているうちに基本語彙や英語表現が文の形でインプットされます。歌やチャンツで英語を覚えると「単語発話」にならず、語順などの言語構造を自然に体得できます。また、児童は歌やチャンツを通して覚えた英語表現の中にある単語を置き換えて、やり取りを発展させることができるのです。検定教科書では単元の単語や表現を使って歌やチャンツを作っていることが多いですが、次のことに留意して選ぶこともできます。

・リズムが単純で反復性があり、メロディーが易しいもの
・歌詞が面白く、内容が児童の学校生活や興味につながるもの
・動作を付けたり、劇のように演技に使えたりできるもの
・プロソディー（リズム、ストレス、イントネーションなど）が崩れていないもの
・歌詞がそのまま日常のやり取りに使えるもの
・長く歌い継がれているもの

これらにはナーサリーライム、またはマザーグースと呼ばれるイギリス伝承童謡などの多くが当てはまり、世界中で英語を学習する子どもたちが楽しんでいます。多くの人が知っている共通の歌やチャンツがあれば、言葉がうまく通じない人たちとでも仲良くなれるきっかけができます。

4.2　活用計画

　歌やチャンツを取り入れるには、単元目標及び本時の目標に合わせて適切なものを選びます。年間計画に入れるのもよいでしょう。繰り返すこと、以前に選んだ曲を再活用することも表現を定着させるために効果的です。次の曲はまさに世界中の子どもたちが知っています。将来、いろいろな場面で出合うことになるでしょう。

音声

① ♪ Humpty Dumpty　　もとにもどらないハンプティー

Humpty Dumpty sat on a wall,	ハンプティー・ダンプティーは壁の上
Humpty Dumpty had a great fall.	ハンプティー・ダンプティーはドスンと落ちた。
All the king's horses and all the king's men,	王様のすべての馬も王様のすべての家来も
Couldn't put Humpty together again.	ハンプティーを元に戻せなかった。

　これは戻れなかった「たまご怪人」の有名な歌です。単純な歌で歌いやすいだけでなく、この歌の中の All the King's Men は「覆水盆に返らず」の意味で雑誌や新聞の見出しでよく引用されます。1972 年に起こった政治スキャンダルで当時のニクソン大統領が引責辞任した映画『大統領の陰謀』の英語タイトルは *All the President's Men* でした。これだけで大統領が失脚した意味になるのです。私たちはこうした表現があっても文字どおりの意味しか分かりませんが、英語圏の人たちにはピンとくるのです（小川 , 2006）。

音声

② ♪ Peter Piper　　ピーターさんの早口言葉

Peter Piper picked a peck of pickled peppers.	ピーターパイパーはたくさんのとうがらしのピクルスをつまんだ。
If Peter Piper picked a peck of pickled peppers,	もしピーターパイパーがたくさんのとうがらしのピクルスをつまんだら
How many pickled peppers did Peter Piper pick?	ピーターパイパーはいくつのとうがらしのピクルスをつまんだことになる？

　これは有名な早口言葉のチャンツです。英語圏の子どもたちは誰でもこの早口言葉に挑戦しています。p の音がたくさん出てきますが、英語のリズムを楽しくインプットできます。ぜひ一緒にリズムを楽しみ、早口言葉に挑戦してください。

Discussion Topic

『Let's Try! 1』『Let's Try! 2』や検定教科書の題材を見て、その題材の意図を考えて話し合いましょう。また、歌やチャンツを 1 曲選択し、活用法を考えましょう。

【参考文献】
松香洋子（2002）*I like coffee, I like tea*, mpi 松香フォニックス .
文部科学省（2018）『小学校学習指導要領（平成 29 年告示）解説　外国語活動・外国語編』開隆堂出版 .
小川隆夫（2006）『先生、英語やろうよ！』mpi 松香フォニックス .

Unit 11
学習到達目標、指導計画（カリキュラム・マネジメント）

🔑 **学びの キーワード**　CAN-DO、学習到達目標、カリキュラム・マネジメント

✅ **学びの ポイント**　「何ができるか」という **CAN-DO** を利用して小学校から中学校までの一貫した**学習到達目標**に基づく指導計画が重要になっています。また、学習指導要領改訂のキーワードでもある**カリキュラム・マネジメント**はこれからの教育、そして、各学校の教育活動の質の向上のためにも理解する必要があります。

1．CAN-DO リスト

　CAN-DO とは、CAN-DO ディスクリプタ（can-do descriptors）と呼ばれる「英語でできる行動（actions）」を記したものです。その記述文の集合体が CAN-DO リストです。そもそも CAN-DO は、2001 年に欧州評議会（Council of Europe）が作成した「外国語の学習、教授、評価のためのヨーロッパ言語共通参照枠（Common European Framework of Reference for Languages: Learning, teaching, assessment, 以下 CEFR）」が基になっています。CEFR では、言語の枠や国境を越えて、EU 諸国内で用いられている言語の習得レベルを相互に比較することが出来るようにするため、外国語の熟達度を（基礎）A1-A2-B1-B2-C1-C2（熟達）の６段階の尺度に分けて、それぞれに「能力記述文」が付されて「～ができる」という形で書かれています。日本ではこの「レベル分け」だけが注目を浴びがちですが、大切なのはそれを根底で支えている「複言語・複文化主義」という言語教育思想なのです。

　CAN-DO は、2013年（平成25年）３月に文部科学省によって出された「各中・高等学校の外国語教育における『CAN-DO リスト』の形での学習到達目標設定のための手引き」によって提示されました。そこでは指導法や評価の方法の改善のために、各校が実情に合わせて生徒に求められる英語力の学習到達目標が、「言語を用いて何ができるか」という観点から、CAN-DO リストの形で具体的に設定するように要請されたのです。

2．学習到達目標

　学習指導要領の外国語活動では「聞くこと」「話すこと［やり取り］」「話すこと［発表］」の３領域、教科としての外国語科では「聞くこと」「話すこと［やり取り］」「話すこと［発表］」「読むこと」「書くこと」の５領域の目標が示されています。

　外国語科の「話すこと［発表］」の領域別の目標では、「ア．日常生活に関する身近で簡単な事柄について、簡単な語句や基本的な表現を用いて話すことができるようにする」のように、文末に「～ができるようにする」とあります。全て「～ができる」という形の CAN-DO リスト形式の学習到達目標とは異なりますが、同様に CAN-DO と考えてよいと思います。指導目標の中に CAN-DO 形式の記述文が包含されているということです。

　指導計画を作成するに当たっては、領域別の目標をよく理解して指導計画・単元目標を作成することが大切です。表 1 は「話すこと［発表］」の目標を外国語活動、外国語科、中学校外国語科の各段階で比較しています。それぞれの段階でどのような力をどの程度つけるかが明確になっています。学習指導要領では「何ができるか」という CAN-DO 項目とそれを活用する場面等が小学校から中学校、高等学校まで到達目標として一貫して用いられて、系統的に並べられているのです。こうしたことからも学習到達目標に基づいた指導計画が重要なのです。

「話すこと［発表］」の領域別目標

表 1

小学校第 3 学年及び 第 4 学年外国語活動	小学校第 5 学年及び 第 6 学年外国語	中学校外国語
ア　身の回りの物について，人前で実物などを見せながら，簡単な語句や基本的な表現を用いて話すようにする。	ア　日常生活に関する身近で簡単な事柄について，簡単な語句や基本的な表現を用いて話すことができるようにする。	ア　関心のある事柄について，簡単な語句や文を用いて即興で話すことができるようにする。
イ　自分のことについて，人前で実物などを見せながら，簡単な語句や基本的な表現を用いて話すようにする。	イ　自分のことについて，伝えようとする内容を整理した上で，簡単な語句や基本的な表現を用いて話すことができるようにする。	イ　日常的な話題について，事実や自分の考え，気持ちなどを整理し，簡単な語句や文を用いてまとまりのある内容を話すことができるようにする。
ウ　日常生活に関する身近で簡単な事柄について，人前で実物などを見せながら，自分の考えや気持ちなどを，簡単な語句や基本的な表現を用いて話すようにする。	ウ　身近で簡単な事柄について，伝えようとする内容を整理した上で，自分の考えや気持ちなどを、簡単な語句や基本的な表現を用いて話すことができるようにする。	ウ　社会的な話題に関して聞いたり読んだりしたことについて，考えたことや感じたこと，その理由などを，簡単な語句や文を用いて話すことができるようにする。

（文部科学省, 2018, p.169）

3．カリキュラム・マネジメント

3.1　カリキュラム・マネジメントの定義

　学習指導要領のキーワードの一つが「カリキュラム・マネジメント」です。学習指導要領（文部科学省, 2018, p.145）ではその定義を「児童や学校、地域の実態を適切に把握し、教育の目的や目標の実現に必要な教育の内容等を教科等横断的な視点で組み立てていくこと、教育課程の実施状況を評価してその改善を図っていくこと、教育課程の実施に必要な人的又は物的

な体制を確保するとともにその改善を図っていくことなどを通して、教育課程に基づき組織的かつ計画的に各学校の教育活動の質の向上を図っていくこと」と述べています。従来、カリキュラムは国語、算数というように教科のカリキュラムが中心でした。「しかしこれからは、全教科で、教科の学習内容とともに、どのような資質・能力を育むのかも含めたカリキュラムを作成しなくてはなりません。そして、それを基に授業を行い、成果を評価し、カリキュラムの再構成や授業改善につなげることで新たな教育を築いていく。それが、カリキュラム・マネジメントなのです」（高木, 2016. p.2）と指摘されているようにカリキュラム・マネジメントはこれからの教育に欠かすことができないものです。

3.2　カリキュラム・マネジメントで求められていること

　中央教育審議会は、カリキュラム・マネジメントで具体的に求められていることについて、2016年12月21日の「幼稚園、小学校、中学校、高等学校及び特別支援学校の学習指導要領等の改善及び必要な方策等について（答申）」で次の三つの側面を挙げています。

> ①各教科等の教育内容を相互の関係で捉え、学校教育目標を踏まえた教科等横断的な視点で、その目標の達成に必要な教育の内容を組織的に配列していくこと。
> ②教育内容の質の向上に向けて、子供たちの姿や地域の現状等に関する調査や各種データ等に基づき、教育課程を編成し、実施し、評価して改善を図る一連のPDCAサイクルを確立すること。
> ③教育内容と、教育活動に必要な人的・物的資源等を、地域等の外部の資源も含めて活用しながら効果的に組み合わせること。

　文部科学省（2017, p.172）は、三つの側面のうち①が根幹であるという考えを示し、「学習指導要領では、子供に育みたい資質・能力に共通する要素を『知識及び技能』『思考力、判断力、表現力等』『学びに向かう力、人間性等』という3つの柱で整理しているが、これらは、各教科等だけではなく、教科等横断的な力にも共通している要素である。よって、これらの力は、全教育課程で計画的・体系的に育んでいく必要がある」と述べています。

　学校では年間カリキュラムを教科書の指導時数に従って作成しがちですが、学習指導要領には学ぶ内容と年間の総授業時数が示されているだけなのです。これからは各校の実態や学校教育目標に応じて、学習内容を編集することが重要になります。そのために学校全体で各教科の枠を超えて、各教科のカリキュラムを考えることになります。

4.「1時間の授業」づくり

　授業を行う時、表2のように授業の流れをある程度パターン化した授業構成にすると、指導者の負担感が軽減できます。また、児童は授業の進行状態が分かり見通しを持つことができます。これは特別支援が必要な児童にとっても、今、授業はどこをやっていてあと何分く

らいで終わるか分かり、安心して授業に参加できます。授業の流れは黒板の片側に掲示するなど工夫しましょう。

1時間の授業構成例 表2

Warming up （始めの挨拶）	英語の時間の雰囲気作り、動機付け
	・前時までに親しんだ表現（歌・チャンツ等）
	・既習表現を使用する帯活動　・【めあての確認】
Activity （本時の活動）	めあてを達成させるための活動
	・新しい言語材料のインプット
	・コミュニケーション活動、自己表現活動　・絵本の読み聞かせ
Looking back （本時の振り返り）	学習の喜びや充実感の醸成
	・振り返りカードの活用による自己評価・相互評価
	・終わりの挨拶（活動への賞賛）

（文部科学省 , 2017, p.178）

5．短時間学習の設計

短時間学習については、学習指導要領（文部科学省 , 2018, p.146）の総則に以下のように述べられています。

> 各教科等の特質に応じ、10分から15分程度の短い時間を活用して特定の教科等の指導を行う場合において、教師が、単元や題材など内容や時間のまとまりを見通した中で、その指導内容の決定や指導の成果の把握と活用等を責任をもって行う体制が整備されているときは、その時間を当該教科等の年間授業時数に含めることができること。

短時間学習は、単元全体を通した指導との関連を常に意識することが大切です。また、カリキュラム・マネジメントの見地からも利用の価値があると考えます。10分あるいは15分を効果的に使うことによってインプット量を確保することができますし、繰り返すことによって定着を図ることができます。

Discussion Topic

学習指導要領（文部科学省 , 2018, p.169）にある五つの領域別目標（学校段階別一覧表）を見て、段階別目標の違いについて話し合いましょう。※文科省ＨＰからも閲覧できます。

【参考文献】

文部科学省（2017）『小学校外国語活動・外国語研修ガイドブック』文部科学省 HP.

文部科学省（2018）『小学校学習指導要領（平成29年告示）解説　外国語活動・外国語編』開隆堂出版 .

髙木展郎（2016）『「学力の3要素」をバランスよく育むため、学校全体でカリキュラム・マネジメント推進を』
　　VIEW21 教育委員会版 Vol. 4, <https://berd.benesse.jp/up_images/magazine/VIEW21_kyo_2016_04_01toku_01.pdf > 2021 年7月1日アクセス .

Unit 12
学習指導案の作り方

🔍 学びの キーワード	学習指導案、単元目標、評価規準、言語材料、本時の目標、支援、指導上の留意点
☑ 学びの ポイント	学習指導案の作成は授業をよりよく展開していく上で大切です。**単元目標、評価規準、言語材料、本時の目標**を明確にし、具体的な**支援**や**指導上の留意点**をクラスの児童の実態に合わせて作成します。学習指導案を作成することにより、指導内容が精選され充実した授業ができるようになります。

1. 学習指導案の書き方

　学習指導案は授業の設計図と言われます。児童の姿をイメージしながら単元目標、評価規準、指導目標、指導内容、指導手順などを明確に具体的に示すことが大切です。良い学習指導案ができれば授業は効率よく展開でき、指導者にも児童にも充実した時間になります。本章の学習指導案例は『「指導と評価の一体化」のための学習評価に関する参考資料』（国立教育政策研究所教育課程研究センター，2020）と『We Can! 1』（文部科学省）の第5学年学習指導案例を参考にしてまとめたものです。従来の学習指導案と比べると、単元目標、単元の評価規準などの書き方が異なっている所があります。また、学習指導案は自治体や学校によって違う様式になっていることもありますので確認してください。

1.1　単元名と目標

　　　　　　　　　　第5学年○組 外国語科学習指導案（例）

　　　　　　　　　　　　　　　　○月×日

　　　　　　　　　　　　　　　指導者　HRT

　　　　　　　　　　　　　　　　　　　ALT

（1）学年とクラス名を入れます。この下に授業日を書くことが多いです。

（2）担任（HRT）の名前を上に書くことで主導者が担任であることが分かります。

1　単元名　When is your birthday?　行事・誕生日
2　指導観
　○児童観

（3）目標から見た児童の実態を書きます。

　（例）本学級の児童は、外国語の授業が大好きで学習意欲も高い。事前アンケートではほとんどの児童が将来英語を使いたいと考えており、友達とのやり取りや発表の楽しさを経験している等（略）

　○教材観　（4）その教材が児童にとってどんなものか、重要なことは何かを書きます。
　○指導観　（5）その教材を使ってどのような授業をして目標を達するかを書きます。

3　単元の指導目標

> （6）従来は「知識・技能」「思考力・判断力・表現力等」「学びに向かう力、人間性等」の三つの柱に沿って示していましたが、資質・能力を総合的に育成する観点から、1文ずつの記述文で示しています。そのため文の最後は「～できる」という形になります。

（例）自分のことをよく知ってもらったり相手のことをよく知ったりするために、相手の誕生日や好きなもの、欲しいものなど、具体的な情報を聞き取ったり、誕生日や好きなもの、欲しいものなどについて伝え合ったりできる。また、アルファベットの活字体の大文字を書くことができる。

　　※なお、本単元における「書くこと」については目標に向けて指導は行うが、本単元内で記録に残す評価は行わない。

　　（注）これは児童が外国語の指導を受けて間もないため（Unit 2）、読んだり書いたりすることは十分に指導を受けていない、また、評価を受けるほど力をつけていないため記録に残す評価は行わないという意味です。

4　言語材料　　| （7）言語材料は表現（児童の発話）と語彙（児童が使う語彙）に分けて書きます。 |

○表現　省略

○語彙（児童が使う語彙）　省略

　〔既出〕活字体（大文字、小文字）、スポーツ、身の回りの物など

5　関係する領域別目標　　| （8）学習指導要領の該当する領域別目標を記入します。 |

聞くこと	イ　ゆっくりはっきりと話されれば、日常生活に関する身近で簡単な事柄について、具体的な情報を聞き取ることができるようにする。
話すこと[やり取り]	イ　日常生活に関する身近で簡単な事柄について、自分の考えや気持ちなどを、簡単な語句や基本的な表現を用いて伝え合うことができるようにする。
書くこと	ア　大文字、小文字を活字体で書くことができるようにする。

6　単元の評価規準

	知識・技能	思考・判断・表現	主体的に学習に取り組む態度
聞くこと	〈知識〉 月日の言い方や、I like/ want ～ . Do you like/want ～ ? What do you like/want? When is your birthday?、その答え方について理解している。 〈技能〉 誕生日や好きなもの、欲しいものなど、具体的な情報を聞き取る技能を身に付けている。	相手のことをよく知るために、誕生日や好きなもの、欲しいものなど、具体的な情報を聞き取っている。	相手のことをよく知るために、誕生日や好きなもの、欲しいものなど、具体的な情報を聞き取ろうとしている。
話すこと[やり取り]	〈知識〉 月日の言い方や、I like/ want ～ . Do you like/want ～ ? What do you like/want? When is your birthday?、その答え方について理解している。 〈技能〉 誕生日や好きなもの、欲しいものなどについて、I like/ want ～ . Do you like/want ～ ? What do you like/want ～ ? When is your birthday? 等を用いて、考えや気持ちなどを伝え合う技能を身に付けている。	自分のことをよく知ってもらったり相手のことをよく知ったりするために、自分や相手の誕生日や好きなもの、欲しいものなどについて、お互いの考えや気持ちなどを伝え合っている。	自分のことをよく知ってもらったり相手のことをよく知ったりするために、自分や相手の誕生日や好きなもの、欲しいものなどについて、お互いの考えや気持ちなどを伝え合おうとしている。

7 単元指導計画（7時間）

「聞くこと」「話すこと［やり取り］」に焦点を置いた単元の指導と評価の計画（2～4、6を省略しています。）

時	目標（◆）と主な活動（【 】、○）	◎評価の観点〈方法〉
1	◆月の言い方を知る。また、アルファベットの活字体の大文字を書くことができる。	
	○ Small Talk：好きな季節や月 【Let's Watch and Think 1】 【Let's Play 1】ポインティング・ゲーム 【Let's Chant】Twelve Months 【Let's Listen 1】写真にある行事は何月かを予想し、音声教材を聞いて聞こえた音について、やり取りしながら確かめる。 ○ミッシング・ゲーム	本時では、記録に残す評価は行わないが、目標に向けて指導を行う。児童の学習状況を記録に残さない活動や時間においても、教師が児童の学習状況を確認する。
略	○ Let's Read and Write　○ Sounds and Letters	
5	◆相手のことをよく知るために、誕生日などについて短い話を聞いて、具体的な情報を聞き取ったり、誕生日や好きなもの、欲しいものを尋ねたり答えたりして伝え合ったりすることができる。また、活字体の大文字を書くことができる。	
	【Let's Chant】When is your birthday? 【Let's Watch and Think 4】 ・登場人物について分かったことをテキストに書く。 ○メモリー・ゲーム　　　　　　思考・判断・表現 【Activity 2】プレゼントしたいものの絵を描いてバースデーカードを完成させる。 ○カードを作ろう 【Let's Watch and Think 5】 ・デジタル教材を視聴して登場人物について分かったことを、テキストに書く。　　　主体的に学習に取り組む態度 ○ Sounds and Letters	「聞くこと」の記録に残す評価 ◎相手のことをよく知るために、誕生日などについて短い話を聞いて、具体的な情報を聞き取っている。〈行動観察・テキスト記述分析〉 ◎相手のことをよく知るために、誕生日などについて短い話を聞いて、具体的な情報を聞き取ろうとしている。〈行動観察・テキスト記述分析〉 ・児童が聞き取る様子やテキストの記述を分析し、評価の記録を残す。
略		
7	◆自分のことをよく知ってもらったり相手のことを知ったりするために、誕生日や好きなもの、欲しいものなどについて尋ねたり答えたりして伝え合うことができる。	
	【Let's Chant】When is your birthday?　　思考・判断・表現 【Activity 2】 ・バースデーカードの相手を探し、他者に配慮しながらカードに書かれていることについてやり取りする。 　　　　　　　　　主体的に学習に取り組む態度 【STORY TIME】②	「話すこと［やり取り］」の記録に残す評価 ◎自分のことをよく知ってもらったり相手のことをよく知ったりするために、誕生日や好きなもの、欲しいものなどについて尋ねたり答えたりして伝え合っている。〈行動観察〉 ◎自分のことをよく知ってもらったり相手のことをよく知ったりするために、誕生日や好きなもの、欲しいものなどについて尋ねたり答えたりして伝え合おうとしている。〈行動観察〉 ・児童が伝え合う様子を観察し、評価の記録を残す。

8　本時の展開　7/7　　　本時は（「話すこと [やり取り]」の評価場面の指導と評価を主にしています。）

本時の目標：自分のことをよく知ってもらったり相手のことをよく知ったりするために、誕生日や好きなもの、欲しいものなどについて尋ねたり答えたりして伝え合うことができる。

準備：テキスト、バースデーカード（児童が完成させたもの）、デジタル教材、振り返りカード

時間	児童の活動	指導者の活動　◎評価〈方法〉　●指導改善例	準備物
5分 略	・挨拶をする。 【Let's Chant】When is your birthday?	・全体に挨拶をして個別にも行う。 ・児童の実態に合わせてチャンツの選択やスピードを調整する。 　好きなものやほしいものについて伝え合おう。	デジタル教材
30分	【Activity 2】 ・バースデーカードの相手を探し、他者に配慮しながらカードに書かれていることについてやり取りをする。お祝いの気持ちを込めてバースデーカードを渡す。 ・友達について気付いた意外な一面や知ることができてよかったことや嬉しかったことなどを交流する。	・児童を、カードを届ける側ともらう側に分ける。 ・他者に配慮した気持ちのよいやり取りの具体例について、全員で意見を出し合い、共通理解を図ってから始める。 ・進め方の例を示す。 ●バースデーカードを通して気付いた友達の意外な一面などについて交流させ、児童の互いに知りたいという気持ちを高める。 ◎自分のことをよく知ってもらったり相手のことをよく知ったりするために、誕生日や好きなもの、欲しいものなどについて尋ねたり答えたりして伝え合っている。〈行動観察〉 ◎自分のことをよく知ってもらったり相手のことをよく知ったりするために、誕生日や好きなもの、欲しいものなどについて尋ねたり答えたりして伝え合おうとしている。〈行動観察〉	バースデーカード
5分	【STORYT TIME】	略	デジタル教材
5分	・本時の活動を振り返る。振り返りシートに記入する。 ・挨拶をする。	・本時のねらいに照らして児童を称賛する。 ・次時への意欲付けをする。 ・挨拶をする。	振り返りシート

Discussion Topic

検定教科書の中から単元を一つ選び指導案を作成して、話し合いましょう。
（それぞれが異なった単元でも、同じ単元を作成してもよいでしょう。）

【参考文献】
国立教育政策研究所教育課程研究センター（2020）『「指導と評価の一体化」のための学習評価に関する参考資料　小学校外国語・外国語活動』東洋館出版社.
文部科学省（2018）「新学習指導要領に対応した小学校外国語教育新教材について」第5学年学習指導案例　Unit2〈https://www.mext.go.jp/component/b_menu/shingi/toushin/__icsFiles/afieldfile/2018/09/26/1395320_0502.pdf〉2021年7月1日アクセス.

Unit 13
ALT 等とのティーム・ティーチングによる指導の在り方

🔍 学びの キーワード	HRT（学級担任）、ALT（外国語指導助手）、JTE（日本人英語指導者）、役割、ティーム・ティーチング（TT）、教科担任制、指導体制
✅ 学びの ポイント	小学校外国語科における **HRT**、**ALT**、**JTE** の役割、ティーム・ティーチングの進め方、**教科担任制**を含む**指導体制**について考えます。

1．指導体制の充実

　文部科学省（2018, p.128）は、指導体制について「学級担任の教師又は外国語を担当する教師が指導計画を作成し、授業を実施するに当たっては、ネイティブ・スピーカーや英語が堪能な地域人材などの協力を得る等、指導体制の充実を図るとともに、指導方法の工夫を行うこと」と述べています。今まで小学校においては学級担任の教師、または外国語活動を担当する教師が授業を主導することが前提になっていましたが、実際は外国人の ALT がティーム・ティーチングで入る場合、ALT に任せっぱなしの授業が行われてきたことがあるようです（吉田他，2018）。これから教科担任制となり専科教員が担当することになるかもしれませんが、指導体制と指導方法については学校全体で考える必要があります。

2．ALT とは

　1998年告示の学習指導要領により、「総合的な学習の時間」に於ける「国際理解に関する学習の一環としての外国語会話等」が実施されるようになり、外国人の ALT（Assistant Language Teacher：外国語指導助手）を何とか採用したいと考える自治体や学校が増えました。「総合的な学習の時間」の内容は各学校に任せられていたため、指導内容はさまざまでしたが、外国人の ALT がいれば先進の英語教育に取り組んでいるようなイメージが先行していました。この頃、小学校の学級担任（HRT：Homeroom Teacher）は自分が英語を教えるとは考えず、指導は ALT 任せで学級担任は児童の視界からどんどん消えてしまったという話さえありました。

　ALT と言えば英語のネイティブ・スピーカーと思われがちですが、現実には全ての ALT がそうではありません。JET[(1)] プログラムのホームページによると ALT として参加する人たち

の出身国はアメリカ、英国、オーストラリア、ニュージーランド、カナダ、アイルランド、フランス、ドイツ、中国、韓国、ロシア、南アフリカ、インド、フィリピン、シンガポール、ジャマイカ、フィジーなどさまざまで英語を母語とする国の人だけではありません。JET は ALT と国際交流員に分けられますが、ALT に応募するには、日本における教育、特に外国語教育に関心があることと積極的に児童と共に活動することに意欲があること。語学教師としての資格を有する者、または「語学教育」に熱意がある者などの要件が必要とされますが、民間の派遣業者の ALT などを含め TEFL（Teaching English as a Foreign Language）などを勉強したかは問われていませんので、語学教育を専門的に勉強してきた人たちは多くないようです。ICT 教材が発達した現在、英語の音声や映像はたくさんあります。ALT が教室にいる価値について狩野（2017, p.84）は次の 5 点を挙げています。

①英語らしい音、表現をその場面や状況に応じて十分に与えられる 。
②担任教員とのティーム・ティーチングで英語での「やり取り」「対話」を示したり、アクティビティのやり方を実際 に見せて示せる。
③児童と英語で即興性のあるやり取りができる。
④児童の発話を拾いながら、英語での気づきや学びを促すことができる。
⑤外国人 ALT なら担任が、日本人 ALT なら担任と双方が、英語を使ってコミュニケーションする日本人のロールモデルを示せる。

　担任は ALT の存在意義を認識して、ALT が自分らしく大いに活躍できるように支援したいものです。
　自治体の中には ALT という枠で、日本人の ALT も雇用している場合があります。また、日本人は JTE（Japanese Teacher of English: 日本人英語指導者）、英語アドバイザー、英語支援員などと呼ばれていることがあります。英語が堪能な地域人材として自治体ごとに採用されていることが多いようです。JTE のメリットは、その多くは自らが英語学習者として英語を学習し、日本人が英語を学ぶ上での短所や長所を熟知していることです。日本人に聞き取るのが難しい音や発音が難しい単語も知っています。担任や学校との意思疎通がよくできることや、J-SHINE [2] 資格の保有者などは英語の専門性が高いため、その有用性が評価されています。

3．それぞれの役割

　小学校英語担当者は、表 1 のようにそれぞれの役割があります。HRT は自分が英語の学習者としてのモデルになるだけでなく、児童をよく理解しているためクラスの実態に配慮した指導ができます。また、全教科を担当しているため他教科の学びを外国語学習に取り入れる

ことも可能になります。JTE は英語教育に精通していますので、自分の体験を生かしながら英語と英語教育両方の視点から指導できます。ALT は英語そのものと文化を紹介し、コミュニケーションの大切さを伝えることができます。

小学校英語担当者の果たす役割（兼重, 2007, p.116）　　　　表1

ROLES（役割）	HRT（学級担任）	JTE（日本人英語教師）	ALT（外国語指導助手）
Designer （授業作り・設計者）	子どもの実態や他教科等との関連性にもとづいて	英語教育に関する知識にもとづいて	英語の知識にもとづいて
Model （モデル）	学習者としてのモデル	英語や英語文化の明示的知識	英語や英語文化の実物モデル・暗示的知識
Teacher/ Instructor （教授者）	教室運営、授業運営における指導	英語や英語文化などの体験的教授、授業運営等	英語や英語文化などの体験的教授
Supporter/Facilitator/ Communicator/ Mediator （支援者）	学習者の実態を考慮した足場かけ	日本語や英語をともに使った足場かけ	英語によるコミュニケーションを通じた足場かけ
Organizer/ Manager （授業運営者）	学習者の実態にもとづいた授業運営・経営	英語教育的視点からの授業運営・構成	英語母語話者の視点からの授業運営・構成
Evaluator （評価者）	学習者の実態にもとづいた評価	英語・英語教育的観点からの評価	英語という観点からの評価

　ティーム・ティーチングでは、複数の教員が一つの教室で一緒に教えるからこそできることがあります。HRT と ALT がそれぞれの役割をよく理解し、補完的に授業が行われた時、より良い授業が生まれます。

4．教科担任制

　中央教育審議会は2021年1月26日、令和時代の学校教育の在り方について文部科学大臣に答申[3] しました。ここには2022年度をめどに小学校5・6年生で外国語・理科・算数の教科担任制を本格導入する必要があることが明記されており、中学校の学習への系統性と指導する際の専門性を重視することになっています。また、教師の持ちコマ数の軽減や授業準備の効率化による学校教育活動の充実や教師の負担軽減が考えられたようです。その実現のためには人材確保や研修をどうするかなど課題もありますが、専門的な知識を持った専科教員が各校に誕生するのは、将来の小学校外国語教育を考えると喜ばしいことです。

　しかし、小学校の外国語教育は「小学校教育」という盤石な土台があってこそ成功すると考えます。児童一人一人の実態把握や他教科との関連性など、小学校教育で欠かすことができない要素は担任が把握し児童を支えています。小学校の外国語教育の成功のためには担任のサポートが不可欠です。また、2022年度に全ての学校で一斉に教科担任制が導入されるかは未確定ですし、3・4年生の外国語活動は担任が引き続き担当することになりますから、小学校の先生は担任主導型でも対応できるようにしておく必要があります。

5．授業の進め方

　ティーム・ティーチングの授業に当たっては、次のような打ち合わせや役割分担をして授業を進めるとよいでしょう。

（1）授業準備・授業前の打ち合わせ

　「本時の目標と評価」「言語材料と表現」「教材」「全体の流れ」を確認します。特にメインの活動については明確にしておく必要があります。また、どこで2人のやり取りを児童に見せるかを決めておくとよいでしょう。ALTには単元に関連している自国の文化等を紹介する準備をしてもらいましょう。また、数分であっても直前に授業の流れを再確認することがより良い授業展開のために大切です。

（2）授業中

　HRTは表1にある「学習者としてのモデル」の役割が重要です。児童と一緒に学ぶ姿勢を見せて、繰り返して練習し楽しそうにALTとやり取りをする姿は児童の意欲を向上させます。授業中、次の活動に移る時、HRTが上手に誘導すると児童は何をやるのかがよく分かります。評価はHRTが主に情意面、ALTが技能面を担当し、具体的に褒めることを心掛けると児童の成就感につながります。

（3）授業後

　指導についての振り返りを行い、改善について話し合いましょう。児童の学習、態度などについては、気付いたことをシェアしましょう。

　兼重（2007, p.119）は「よりよいコラボレーションのためには、関係するすべての教師がconfidence（自信）、flexibility（柔軟性）、respect（尊敬・敬意）、communication（コミュニケーション）を大切に、授業に取り組む姿勢が何よりも大切である」と述べています。

Discussion Topic

　テーマを選んでティーム・ティーチングの指導案を英語と日本語で書いてみましょう。HRTとALT役になり、ティーム・ティーチングの模擬授業を実施し、振り返りを行いましょう。

注（1）JETプログラム <http://jetprogramme.org/ja/eligibility/>2021年7月1日アクセス．
　　（2）特定非営利活動法人「小学校英語指導者認定協議会」の略称，<https://www.j-shine.org/> 2021年7月1日アクセス．
　　（3）「小学校高学年に教科担任制を導入、中教審が答申」〈https://reseed.resemom.jp/article/2021/01/27/1037.html〉2021年7月1日アクセス．

【参考文献】
兼重昇（2007）「第4章　指導者と指導形態、よりよいティーム・ティーチングの進め方」岡秀夫、金森強（編著）『小学校外国語活動の進め方－「ことばの教育」として－』成美堂．
狩野晶子（2017）「ALTの役割について理解しよう」吉田研作（編）『小学校英語教科化への対応と実践プラン』教育開発研究所．
文部科学省（2018）『小学校学習指導要領（平成29年告示）解説　外国語活動・外国語編』開隆堂出版．
吉田研作、狩野晶子、和泉伸一、清水崇文他（2018）「小学校・中学校・高等学校におけるALTの実態に関する大規模アンケート調査研究 最終報告書」上智大学．<https://www.bun-eido.co.jp/aste/alt_final_report.pdf >2021年7月1日アクセス．

Unit 14
ICT 等の活用の仕方

学びのキーワード GIGA スクール構想、1人1台の端末環境、ICT 導入の効果、活用の指針、学習への興味・関心を高める活用法

学びのポイント GIGA スクール構想により、1人1台の端末環境が整うことになりました。外国語活動・外国語科でもその活用は大いに期待されています。本章では、ICT 導入の効果、授業で活用するための指針、学習への興味・関心を高める活用法を考えていきます。

1．GIGA スクール構想

　文部科学省は新時代に求められる先端技術を効果的に活用した学びの在り方として、2019年12月に GIGA スクール構想を掲げました。GIGA とは Global and Innovation Gateway for All の略で「全ての人にグローバルで革新的な入り口を」という意味です。具体的には児童・生徒1人1台の端末環境と高速大容量の通信ネットワークを整備し、特別支援が必要な子どもを含め、誰1人取り残すことなくそれぞれの資質や能力を最適に育成し、創造性を育む教育を全国の教育現場で持続的に実現させる構想です。

　2020年、新型コロナウイルスの影響により日本中の学校が休校となり、多くの子どもの学びが中断しました。世界ではすぐにオンライン授業に切り替えた国もありましたが、日本では私立学校や一部の自治体で行われた程度でした。そこで日本でもこうした非常事態や緊急時における子どもの学びを保証し、教育格差をなくすことが喫緊の課題となり、GIGA スクール構想は加速し1人1台の端末環境整備は2020年度中に完了を目指すことになりました。また、この GIGA スクール構想は教員にも大きな変革をもたらすことになります。統合型校務支援システムを導入することにより教務（成績処理、出席処理、時数管理など）、保健（健康診断票、保健室来室管理など）、学籍（学習指導要領など）、そして学校事務などを統合した機能を有することで教員の働き方改革につながるものと期待されています。

　学習指導要領では「対話的・主体的で深い学び」の実現に向けた授業革新の推進が求められていますが、次の資料のように一斉学習、個別学習、そして協働学習においても1人1台の端末環境だからこそ可能になることがあります。教師は児童・生徒一人一人とより一層丁寧に向き合うことができるようになり、外国語活動・外国語科においても授業は大きく変わるでしょう。まさに外国語教育においては ICT（Information and Communication Technology）は、必要不可欠なものになりそうです。

2．ICT 導入の効果

文部科学省（2017, p.114）は、ICT 導入の効果を次のように述べています。

- 実物や写真等を大きく、見やすく提示することで、児童の集中力を高める
- 世界各地の映像や動画等の素材を活用することで、児童の興味・関心を高めることができる
- インターネットを介し、学校外の人物と会話したり情報を収集したりすることができる
- 動画を要所で一時停止し、静止画像として活用したり、解説を加えたりできる
- ネイティブ・スピーカーの発音に触れ、日本語と英語の音声の違いに気付かせることができる
- プレゼンテーション用ソフトを使用し、文字や文構造等の指導のポイントを明確に示すことができる
- 個々の学習の履歴として記録し、学習のまとめや振り返り時において、繰り返し再生したり見直したりすることができる

しかし、これ以外にも教師のアイデアで効果はいかようにも高めることができます。図1にあるようにこれからの学びは変容していくのです。文部科学省が2021年2月に配信したYouTube動画「なるほど！小学校外国語④教材の活用」[1]には、文部科学省が作成した「小学校6年生用ふり返り学習教材　外国語」[2]を教師が児童用タブレットにインストールし、児童は自分のタブレットでそれぞれのやり方で取り組んでいる様子が紹介されています。こうすることで印刷が必要な教材もデータ化しタブレットに入れることで何度も繰り返して取り組むことが可能になります。

図1　「1人1台端末・高速通信環境がもたらす学びの変容イメージ」

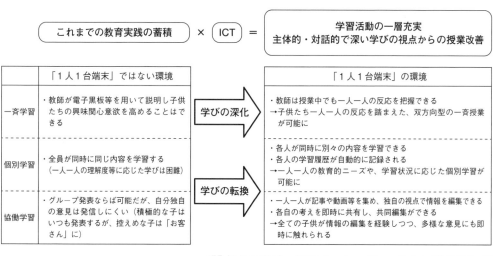

（「『未来の学び』構築パッケージ」p.3より筆者が作成）

3．授業で活用するための指針

　外国語の授業でICTをよりよく活用するために、竹内（2012, p.5）は「ICT利用の8つの指針」チェックリストを提案しています。

　（1）ICTに振りまわされない

　　「こんな授業を展開したい」「どんな能力を身に付けさせたい」などという教える側の必然性があって利用されるべきである。

　（2）機器は消耗品と考え、どんどん使う

　　商品サイクルは短い、どんどん使い、使い尽くすべきである。

　（3）教材は保存・蓄積し、共有・再利用する

　　デジタルは劣化せずに保存が可能である。自作教材は積極的にシェアして利用してもらい、フィートバックを得て改善し、再利用するとよい。

　（4）常態化を目指す

　　鉛筆や書籍のように常態化して、誰もことさらその存在を意識しない状態になり自然に使えるようになっていくことを目指す。

　（5）人と人をつなぐ

　　距離や時間の隔たりを乗り越えて、人と人とのつながりを高めながら学習していく際にICTはその利点を遺憾なく発揮する。

　（6）繰り返しに利用する

　　飽きずに、何度も繰り返す練習にICTを活用する。

　（7）認知のメカニズムに合わせる

　　人間の認知のメカニズムは、いろいろな刺激へ同時に注意を振り分け、そこに含まれた情報を次々と処理していくのは難しい行為となる。ICTを利用して、一つの行為だけに集中して練習を繰り返すことが可能になる。

　（8）学習の個別化を進める

　　一斉授業だけでなく個別学習にも使う。

※解説部分は竹内（2012）を参考に筆者が編集しました。

　これらの指針はICTを活用する上で大いに参考になります。筆者の勤務校では毎年春休みにオーストラリアのアデレードで海外研修を実施し、現地の小学校で実習を行いますが、そこではiPadがノート代わりになっています。全校集会では高学年が環境問題について発表しましたが、発表者全員がiPadを持ってステージに上がり、パワーポイントを利用したプレゼンテーションをしていました。児童は学校生活の全てにiPadを活用しています。まさに常態化しているのです。日本でもこうした日が来るのもそんなに遠くないかもしれません。児童は個別学習や学校生活に自由に活用し、教師は「こんな授業を展開したい」「こんな能力を身に付けさせたい」というねらいを明確にして大いに活用したいものです。

４．学習への興味・関心を高める活用法

　ここでは児童の学習への興味・関心を高める効果がある簡単な活用法を紹介します。

4.1　背景の設定

　右の写真は、絵本の一場面の前で登場人物になりきってやり取りをしているところです。ICT を活用すれば、このように背景を作って場面を設定することができます。世界中の景色、絵本の一場面、お店、水中、宇宙、海の上、空の上などを瞬時に映し、その前でスキットショーや歌やアクティビティーなど、発表を行うことができます。

4.2　世界中の道案内

　電子地図と航空写真を使えば、世界中の道を見ることができます。教室にいながら自分の地域だけでなく、未知の場所へ飛んで行けるのです。例えば、ロンドンのテムズ川にかかるロンドン橋からビッグベンまで道案内することができます。絵地図でやっていた道案内を本物の道で行うとどうなるかを体感することができます。こうした教材を Authentic materials（本物の教材とか、生の教材）と言いますが、生の教材を通してこそ道案内の楽しさや難しさを実際に経験できます。これはまさに ICT だからこそできることです。

4.3　評価への活用

　ICT を活用すれば録音、録画、保存が自由にできますが、児童の「やり取り」や「発表」を録画すれば評価に役立ちます。パフォーマンス評価においても丁寧な評価が可能になります。児童にとっては自分を振り返り、自分自身で課題に気付くことができ、自分の良い所やできるようになったことに自信を持つことができますし、自己評価の良い機会になり、自尊感情を育むことができます。

Discussion Topic

1人1台端末環境での外国語活動・外国語科での一斉学習・個別学習・協働学習での活用方法を考え、話し合いましょう。

注(1)　「なるほど！小学校外国語④教材の活用」〈https://www.youtube.com/watch?v=ynBEzYTGBQE〉2021年7月1日アクセス.

　(2)　「小学校6年生用ふり返り学習教材　外国語」〈https://www.mext.go.jp/content/20201105-mxt_kyoiku01-000010656_1.pdf〉2021年7月1日アクセス.

【参考文献】

文部科学省（2017）「小学校外国語活動・外国語研修ガイドブック」文部科学省 HP.

内閣官房 IT 総合戦略室　総務省　文部科学省　経済産業省（2020）「『未来の学び』構築パッケージ」〈https://www.mext.go.jp/content/20200219-mxt_syoto01-000003278_501.pdf〉2021年7月1日アクセス.

竹内　理（2012）「ICT 利用の8つの指針－英語授業でより良く活用するには」TEACHING ENGLISH NOW VOL.23. FALL（Online），〈https://tb.sanseido-publ.co.jp/english/newcrown/pdf/ten023/TEN_vol23_02.pdf〉2021年7月1日アクセス.

Unit 15
外国語科の学習評価

🔑 **学びの キーワード**　学習評価の意義、評価の基本構造、観点別学習状況の評価、記録に残す評価、五つの領域、三つの観点、CAN-DO 形式、単元目標、評価規準、評価方法、パフォーマンス評価

✓ **学びの ポイント**　学習評価は児童・生徒の学習の改善と教師の指導改善につながるものです。外国語では、英語教育の特質を踏まえて児童の学習状況を**五つの領域**と**三つの観点**で評価します。本章では評価の構造、評価の種類と方法、**評価規準**の意味と作成方法などを考えます。

1．学習評価とは

学習評価とは何でしょうか。国立教育政策研究所（2019, p.4）はその意義について

> 学習評価は、学校における教育活動に関し、児童生徒の学習状況を評価するものです。「児童生徒にどういった力が身に付いたか」という学習の成果を的確に捉え、**教師が指導の改善を図る**とともに、**児童生徒自身が自らの学習を振り返って次の学習に向かうことができるようにする**ためにも、学習評価の在り方は重要であり、教育課程や学習・指導方法の改善と一貫性のある取組を進めることが求められます。

と述べています。すなわち、学習評価は「児童生徒の学習の改善につながるものにしていく」、「教師の指導改善につながるものにしていく」ことが求められているのです。

2．学習評価の基本構造

学習評価は、学習状況を分析的に捉える「観点別学習状況の評価」と総括的に捉える「評定」の両方について実施します。小学校児童指導要録には、観点別学習状況には、学習指導要領に示す目標に照らして、その実現状況をA「十分満足できる」、B「おおむね満足できる」、C「努力を要する」のように区別して評価を記入します。評定は第3学年以上ですが、その実現状況を3「十分満足できる」、2「おおむね満足できる」、1「努力を要する」のように区別して評価を記入します。評価の基本構造は図1のようになりますが、「学びに向かう力、人間性等」では、主体的に学習に取り組む態度として観点別学習状況の評価を通じて見取れる部分と、評価や評定では示しきれない感性、思いやりなどは個人内評価を通じて見取る部分に

分けています。

図1　各教科における評価の基本構造（国立教育政策研究所教育課程研究センター, 2020, p.8）

・各教科における評価は，学習指導要領に示す各教科の目標や内容に照らして学習状況を評価するもの（目標準拠評価）
・したがって，目標準拠評価は，集団内での相対的な位置づけを評価するいわゆる相対評価とは異なる。

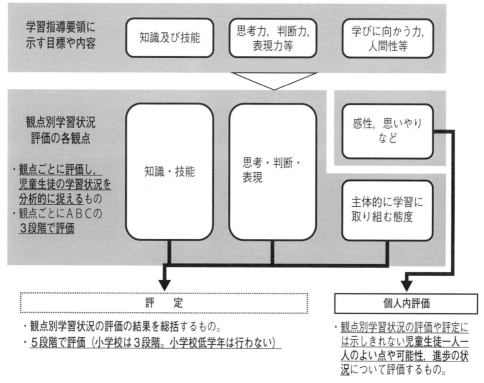

3. 記録に残す評価

　教師が行う学習評価には次の三つの評価があります。学習前に行う児童が単元等での必要な知識を習得しているかを確認する「診断的評価」、学習の過程において児童やクラスの理解度を確認する「形成的評価」、評価規準に即して学習状況を総括して観点別評価を行うために残す「総括的評価」です。指導要録で求められるのは、記録に残す「総括的評価」になります。児童が行う「自己評価」や「相互評価」は児童自身の良い点や可能性に気付くことにより学習意欲向上を図るものですから、点数化して教師が行う評価に用いることは適切ではありません（池田, 2020）。

4. 五つの領域と三つの観点で評価

　外国語科の目標は Unit1 で述べたとおり、三つの目標「知識及び技能」「思考力、判断力、表現力等」「学びに向かう力、人間性等」で整理されていますが、英語教育の特質を踏まえて

「聞くこと」「読むこと」「話すこと［やり取り］」「話すこと［発表］」「書くこと」の領域別に
CAN-DO 形式の目標〔～できるようにする〕を設定することになっています。そのため、学習
評価ではこれら五つの領域を三つの観点で評価を行うことになります。

5．評価規準の作成

（1）評価規準とは

　国立教育政策研究所教育課程研究センター（2020，p.3）は、「評価規準とは、観点別学習
状況の評価を的確に行うため、学習指導要領に示す目標の実現の状況を判断するよりどころを
表現したものである。」と述べています。また、直山視学官（2020）は評価規準を「目標を達
成している子どもの具体の姿」であると述べています。すなわち評価規準は、この目標に対し
てこんな風に指導してくださいという教員に対するメッセージと考えられます。

（2）評価規準作成の方法

　評価規準の作成方法はどの教科も変わるものではありませんが、外国語科では領域ごとの目
標が入り、「～できるようにする」という CAN-DO リスト形式による学習到達目標になるため、
評価規準作成の手順は図2に示すようになります。

図2　評価規準作成の手順（池田，2020，p.14）

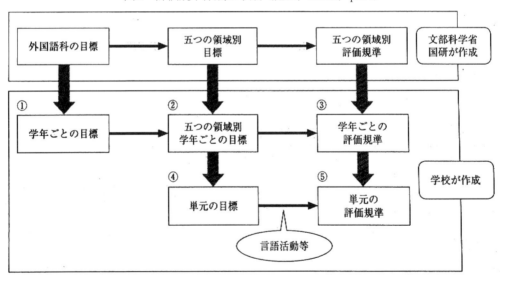

　上段の目標は既に国立教育政策研究所教育課程研究センターによって作成されていますので
下段を学校が作成することになります。まず、各学校においては、「外国語科の目標」及び「五
つの領域別目標」、「五つの領域別評価規準」に基づき、各学校の児童の発達段階と実情を踏ま
えて①「学年ごとの目標」、②「五つの領域別学年ごとの目標」、③「（五つの領域別）学年ご

との評価規準」を設定します。この時、②「五つの領域別学年ごとの目標」は表1のように資質・能力の三本柱を総合的に育成するという観点から三つの柱に分けず一文ずつの記述文で示すことになります。一方、③「学年ごとの評価規準」は表2の「五つの領域別評価規準」を踏まえて3観点で記述する必要があります。そして、④「単元の目標」は②を踏まえて、⑤「単元の評価規準」は④を踏まえて設定します（池田，2020）。また、「単元の目標」は3観点ごとにせず記述文として示します。

表1　五つの領域別目標〔例〕（国立教育政策研究所教育課程研究センター, 2020, p.32）

	知識及び技能	思考力, 判断力, 表現力等	学びに向かう力, 人間性等
聞くこと	ア　ゆっくりはっきりと話されれば，自分のことや身近で簡単な事柄について，簡単な語句や基本的な表現を聞き取ることができるようにする。 イ　ゆっくりはっきりと話されれば，日常生活に関する身近で簡単な事柄について，具体的な情報を聞き取ることができるようにする。 ウ　ゆっくりはっきりと話されれば，日常生活に関する身近で簡単な事柄について，短い話の概要を捉えることができるようにする。		

表2　五つの領域別評価規準〔例〕（国立教育政策研究所教育課程研究センター, 2020, p.33）

	知識・技能	思考・判断・表現	主体的に学習に取り組む態度
聞くこと	［知識］ 英語の特徴やきまりに関する事項を理解している。 ［技能］ 実際のコミュニケーションにおいて，自分のことや身近で簡単な事柄についての簡単な語句や基本的な表現，日常生活に関する身近で簡単な事柄についての具体的な情報を聞き取ったり，日常生活に関する身近で簡単な事柄についての短い話の概要を捉えたりする技能を身に付けている。	コミュニケーションを行う目的や場面，状況などに応じて，自分のことや身近で簡単な事柄についての簡単な語句や基本的な表現，日常生活に関する身近で簡単な事柄についての具体的な情報を聞き取ったり，日常生活に関する身近で簡単な事柄についての短い話の概要を捉えたりしている。	外国語の背景にある文化に対する理解を深め，他者に配慮しながら，主体的に英語で話されることを聞こうとしている。

（3）評価規準作成のポイント

国立教育政策研究所教育課程研究センター（2020）は、評価規準を作成する際の基本的な形を示しています。各学校はそれに即して評価規準を作成することができます。表3は『We Can!1』Unit 2 When is your birthday? の評価規準の構成要素について筆者が加筆したものです。

表3　話すこと［やり取り］の評価規準の設定例

	知識・技能	思考・判断・表現	主体的に学習に取り組む態度
話すこと［やり取り］	〈知識〉月日の言い方や、I like/want~. Do you like/want~? What do you like/want? When is your birthday?, その答え方〔**言語材料**〕について理解している。 〈技能〉誕生日や好きなもの、欲しいものなど〔**事柄・話題**〕について、I like/want~. Do you like/want~? What do you like/want~? When is your birthday? 等〔**言語材料**〕を用いて、考えや気持ちなど〔**内容**〕を伝え合う技能を身に付けている。	自分のことをよく知ってもらったり相手のことをよく知ったりするため〔**目的等**〕に、自分や相手の誕生日や好きなもの、欲しいものなど〔**事柄・話題**〕について、お互いの考えや気持ちなど〔**内容**〕を伝え合っている。	自分のことをよく知ってもらったり相手のことをよく知ったりするため〔**目的等**〕に、自分や相手の誕生日や好きなもの、欲しいものなど〔**事柄・話題**〕について、お互いの考えや気持ちなど〔**内容**〕を伝え合おうとしている。

※国立教育政策研究所教育課程研究センター（2020, p.45）の表に筆者が下線を加え〔　〕内を加筆

　このように、話すこと［やり取り］の場合、「知識・技能」では〈知識〉で「〔言語材料〕について理解している。」が基本的な形、〈技能〉では「〔事柄・話題〕について、〔言語材料〕などを用いて、〔内容〕を伝え合う技能を身に付けている。」が基本的な形となります。「思考・判断・表現」では「〔目的等〕に応じて、〔事柄・話題〕について、簡単な語句や基本的な表現を用いて〔内容〕を伝え合っている。」が基本的な形となります。「主体的に学習に取り組む態度」では「〔目的等〕に応じて、〔事柄・話題〕について、簡単な語句や基本的な表現を用いて〔内容〕を伝え合おうとしている。」が基本的な形となります（国立教育政策研究所教育課程研究センター，2020，p.41）。

6. 評価方法

（1）さまざまな評価方法

　授業計画とともに評価方法を考えておくことは大切です。評価の数が多くなると「評価のための指導」になってしまうことが危惧されます。評価の方法として、①児童の発表や行動の観察による評価、②振り返りカード（自己評価）、③ワークシート、④パフォーマンス評価、⑤インタビューなどがありますが、既述のように、評価が「児童生徒の学習の改善につながるもの」「教師の指導改善につながるもの」にすることが大切です。

（2）パフォーマンス評価

　パフォーマンス評価は「現実の世界で知識・技能を実際に用いることが求められる文脈を設定し、そこでの子どもたちの振る舞いや作品を直接的に評価する方法」（泉，2017, p.159）です。パフォーマンス評価は、「パフォーマンス課題」と「ルーブリック」によって構成されています。「パフォーマンス課題」は現実的な状況で知識・技能を使いこなすことを求める課題です。これによって学力を可視化します。どのような力をどの場面で評価するのかをあらかじめ定めておき、どの程度できれば目標に達したとみなすのか、その到達レベルを設定した評価指標が「ルーブリック」です。パフォーマンス評価は、歌、チャンツ、劇、スピーチ、ロールプレイ、スキットショー、音読、会話、Show and Tell などで行うことができますが、十分に練習させてリハーサルも行い、最終的な成果を評価します。児童に達成感、充実感を味わわせた上で、適切な評価と肯定的なフィードバックを行います。

Discussion Topic

検定教科書の中から1単元を選び、領域を選び評価規準を作成して意見交換をしましょう。

【参考文献】
池田勝久（編）（2020）『小学校英語「5領域」評価事例集』教育開発研究所.
泉惠美子（2017）「11章評価のあり方、進め方」樋口忠彦、加賀田哲也、泉惠美子、衣笠知子（編著）『新編 小学校英語教育法入門』研究社.
国立教育政策研究所教育課程研究センター（2019）「学習評価の在り方ハンドブック」
　　〈https://www.nier.go.jp/kaihatsu/pdf/gakushuhyouka_R010613-01.pdf〉2021年7月1日アクセス.
国立教育政策研究所教育課程研究センター（2020）『「指導と評価の一体化」のための学習評価に関する参考資料 小学校 外国語・外国語活動』東洋館出版社.
文部科学省（2018）『小学校学習指導要領（平成29年告示）解説　外国語活動・外国語編』開隆堂出版.
文部科学省（2020）「なるほど！小学校外国語③学習評価」〈https://www.youtube.com/watch?v=O2TrA1K8E64〉
　　2021年7月1日アクセス.

第二部

外国語に関する
専門的事項

Unit 1
小学校英語教育の変遷

学びのキーワード 総合的な学習の時間、国際理解教育、外国語活動必修化、教科型外国語、中学年での外国語活動

学びのポイント 2011年度から高学年に外国語活動が導入されましたが、2017年3月に告示された現行の学習指導要領では、高学年での**外国語が教科化**、**中学年での外国語活動**が**必修化**されました。本章では、小学校英語教育の変遷をたどり、成果と課題を考察します。小学校英語教育がどのように変わっているかを整理し、指導者に求められる指導力、英語力について考えます。

1. 総合的な学習の時間での英語活動

　2002年度からの総合的な学習の時間の導入に伴い、公立小学校で初めて英語活動が行われるようになりました。学習指導要領では、「国際理解に関する学習の一環としての外国語会話」とされていましたが、『小学校英語活動実践の手引』では「現在、世界の多くの場面で使用されている言語であることや子どもが学習する際の負担等を考慮して、この手引では、英語を取り上げる」（文部科学省 , 2001, p.2）こととなっています（下線は筆者による）。また、「子どもの発達段階に応じて、歌、ゲーム、クイズ、ごっこ遊びなどを通して、身近な、そして、簡単な英語を聞いたり話したりする体験的な活動を中心に授業が構成されることから、この手引では、『総合的な学習の時間』で扱う英会話を『英語活動』と呼ぶこととした」（文部科学省 , 2001, pp.2-3）とされ、この手引で初めて「英語活動」という表現が使われています。総合的な学習の時間では、各学校の実態に応じた学習活動を行うものとされており、英語活動も教員の創意工夫でカリキュラム開発が行われてきました。2007年度には、97.1％の小学校で何らかの形で英語活動に取り組んでいるという調査結果が出されていますが、指導内容については各地域、各学校でばらつきが生じていました。

2. 外国語活動の導入

　このような状況の中、教育の機会均等の確保、中学校との円滑な接続が必要であるという観点から、中央教育審議会（中教審）の外国語専門部会では、高学年での外国語活動必修化が提言されました。先行実施の2009年には文部科学省から共通教材として『英語ノート』が全国の5・6年生に無償で配布され、2011年には外国語活動が全面実施となりました。必修化された外国語活動の目標は「外国語を通じて、言語や文化について体験的に理解を深め、

積極的にコミュニケーションを図ろうとする態度の育成を図り、外国語の音声や基本的な表現に慣れ親しませながら、コミュニケーション能力の素地を養う」（文部科学省, 2008, p.8）とされています。2012年には、外国語活動教材『Hi, friends! 1』『Hi, friends! 2』が作成され、高学年外国語活動の指導に活用されました。文部科学省の調査によると、小学生の72%が「英語が好き」、91.5%が「英語が使えるようになりたい」と回答しています（文部科学省, 2016）。

3. 小学校英語の教科化

　文部科学省は2013年に「グローバル化に対応した英語教育改革実施計画」を公表し、グローバル化に対応した英語環境づくりのために、小学校での英語教育の拡充強化の議論が始まりました（文部科学省, 2014a）。この英語教育改革実施計画を具体化させるため、翌2014年には「英語教育の在り方に関する有識者会議」が開催され、同年9月には「グローバル化に対応した英語教育改革の五つの提言」が出されました。提言では、小・中・高で一貫して外国語のコミュニケーション能力を養うために4技能の育成をバランスよく行い、教育目標・内容をより明確にすること、目標・内容に沿った指導法を見直すこと、学習評価の改善を一体的に図ることが掲げられました（文部科学省, 2014b）。教育課程や教員養成等については、2015年から中教審の各部会において、全体的な議論の中でさらに検討が進められました。

　中教審の外国語ワーキンググループでは、2016年6月まで10回の会議が開催され、2020年に全面実施となる新学習指導要領での小学校英語の在り方が議論されてきました。2017年3月に新学習指導要領が公示され、中学年では外国語活動が必修化（年間35時間）、高学年では外国語が教科化（年間70時間）されました。移行期間中には、文部科学省が開発した高学年用『We Can! 1』『We Can! 2』の児童冊子・指導書・デジタル教材が各小学校に配布されました。そして、2020年度からは各教科書会社が作成した検定教科書が主教材として使用されています。

4. 小学校教員養成課程での「外国語」の必修化

　新学習指導要領の実施に向けて、2017年度には「小学校学習指導要領解説外国語編」「小学校学習指導要領解説外国語活動編」が公表されました。「小学校外国語活動・外国語研修ガイドブック」も文部科学省のホームページからダウンロードが可能ですので、教員研修で活用できます。また、YouTube に公開されている mextchannel では、クラスルーム・イングリッシュや授業で使える Small Talk、スピーキング・トレーニングの音声と英語台本が提供されています。

　一方、2017年3月に公表された英語教育コア・カリキュラムでは、小学校教員養成課程で

「外国語の指導法」と「外国語に関する専門的事項」の2科目の必修化が提案されました。

　「教科に関する科目」に当たる「外国語に関する専門的事項」の科目では、「小学校における外国語活動・外国語の授業実践に必要な実践的な英語運用力と、英語に関する背景的な知識を身に付ける」（東京学芸大学, 2017, p.68）ことが全体目標とされています。「英語に関する背景的な知識」は、「英語に関する専門的な知識」「第二言語習得に関する基本的な知識」「児童文学（絵本、子ども向けの歌や詩等）」「異文化理解」の4分野からなります。本書は、これらの英語に関する背景的な知識を土台として、小学校での授業実践で求められる総合的な英語運用力を習得した小学校英語教育の指導者を養成するための教科書です。

資料1「小学校教員養成課程 外国語（英語）コア・カリキュラム構造図」（東京学芸大学, 2017, pp.70-71）

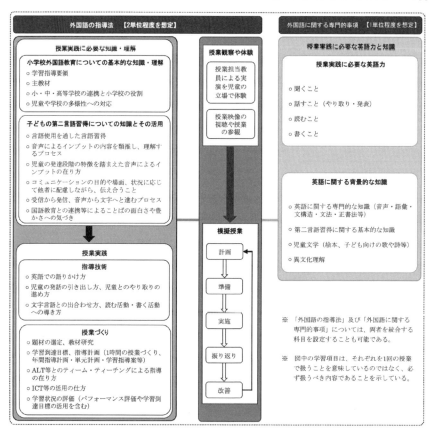

小学校教員養成課程 外国語（英語）コア・カリキュラムの位置づけ（抜粋）

①小学校教員養成コア・カリキュラムは、全ての小学校教員養成課程への適用が想定されており、小学校教員免許の取得希望者全てが対象となる。

②コア・カリキュラムに記載している学習項目は、「外国語／英語科の指導法」及び「外国語／英語科に関する専門的事項」の中で全ての内容を盛り込むことを想定したものである。

③コア・カリキュラムに記載している学習項目は、「外国語／英語科の指導法」及び「外国語

／英語科に関する専門的事項」において扱うべき必要最低限の項目を示したものであり、これら以外にも各大学において独自に学習項目を設定することができる。

（東京学芸大学, 2017, pp.63-64）

5．小学校英語教育の課題

　高学年での教科化に伴い、「読むこと」「書くこと」が加わったことでその指導の在り方が新たな課題となっています。第一部の指導法で詳しく扱っていますが、児童の負担にならず、興味・関心を持ちながら学習できる文字言語への出合わせ方の工夫が求められています。また、3観点での数値による評価が始まったことで、指導と評価の一体化がこれまで以上に注目されるようになっています。評価の3観点（知識・技能、思考・判断・表現、主体的に学習に取り組む態度）の捉え方も今後、実践を重ねながらより明確にしていき、どの教員も妥当性・信頼性のある評価ができるようになることが望まれます。

　また、今後は小学校高学年での教科担任制やGIGA スクール構想の実施に伴う1人1台配備のタブレットを活用した授業の導入などにより、特に高学年外国語科の指導が変化していくことが予想されますので、新しい英語教育の在り方にも注視していきたいと思います。

Discussion Topic

　小学校外国語科の指導では「児童の発話を引き出せる」程度の英語力が求められます。自身の英語力を自己評価し、どのような英語力を身に付ける必要があるかを考えましょう。

【参考文献】

アレン玉井光江（2010）『小学校英語の教育法　理論と実践』大修館書店.

文部科学省（2001）『小学校英語活動実践の手引』開隆堂出版.

文部科学省（2008）『小学校学習指導要領解説　外国語活動編』東洋館出版社.

文部科学省（2014a）「グローバル化に対応した英語教育改革実施計画」, <https://www.mext.go.jp/a_menu/kokusai/gaikokugo/__icsFiles/afieldfile/2014/01/31/1343704_01.pdf> 2021年7月1日アクセス.

文部科学省（2014b）「今後の英語教育の改善・充実方策について 報告（概要）〜グローバル化に対応した英語教育改革の五つの提言〜」, <https://www.mext.go.jp/b_menu/shingi/chousa/shotou/102/houkoku/attach/1352463.htm> 2021年7月1日アクセス.

文部科学省（2016）「小学校英語の現状・成果・課題について」, <https://www.mext.go.jp/b_menu/shingi/chukyo/chukyo3/053/siryo/__icsFiles/afieldfile/2015/05/25/1358061_03_04.pdf>2021年7月1日アクセス.

東京学芸大学（2017）『文部科学省委託事業「英語教員の英語力・指導力強化のための調査研究事業」平成28年度報告書』東京学芸大学.

第二部　外国語に関する専門的事項

Unit 2
英語の音声

> **学びのキーワード** 日本語との音の違い、標準的な発音、音の変化、強勢、イントネーション
>
> **学びのポイント** 小学校外国語科での音声指導については**日本語との音の違い**に留意しながら、音声練習などを通して、現代の**標準的な発音**を指導します。本章では、英語特有の**音の変化**や**強勢・イントネーション**を理解し、正確に運用するために、音声に関する基本的な知識を学びます。英語の音声の仕組みを学び、自信を持って授業運営ができる指導者を目指しましょう。

1. 標準的な発音とは

　小学校外国語科では、「英語を履修させることを原則とする」（文部科学省 , 2018 p.137）とされています。英語を原則とする考え方は、旧学習指導要領の小学校外国語活動でも「英語が世界で広くコミュニケーションの手段として用いられている実態」（文部科学省 , 2008, p.15）を踏まえたものと解説されています。英語の発音について学ぶ前に、この節では英語の国際的汎用性について考えます。世界には英語を母語としている国に加えて、英語を公用語としている国、また日本のように日常生活では使用していませんが、英語を外国語として学習している国があり、英語は世界で最も使用されている言語です。

　このような状況の中で、World Englishes という考え方が支持を得つつあります。特に発音の点では、ネイティブのような発音を身に付けることよりも、通じる英語で意思をきちんと伝えることの方が重要であると考えられてきました。一方、小学校外国語科では、音声に関して「特定の地域やグループの人々の発音に偏ったり、口語的過ぎたりしない、いわゆる標準的な発音を指導するもの」（文部科学省 , 2018, p.84）とされています。アレン玉井は、英語使用者としては「通じる英語」の発音を身に付ければよいとしつつ、「英語教師としては、いわゆるネイティブに近い英語の発音を身につける必要がある」（アレン玉井 , 2010, p.89）と述べています。音に大変敏感な小学校段階の児童の指導者として、私たちは英語特有のアクセント・リズム・イントネーションを身に付けたいものです。英語の音声の仕組みについて学び、歌やチャンツを使った発音練習を通して、授業で英語を使うことに慣れていきましょう。

2. 英語の音

　この節では、英語の音声について学び、英語らしく発音できるようになるヒントを得ます。

2.1　英語の母音

　母音は「肺から口の外まで、唇、歯などの調音器官によって大きな抵抗を受けずに出される有声音」（白畑他, 2019, p. 326）とされますが、日本語では「あ」「い」「う」「え」「お」の五つの音と言えば一番分かりやすいでしょう。ただし、英語は母音の種類が日本語よりも多く、英語の地域差が発音上一番よく現れるのは母音だと言われています。標準的な母音の発音をマスターすれば、ネイティブらしい英語に近づくことができるわけです。長年、子どもたちに英語を教える仕事をしてきましたが、英語の母音に関しては、年齢が低い子どもの方が英語らしい音を習得することが多いように感じます。

2.2　英語の子音

　音声を二つに分けた時、母音以外の音を子音と言います。子音は「息が肺から外に出されるまでに、調音器官によって大きな抵抗を受ける音」（白畑他, 2019, p.61）です。英語には日本語にない [f] [v] [r] [l] などの子音があること、また strong の [str] など、子音の次に母音が来ない子音連結があるため、日本人学習者が英語の発音をすることを難しくしています。ただ、母音と比べると日本語の音に近い音も多いので、英語の子音は母音の習得に比べて、意識して訓練することで身に付けることができる音が多いです。

2.3　語と語の連結による音の変化

　英語の母音や子音の個々の音に慣れること以外に、英語の音の特徴を身に付けると英語らしく聞こえるようになります。少しのトレーニングでマスターできる部分であり、また英語らしく発音できるようになると、ネイティブの英語が聞き取りやすくなるという相乗効果もあります。音変化を以下のように3分類して例を挙げますので、声に出して練習しましょう。

（1）くっつく音（assimilation）

　隣り合った音の影響で、ある音が別の音に変わってしまうことがあります。

　don't you / want you / meet you / did you / and you / would you

　小学生の頃、"Nice to meet you." というフレーズを習った時、meet you =「ミーチュー」と覚えた経験はありませんか。音声中心の小学校外国語（英語）活動では、このくっつく音を自然と体得する機会がたくさんあります。

（2）落ちる音（elision）

　前後に来る音によってお互いに影響を受けて、音が脱落することがあります。

t+t: ho(t) tea / par(t) time	k+k: ta(ke) care / bla(ck) coffee
d+d: col(d) day / re(d) dress	g+g: bi(g) game / bi(g) garden
t+d: si(t) down	d+t: goo(d) teacher
d+m: goo(d) morning	

　小学校で英語活動の支援をしていた時に、"Good morning."（グッドォモーニングゥ！）と発音していた先生に「good の [d] と morning の [g] を発音しないと、すごく英語らしく聞こえますよ」と恐る恐るお伝えしたことがありました。すると、その先生は「そうなんですか？

グッ モーニンですね？」とすぐにぼそぼそと練習を始めました。その後、この先生はとても英語らしい朝の挨拶ができるようになりました。

（3）つながった音（liaison）

一つの語の最後の音が、次の音とつながって発音されることがあります。

stand up / an egg / take off / pick it up / put it on / up an(d) down / stop it /

Little Red Hen という英語のお話の中で、めんどりが麦の穂を刈り取るシーンがあります。CD の音声で何度もこのシーンを練習した５年生の女の子たちは、「ピキラッ、ピキラッ」（"pick it up" ですね）と刈り取る動作をしながら、楽しそうにせりふを言っていました。児童はつながった英語の音も得意です。

2.4　語や句、文における基本的な強勢

英語は一つの文の中でだいたい規則的な間隔で強勢があります。小学校検定教科書『Here We Go！5』Unit 5 に出てくる Can you ride a bicycle?（●は強勢が置かれる箇所）という表現で考えてみましょう。児童はチャンツなどの練習を通して、この表現を言う時に can, ride, bicycle の３カ所を強く言ってリズムを取っています。一方、日本語で同じ内容のことを言う場合はどうでしょうか。「君は自転車に乗れる？」という文で「君は自転車に乗れる？」と同じ間隔で強勢が置かれると、今はやりのラップのようになってしまい、日本語の普通の会話ではとても不自然になります。

2.5　文における基本的なイントネーション

イントネーションも音の特徴の一つで、音の高さ（pitch）の変動のパターンやその使用を指します（白畑他, 2019）。音の抑揚で、文の切れ目を示したり、肯定文か疑問文かを区別したりできるので、英語ではイントネーションが文の意味を表す役割があります。また、話者の発話の内容に対する態度や心理状態を示すこともできます。慣れ親しんだ表現について、英語らしいイントネーションを身に付け、発話につなげられるようにすることが指導者として求められます。相づち表現などを毎時のウォームアップで使うのもよいでしょう。

3．検定教科書の言語材料で学ぶ英語の音

英語の音変化、強勢やイントネーションを体得するには、歌やチャンツを使うことが効果的です。この節では、『Here We Go！5』のチャンツを中心に教材研究をしながら、英語の音の特徴を確認していきましょう。

『Here We Go！5』Unit 5　Can you ride a bicycle?

Can you ride a bicycle? × ｜ × Yes, I can. ×
Can you ride a unicycle? ｜ × No, I can't. ×
Can you play the drums? No.
Can you play the guitar? No.
Can you do judo? Yes. ｜ ×× Cool! ×

指導者用デジタル教科書の音声では、スピードの調整ができるので、うまくリズムを取れない場合は速度を調整して練習をしましょう。タンバリンや手をたたくなど工夫して、4拍のリズムに合わせてチャンツが言えるように繰り返します。慣れてきたら、キーワードを変えてオリジナルチャンツを作ったりして、バリエーションを増やしていきます。次に、お勧めの国を紹介するチャンツを練習しましょう。

『Here We Go ! 5』Unit 6 You can visit Rome.

　　What country is this? ××
　　　　×× It's Italy. × ｜ You can visit Rome. × ｜ You can eat pizza. ×
　　What country is this? ××
　　　　×× It's Canada. × ｜ You can see the aurora. × ｜ ×× Cool! ×

　授業でチャンツを使う際には、このように強勢が置かれた単語の母音に●や✓を付けたりして、授業の前に4拍のリズムを確認しておくとよいでしょう。

4. 学級担任は児童にとってのロールモデル

　この章では英語の音声の仕組みについて学び、「発音や強勢、イントネーション、区切りを意識した発話」に慣れることを目指しました。小学校外国語科や外国語活動では、専門性を重視した指導を行うための体制の構築が重要です（文部科学省, 2018）。授業では、ALTやJTEとのティーム・ティーチング、またデジタル教科書やCDの活用などで学級担任以外の音声を聞く機会がたくさんあります。学級担任は、最初から完璧な英語の発音を目指す必要はありません。先生が英語を使おうとしている姿は、児童にとって学習者の良きロールモデルとなります。児童の不安を取り除き、英語を使う雰囲気を作り出すためには、学級担任の存在は欠かせません。英語運用力を高めながら、自信を持って外国語科の授業に臨みましょう。

> **Discussion Topic**
>
> どのようなトレーニングをすれば、「標準的な英語」を身に付けることができるでしょうか。英語の音声練習の計画を立てましょう。

【参考文献】
アレン玉井光江（2010）『小学校英語の教育法　理論と実践』大修館書店 .
光村図書（2020）『Here We Go! 5』光村図書 .
文部科学省（2008）『小学校学習指導要領解説　外国語活動編』東洋館出版社 .
文部科学省（2018）『小学校学習指導要領（平成29年告示）解説　外国語活動・外国語編』開隆堂出版 .
根間弘海、ブレーブン・スマイリー（1999）『こうすれば通じる英語の発音』The Japan Times.
白畑知彦、冨田祐一、村野井仁、若林茂則（2019）『英語教育用語辞典 第3版』大修館書店 .
東京学芸大学（2017）『文部科学省委託事業「英語教員の英語力・指導力強化のための調査研究事業」平成28年度報告書』東京学芸大学 .

Unit 3
発音と綴りの関係

🔑 **学びの
キーワード**　アルファベットの読み方と音、フォニックス指導、音韻認識、ライム、サイトワード

✓ **学びの
ポイント**　読むことに関して、小学校外国語科では文字の読み方を適切に発音する活動、簡単な語句や基本的な表現を絵本などの中から識別する活動を行います。高学年では発音と綴りの指導はしませんが、英語の文字と音声に関する専門的な知識を身に付けるために、本章では**フォニックス指導**、**音韻認識**、**ライム**や**サイトワード**の指導について学びます。

1. フォニックス指導

　日本語では、一つの文字が子音と母音を一体化させた音節を表します。このような音節文字を使う言語では、アルファベットを用いる英語よりも文字の学習が易しいとされています（リクソン, 2013）。英語のアルファベットは、カンガルーの「カ」は kangaroo という単語の ka の部分になります。カタカナでは「カ」で表記される言葉でも cut の「カ」の綴りは cu、calligraphy（書道）の「カ」の綴りは ca です。中学校の英語の授業で、ローマ字とは違う英語の単語がうまく読めない、綴れないという壁にぶつかった人が多いのではないでしょうか。

　フォニックスは「音素（phoneme）とアルファベット（alphabets）との結びつきを教えることで、読む能力を高めようとする方法」（白畑他, 2019, p.225）で、アメリカやイギリスなどで、英語を母語とする幼児が英語の読みを学ぶための方法として開発されたものです。フォニックスの指導では、例えば /k/, /æ/, /t/ という３つの音素を c, a, t というアルファベットに結び付け、英語を正確に読めるようになるために発音と綴りの規則を系統立てて学習します。言語は元々意味を伝えるためものであり、人間は意味を示すものを音声に出すようになりました。そして、文明の発達とともに文字が生まれました。意味→音声→文字という言語習得の順序のうち、音声と文字をつなげる段階でフォニックスを知ることは、英語の文字学習を容易にします（松香, 2008）。

　本書では、85ページでフォニックスアルファベット・ジングルの動画が視聴できますので、毎回の授業でウォームアップとして使ってみてはいかがでしょうか。アルファベットの a という文字を見たら、自動的に /æ/ と発音できるようになるのが、フォニックス指導のねらいです。1文字ずつの音が分かれば、それぞれの音を足し算すると単語が読めるようになります。例えば bag という単語では、/b/, /æ/, /g/ の三つの音を足すと、/bæg/ と読めるようになります。

松香（2008）は、84の単文字及び組み合わせ文字を四つのグループに分け、更に七つの
ルールの名前を付けています。そして、各段階では　①ルールが当てはまる単語に注目して自
力で文を読む　②CDを聞いて正しく読めたことを確認する　③CDの音をまねして、なめら
かに発音できるようにする、という三つのステップで練習することを提案しています。

表1

分類	第1グループ 1文字1音	第2グループ 名前読みの母音	第3グループ 2文字で新しい音	第4グループ 混ざり合った音
子音	フォニックス アルファベット b, c, d, f, g, h, j, k, l, m, n, p, q, r, s, t, v, w, x, y, z		2文字子音 sh, ch, ph, wh, th, th, ck, ng	連続子音 sm, sn, sk, sp, st, sw, bl, pl, cl, gl, fl, sl, br, fr, cr, gr, dr, tr, thr, spr, str
母音	a, e, i, o, u	e のついた母音 a-e, e-e, i-e, o-e, u-e 礼儀正しい母音 ai, ay, ea, ee, ey, ie, oa, ow, ue, ui	2文字母音 oo, oo, ou, ow, oi, oy, au, aw	r のついた母音 ar, or, ir, air, ear, wor

(松香，2008，pp.22-23)

松香（2008）はフォニックスを学ぶ効果について、①フォニックスを知ることで、自立的
な学習が始まる　②フォニックスを学ぶことは後につながる発音練習となる　③フォニック
スの勉強はやる気になれば短期間で学べて、効果がある　④ファミリー語（ライミングワー
ド）で音の繰り返しの心地よさを知ると英語の語感が身に付く、と述べています。

フォニックス指導は、英語の読みの指導で大きな効果を上げている反面、ルールを覚える
意味が理解できず、ただ機械的に音を覚えていってもそれを応用できないという、学習者に
とっては苦痛となる場合もあります。アレン玉井は、「フォニックスは、十分なアルファベッ
トの知識と音韻（素）認識能力を持った学習者にのみ効果的である」（アレン玉井, 2010,
p.151）と指摘し、まずアルファベットの文字の名前と形の認識、そして個々の子音や母音を
聞き分けられ（音素認識）、音の構造が理解できる（音韻認識）能力を身に付ける必要がある
と言及しています。

2. フォニックス指導の順序

小学生へのフォニックス指導では、アルファベット順にフォニックスルールを教えること
が多いのですが、リクソン（2013）は単語の最初の文字と音にだけ注意が向けられているこ
との問題を指摘し、ABC順以外のフォニックス指導の例を表2のように挙げています。

英語の文字とその音との関係を教えるフォニックス指導は効果的ですが、不規則なルール

を十分に応用できない場合や語彙習得が十分でない場合は、規則を覚えるために単語を覚える負荷がかかり、場合によっては学習意欲を減退させることもあります。指導者としてこのような問題を認識し、スモールステップで進めていくフォニックス指導を心掛けましょう。

表2

子音：	1. b, d, g. h, j, m, n, p, t, w
	2. f, l, r, s
	3. c, g
	4. x, y, z
	5. 単音の子音で始まる単語を最初に出す。　例：<u>b</u>at, <u>h</u>at, <u>m</u>at
	6. 続いて、単音の子音で終わる単語を出す。例：pa<u>t</u>, ta<u>p</u>
母音：	7. 短母音の単語（短母音は文字とつづりの関係がもっとも安定している） 　　例．b<u>a</u>t, h<u>a</u>t, m<u>a</u>t / b<u>i</u>t, k<u>i</u>t, s<u>i</u>t
	8. 単母音の単語に 'e' を付けると、二重母音（diphthong）に変わるもの 　　（この 'e' を「魔法の 'e'」と言う）　例：mat + <u>e</u>= mat<u>e</u>, bit + <u>e</u>= bit<u>e</u>
	9. 最後が子音ではなく（open syllables）、長母音と二重母音で終わる単語 　　例：m<u>e</u>, s<u>ee</u>, b<u>uy</u>

（リクソン, 2013, pp.95-96）

3. ライム

　フォニックス指導では、フォニックスソングやフォニックスジングル（a, /æ/, apple のようにリズムに合わせてフォニックスのルールを唱えること）を通して、初頭音（単語の最初の音）がかなり分かるようになります。そして、単語の最初の文字だけでなく、脚韻（単語の最後に同じ音を置くこと）に着目し、ライミングワード（韻を踏む言葉、ライム）を提示することで英語の読みを促す指導ができます。例えば、"The fat cat is on a mat." のような文をイラストで示し、言葉あそびを楽しみながら、"at" の音に慣れていきます。韻を踏んでいる所を意識しながら声に出すと、音の繰り返しが体感できます。フォニックスソングやジングルと合わせて、ライムの活動を取り入れれば多面的に読みの練習ができます。

The f<u>at</u> c<u>at</u> is on a m<u>at</u>.

The b<u>ig</u> p<u>ig</u> with a w<u>ig</u> is eating a f<u>ig</u>.

4. サイトワード

「つづりと音の関係が不規則で、フォニックスでは扱いにくいような単語」(リクソン, 2013, p.97) は単語カードなどを使って、視覚的に覚えさせる方が効果的です。このような指導法は、サイトワード指導と呼ばれています。アレン玉井 (2010) は、よく使われる the, my, he, of などの機能語を中心に100単語くらい単語を分解せず、そのまま丸ごと教えていくと、ある程度の文を読むことができるようになると述べています。フォニックスのルールでは説明できない頻出単語は、書かれた単語を一目で見て、全体を視覚的に覚えていきます。サイトワードで読める語彙が増えると、絵本などでの語彙や表現の識別がスムーズになります。

5.「活字体で書かれた文字を見て、その読み方を適切に発音する活動」について

学習指導要領解説では、文字が示す音の読み方は「文字を識別し、語句の意味を捉えることに役立つ」(文部科学省, 2018, p.103) と記されており、歌やチャンツを使って、文字には名称と音があることに気付かせることとしています。しかしながら、発音と綴りの関係については、「多くの語や文を目にしたとき、苦手意識をもったり学習意欲を低下させたりすることなく、主体的に読もうとするようになる上で大切なことの一つであるが、中学校の外国語科で指導することとされている」(文部科学省, 2018, p.104) という解説があります。2020年度から使用されている小学校の検定教科書では、初頭音への気付きを読みの手助けにするため、アルファベットの名称と音、その文字で始まる単語を唱えるフォニックスジングルのチャートを掲載しているものもあります。

外国語科の指導の中では発音と綴りを関連付けた指導はしませんが、外国語科の指導者として、発音と綴りの関係についての基本的な知識は身に付けておきたいものです。「発音たいそう」や「フォニックスアルファベット・ジングル」を繰り返し聞きながら、発音練習をして、英語の音に慣れていきましょう。

「発音たいそう」   「フォニックスアルファベット・ジングル」

動画　　　　　　　　　動画

Discussion Topic

中・高の英語学習で音声と綴りのルールを学ぶことの効果について考えましょう。

【参考文献】
アレン玉井光江 (2010)『小学校英語の教育法　理論と実践』大修館書店.
松香洋子 (2008)『フォニックスってなんですか?』mpi 松香フォニックス.
文部科学省 (2018)『小学校学習指導要領 (平成29年告示) 解説　外国語活動・外国語編』開隆堂出版.
リクソン・シーラ、小林美代子、八田玄二、宮本弦、山下千里 (2013)『チュートリアルで学ぶ新しい「小学校英語」の教え方』玉川大学出版部.
白畑知彦、冨田祐一、村野井仁、若林茂則 (2019)『英語教育用語辞典 第3版』大修館書店.

Unit 4
英語の文構造・文法

学びのキーワード 語順の違いへの気付き、学習英文法、フォーカス・オン・フォーム、チャンク学習

学びのポイント 小学校外国語科では、言語活動の中で日本語と英語の**語順の違いへの気付き**を促します。本章では、言語材料として提示されている文や文構造を確認し、**学習英文法**に対する最近の考え方や子ども対象の文法指導について概観します。質の高い音声インプットを与えるために、指導者には英語をできるだけ正確に運用する能力が求められています。

1. 学習英文法

　英語があまり得意でないという人の中には「文法が分からないから」とか「文法が苦手だから」という人が多いのではないでしょうか。日本の英語教育がうまくいかないのは、中学校、高校で習う学習英文法のせいだ、と思っている人も多いでしょう。どうやったら英語が上達するかという議論とともに、最近文法学習について見直す議論が盛んに行われています。そのような中で、大津は「外国語教育では、学習の効率を高め、効果を上げるために、学習文法という形で意識的、かつ、意図的に当該外国語の仕組みを学習者に提供し、学習者はそれを利用して、当該外国語の仕組みを身につける必要がある」（大津, 2012, p.6）と述べています。発信型の英文法としての「コミュニケーションのための英文法」（岸野, 2008）、話し手の視点から英文法を捉え直した「表現英文法」（田中, 2008）など、学習者に「やさしい」文法学習のアプローチも注目されてきています。小学校外国語科の指導を通して、英語の文構造について考えていきましょう。

2. フォーカス・オン・フォーム

　中学校学習指導要領では、文法事項の指導の留意点として「文法はコミュニケーションを支えるものであることを踏まえ、コミュニケーションの目的を達成する上での必要性や有用性を実感させた上でその知識を活用させたり、繰り返し使用することで当該文法事項の規則性や構造などについて気付きを促したりするなど、言語活動と効果的に関連付けて指導すること」（文部科学省, 2018b, p.93）と示されています。コミュニケーション能力を育てる補助的な手段として、文法指導をどのように行ったらよいのかはこれまでさまざまな議論がなされてきました。その中で、ここでは「フォーカス・オン・フォーム」という考え方を紹介し

ます。

　学校で学ぶ英文法では、言語形式を重視した授業が長年重視されてきたため、英語について知っていても実際に英語を使えないという問題が指摘されてきました。1990年代になり、アメリカの言語学者ロングは、コミュニケーションを取る過程で、形式に対する指導が適切に行われれば、学習者の文法の知識も効果的に発展させることができるというフォーカス・オン・フォーム（focus on form: 形式の焦点化）の考え方を提唱しました（久保田, 2018）。このアプローチは、意味を伝達したい時に学習者がどのような形式が必要かと考えるので、大変実践的であり、また正確な英語表現をその場で教えることができます（和泉, 2009）。

3. 小学生への文法指導

　2011年に必修化された小学校高学年外国語活動では、異なる言語や文化を体験することでコミュニケーションを取りたいという態度を育てることを目標とし、外国語の音声やリズムなどに「慣れ親しむ」ことを指導内容としてきました。一方、教科となった小学校外国語科の内容には「語順の違いなど文構造の気付きを促す指導」という項目が挙げられています。

　「文構造の気付き」について、リクソン（2013）は、自分の母語と学習している外国語がどれほど違うかを発見することで子どもたちの視野を広げてあげることができると述べ、「発見型」の文法の授業を提唱しています。アレン玉井は、「子どもが母語で獲得した文法知識を有効に使って英語の特質を理解させるような文法指導」（アレン玉井, 2010, p.232）が望ましいとしています。小学校英語での語彙学習では wash my face, eat breakfast など、初歩段階では表現のかたまりで丸ごと覚えていくチャンク学習が行われていますが、アレン玉井はこのチャンク学習が文法への気付きを高めるためにも効果的であると述べています。

　高学年の外国語科では、文及び文構造に関して「基本的な表現として、意味のある文脈でのコミュニケーションの中で繰り返し触れることを通して活用すること」（文部科学省, 2018a, p.91）としています。ここでは、実際のコミュニケーションで言語材料を活用できる技能を身に付けるよう指導することが求められています。すなわち、小学校段階では文法の用語や用法は使わず、繰り返し基本的な表現に触れることで英語の語順に気付き、伝えたいことを表現するために語と語を組み合わせて自ら話したり、書いたりすることを促します。中学校の外国語科では「文、文構造及び文法事項」として示されますが、小学校段階では、文及び文構造を「基本的な表現」として扱うことになっています（文部科学省, 2018a）。

4. 小学校外国語科での指導例

4.1　夏休みの思い出を伝える

　この項では、小学校検定教科書『Here We Go ! 6』Unit 4 My Summer Vacation を取り上げ、

単元の言語材料である "I went to 〜." "I ate 〜." "I saw 〜." "I enjoyed 〜." "How was it?" "It was 〜." の文構造がどのように提示されているかを見ていきます。夏休み後に実施することを想定したこの単元では、まず、ストーリーのアニメーション映像を見ながら、教科書の登場人物が夏休みにしたことを聞き取ります。次に、夏休みの出来事に関する語句を使ってポインティングゲームをします。第1時の目標として「夏休みの出来事の言い方を知る」が設定されています。また、この単元では、英語の歌♪ A Sailor Went to Sea を導入し、went to の表現に慣れ親しみます。このように小学校外国語科での文及び文構造の提示では、明示的な説明はせず、夏休みの出来事を聞き、また自ら表現する中で児童が自ら文構造に気付いていくような指導をします。

4.2　地域の良さを伝え合う

『Here We Go ! 6』Unit 6では、This is my town. を扱います。8時間構成の単元の中で、自分の町にあるものやそこでできることを紹介するためにパンフレットを作り、それを聞いたり読んだりすることができることが目標に設定されています。"We have 〜." "We don't have 〜." また、"We can see [eat, enjoy] 〜." などの表現を活用しながら、語順を意識して、自分の町や都道府県を紹介します。単元の終末には、作成したパンフレットを基に自分たちの町の良い所を発表します。このように自分の考えや気持ちを表現する活動の中で、児童は英語の文構造を意識し始めます。

指導者として文構造や文法の知識は必要ですが、高学年の外国語科では児童に最初から正しい英語で話したり、書いたりさせることは求められていません。まず、意味が通じることが重要であり、前述の夏休みの思い出の単元では、行った所や見た物や食べた物を先生やクラスの友達に伝えたいという気持ちを大切にします。単元の中で聞いたり、読んだりする活動を繰り返すことで、慣れ親しんだ過去の表現を少しずつ正しく使えるように指導することが肝要です。同様に、地域の良さを紹介する単元では、例えば自分たちの町紹介のパンフレットを作るという発信への意欲から語順への気付きを促します。必然性がある目的や場面、状況を設定した言語活動を通して、児童に言いたいことを言わせてあげられる授業を目指しましょう。なお、資料として章末に6年生外国語科の主な言語材料の一覧を掲載していますので、どのような表現を扱っているか、参考にしてください。

Discussion Topic

得意なものを紹介し合う活動において、"I am good at playing soccer." という表現を使います。この表現の意味を理解させ、活用できるようにするためにはどのような指導が考えられますか。

【参考文献】

アレン玉井光江（2010）『小学校英語の教育法　理論と実践』大修館書店.

和泉伸一（2009）『「フォーカス・オン・フォーム」を取り入れた新しい英語教育』大修館書店.

岸野英治（2008）『総合コミュニケーション英語文法』大修館書店.

久保田章（2018）「第18章 文法の学習と指導」望月昭彦（編著）『新学習指導要領にもとづく英語科教育法 第3版』大修館書店.

光村図書（2020）『Here We Go! 6』光村図書.

文部科学省（2018a）『小学校学習指導要領（平成29年告示）解説　外国語活動・外国語編』開隆堂出版.

文部科学省（2018b）『中学校学習指導要領（平成29年告示）解説　外国語編』開隆堂出版.

大津由紀雄（2012）『学習英文法を見直したい』研究社.

リクソン・シーラ、小林美代子、八田玄二、宮本弦、山下千里（2013）『チュートリアルで学ぶ新しい「小学校英語」の教え方』玉川大学出版部.

高島英幸（編著）（2011）『英文法導入のための「フォーカス・オン・フォーム」アプローチ』大修館書店.

田中茂範（2008）『NHK 新感覚☆わかる使える英文法 文法がわかれば英語はわかる！』NHK 出版.

資料1　　　　　　　　小学校6年生外国語科 主な言語材料の一覧

Unit 1 This is me.	Where are you from? I'm from .... I'm good at ....
Unit 2 Welcome to Japan.	In spring [summer/ fall/ winter], we have .... Welcome to .... You can enjoy [see/ eat] ....
Unit 3 What do you want to watch?	Do you want to watch...? Yes, I do./ No, I don't. What do you want to watch? I want to watch ....
Unit 4 My Summer Vacation	I went to [ate/ saw/ enjoyed] .... How was it? It was ....
Unit 5 He is famous. She is great.	I like [have/ play/ want] .... Who is this? He[She] is ....
Unit 6 This is my town.	We have [We don't have] .... We can see [eat/ enjoy].... It's ....
Unit 7 My Best Memory	What's your best memory? My best memory is .... We went to [ate/ saw/ enjoyed/ played/ sang]....
Unit 8 What do you want to be?	What do you want to be? I want to be.... Why? I like [want to /play/ help/ study] ....
Unit 9 Junior High School Life	I want to join [study] .... I like .... / I can .... / I'm good at .... I want to be .... ※全て既習表現

（光村図書『Here We Go! 6』年間指導計画資料（例）より筆者が抜粋）

第二部　外国語に関する専門的事項

2-4　英語の文構造・文法　89

Unit 5
英語の語彙

> 🔍 **学びの キーワード**　語彙サイズ、内容語、機能語、受容語、産出語、語彙獲得、語彙指導
>
> ☑️ **学びの ポイント**　語彙学習は、文法学習とともに英語学習の重要な要素と捉えている人が多いかと思います。確かに**語彙サイズ**が豊富であることは、英語運用力の土台となります。小学校外国語科で取り扱う語彙は、600 〜 700 語程度とされていますが、小学校段階での**語彙指導**はどうあるべきでしょうか。本章では語彙の分類、選択と配列、具体的な活動について学びます。

1. 語彙サイズ

　2012年に改訂された中学校学習指導要領で、授業時数がそれまでの年間105時間から140時間に増え、授業時間の増加に伴い、中学校3年間で学習する語は900語から1,200語に増えました。新学習指導要領では、小学校で学習した後に1,600 〜 1,800語程度の新語を加えた語を3学年間に指導します（文部科学省, 2018b）。中学校の外国語科で新たに指導する語数がかなり増えたという印象がありますが、小学校での外国語活動・外国語科で学んだ語と関連付けながら、中学校での語彙を増やしていくので、言語活動の中で無理なく扱うことができる語数であると学習指導要領では解説されています（文部科学省, 2018b）。そして、高等学校では、2018年の新学習指導要領告示により、語彙数が1,800 〜 2,500語程度となりました。

2. 語彙の分類

　語彙指導の知識の一つとして、この節では語彙の分類について学びます。小学生に英語を教える際にどのように語彙を選び、どのように導入するかを考えましょう。

2.1　内容語と機能語

　単独で使われても意味を持っている語（名詞、動詞、形容詞、副詞など）を内容語（content word）と言い、内容語は事物、動作、様態、状況を表します（白畑他, 2019）。内容語に対して、文法的な役割が中心となる語を機能語（function word）と言います。小学生にふさわしいインプットという観点から、児童が興味を持てる関連性があるトピックが扱われ、使いたくなる語彙が導入されることが求められます。旧学習指導要領での高学年外国語活動で使用された外国語活動教材では、名詞が圧倒的に多く、動詞が少ないことが指摘されてきまし

た。新学習指導要領に沿った高学年外国語科の検定教科書では、動詞や形容詞が多く収められているのが特徴で、頻度を表す副詞も取り上げられています。

2.2　受容語と産出語

リクソン（2013）は、語彙の分類の仕方として「受容語」（receptive words）と「産出語」（productive words）の区分を紹介しています。受容語は聞いたり、読んだりすれば分かる語彙を指します。一方、産出語（または発信語彙）は単語を話したり書いたりして、実際に使うことができる語彙のことです。通常、学習者の語彙量は受容語の方が産出語よりはるかに多いです。新学習指導要領でも「児童の発達の段階に応じて、聞いたり読んだりすることを通して意味が理解できるように指導すべき語彙（受容語彙）と、話したり書いたりして表現できるように指導すべき語彙（発信語彙）とがあることに留意する必要がある」（文部科学省, 2018a, p.90）とされています。

検定教科書で単元の最初に扱うアニメーション映像などでは、単元の言語材料として提示されていない語彙が使われていることがあります。これらは、映像やイラストなどの助けを借りれば聞き取れる受容語彙とみなすことができます。指導者として、語彙には受容語と産出語（学習指導要領では「産出語」を「発信語彙」と表記しています）があることに留意し、特に小学校段階では、単元の中で出てくる語彙が聞いて理解できるようにする言語材料か、話して表現できるようにする言語材料かを区別しながら、指導することが必要です。

3.　第5学年外国語科　年間指導計画例の語彙

5年生外国語科の使用語彙を見ていきます。各単元で導入される語彙は偏りがないか、また各単元のテーマで必要だと考えられる語彙が十分に提示されているかを確認しましょう。

資料1　　　　　　　　小学校5年生外国語科 主な言語材料〈語彙〉の一覧

Unit 1 Hello, everyone.	I, me, 活動（spell）, 果物と野菜（fruit）, 身の回りのもの（TV）, 色と形（color, red）, スポーツ（sport）, do, hello, it, like, name, program, too
Unit 2 When is your birthday?	身に着けるもの（cap）, 身の回りのもの（bag, cup, pencil case）, 月・日にち・曜日（birthday, January, February, March, April, May, June, July, August, September, October, November, December）, 活動（see）, 色と形（pink）, a, is, want, when, your
Unit 3 What do you have on Monday?	月・日にち・曜日（Monday, Tuesday, Wednesday, Thursday, Friday）, 教科（arts and crafts, calligraphy, English, home economics, homeroom, Japanese, math, moral education, music, P.E., period for integrated study, science, social studies, subject）, activity, and, clean, club, have, lunch, nice, on, really, recess, that's, time, what

Unit 4 What time do you get up?	日課 (clean my room, clean the bath, clear the table, cook dinner, do my homework, eat dinner [lunch], get the newspaper, get up, go to bed, set the table, take a bath, take out the garbage, walk the dog, wash the dishes), always, usually, sometimes, never, angry, thirsty, at breakfast, early, great, market
Unit 5 He can run fast. She can do *kendama*.	he, she, 活動 (draw, play, ride, run, sing, swim), スポーツ (badminton, baseball, dodgeball, table tennis), 身の回りのもの (bicycle, guitar, piano, picture, recorder, rope, unicycle), 人やものを説明する (cool), 職業 (teacher), can, fast, high, well
Unit 6 I want to go to Italy.	国など (Brazil, Canada, China, Egypt, Germany, India, Italy, Japan, Korea, Peru, Rome, Thailand, the U.K., the U.S.), 活動 (buy, drink, visit), 食べ物 (curry), sorry, where, why
Unit 7 What would you like?	食べ物 (bread, cake, corn soup, curry and rice, dessert, French fries, fried chicken, grilled fish, hamburger, hot dog, ice cream, miso soup, noodle, omelet, parfait, pizza, pudding, rice, rice ball, salad, sandwich, spaghetti, steak, yogurt), 飲み物 (coffee, green tea, juice, soda pop), 果物と野菜 (orange), 国 (Indonesia, Spain, Vietnam), bingo, dollar, here, I'd, would
Unit 8 Where is the gym?	位置 (by, under), 町 (bookstore, bus stop, convenience store, department store, fire station, flower shop, gas station, gym, hospital, library, park, police station, post office, restaurant, station, super market, temple), 方向 (corner, left, right, straight), 活動 (turn), 身の回りのもの (ball, clock, desk), first, welcome
Unit 9 My hero is my brother.	職業 (actor, athlete, comedian, singer), 人やものを説明する (active, beautiful, brave, friendly, kind, smart, strong, tough), 人 (brother, hero), 活動 (dance, speak), スポーツ (wheelchair basketball), 自然 (cactus), an, language, many, wow

（光村図書『Here We Go! 5』年間指導計画資料（例）より筆者が抜粋）

4. 語彙指導と言語活動

　小学校外国語活動・外国語科での語彙習得は、実際に英語を使用して互いの考えや気持ちを伝え合う言語活動を通して行われます。テーマに沿った語彙が単元ごとに導入されますが、その単元でのみ使うのではなく、繰り返し活用されることが求められています。単元の導入時には、指導者の Small Talk などで新しく扱う語彙を紹介します。その際、絵カードや実物教材、またジェスチャーをしたりしながら、児童の興味・関心を引くような語彙導入を考えましょう。言語活動の中で児童が使いたい語彙を知らない場合は、"How do you say 〜 in English?" と尋ねる表現を使えるようにしたり、英和・和英辞典を教室に常備しておき、児童が自由に辞書を使えるような環境を整えておきましょう。小学校段階での書く活動は、簡単な語句を「書き写す」ことが中心です。書く活動では、児童が見ながら書き写すことができ

るように、絵カードやワークシートで語彙の提示ができるようにします。語彙を増やす活動として♪バナナじゃなくて banana の動画を使ってみましょう。最後に小学校で扱われる語彙をリストします。

動 画

資料2

語彙の種類	語彙数	語彙の例
動作	55	brush, draw, eat, join, leave, plant, study, think, walk, ate, saw
状態・気持ち	63	active, bitter, exciting, high, traditional, gentle, scary, tired
飲食物	66	food, pork, kiwifruit, cabbage, lettuce, donut, Japanese tea, soup
数	50	one 〜twenty, thirty, forty, hundred, first 〜twentieth, thirtieth
学校生活	53	math, science, playground, principal, eraser, music festival
町・施設・職業	56	amusement park, aquarium, street, town, zoo, artist, comedian
日常生活	45	bicycle, homework, gloves, pants, umbrella, guitar, dinner
スポーツ	29	athletics, rugby, surfing, track and field, sport, bat, racket
色・形	19	color, brown, purple, circle, cross, diamond, rectangle, triangle
季節・月・曜日・時間	31	spring, winter, January 〜 December, Sunday 〜 Saturday, time, year
国	17	Australia, Egypt, Germany, Peru, Russia, Spain, the UK, the USA
動植物	28	animal, bear, chicken, mouse, owl, raccoon dog, wild boar, dragonfly
自然・天気	14	beach, lake, mountain, river, star, sun, rainy, sunny, nature
祝祭日・趣味・遊び	23	New Year's Day, camping, firework, festival, vacation, jump rope
人と身体	32	I, my, me, you, we, he, she, father, mother, friend, ear, eye, face
抽象語	18	birthday, culture, future, memory, treasure, world, news, left, right
その他	57	the, am, are, is, was, it, can, can't, do, don't, always, how, where

（「小学校外国語活動・外国語研修ガイドブック」より筆者が抜粋）

※語彙数は『Let's Try！1, 2』『We Can！1, 2』で扱われた語彙の数です。

Discussion Topic

3年生の外国語活動で導入したいテーマや語彙について話し合いましょう。3年生の発達段階、興味を持っていること、学習1年目という条件で考えてください。

【参考文献】
光村図書（2020）『Here We Go！5』光村図書.
文部科学省（2017）「小学校外国語活動・外国語研修ガイドブック」文部科学省HP.
文部科学省（2018a）『小学校学習指導要領（平成29年告示）解説　外国語活動・外国語編』開隆堂出版.
文部科学省（2018b）『中学校学習指導要領（平成29年告示）解説　外国語編』開隆堂出版.
リクソン・シーラ、小林美代子、八田玄二、宮本弦、山下千里（2013）『チュートリアルで学ぶ新しい「小学校英語」の教え方』玉川大学出版部.
白畑知彦、冨田祐一、村野井仁、若林茂則（2019）『英語教育用語辞典 第3版』大修館書店.

第二部　外国語に関する専門的事項

Unit 6
第二言語習得に関する基本的な知識

**🔒 学びの
キーワード** インプット、アウトプット、インタラクション、i+1、情意フィルター、曖昧さ耐性

**☑ 学びの
ポイント** 第二言語の習得は、母語習得と比べるとより複雑な現象であると言われています（白井, 2012）。第二言語習得のメカニズムを理解することで、私たちは指導者として、外国語学習をより効果的なものにすることができます。本章では、小学校での英語指導に役立つ第二言語習得のメカニズムやプロセスを中心に取り上げ、成果を上げる指導のヒントを得たいと思います。

1. 第二言語習得のプロセス

　第二言語習得の認知プロセスについて、Gass（2013）、村野井（2006）のモデルを紹介しましょう。第二言語を習得するまでのプロセスは、母語習得のように理解可能なインプットを十分に与えたら発話につながる、と言うほど単純なものではありません。ここでは、第二言語がどのように習得されるのか、そのプロセスを小学校外国語教育の言語活動に照らし合わせて見ていきます。まず、理解可能な「インプット」を受けた最初のプロセスは「気づき」です。聞こえてくる英語に注意を向けることで情報が短期記憶として保持されます。気づきを促すために、授業では視覚教材を多用して、児童の興味・関心を引き付ける内容を提示し、目標言語の意味を推測させるようなインプットを工夫します。次は、この保持された情報が「理解」される段階です。指導者の発話や音声教材、映像などのたくさんの情報の中から、児童は目標言語やキーワードをうまく聞き取り、インプットの内容を理解します。その次は、学習者が気づき、理解したインプットを内部に取り込む「内在化」です。学習者は聞き取った表現の意味を推測して実際に会話で使ってみます。相手にうまく伝われば学習者の言語として組み込まれます。最後に、取り込んだ情報を長期記憶として保持する段階が「統合」です。理解し、内在化し、学習者の言語として取り込まれれば、のちに「アウトプット」として活用できるわけです。新学習指導要領で重視されている言語活動の目標言語を使いながら習得するという考えは、第二言語習得のプロセスに一致しています。目的や場面、状況が分かりやすく設定された必然性のある言語活動は、児童がアウトプットしたくなる「話すこと」や「書くこと」の充実につながります。以下は、第二言語習得のプロセスを図式化したものです。

　インプット ⇒ 気づき ⇒ 理解 ⇒ 内在化 ⇒ 統合 ⇒ アウトプット　（村野井, 2006）

　指導者がこのプロセスを理解することで、指導計画への工夫が生まれてきます（廣森, 2015）。例えば、新しい言語材料の導入部分で分かりやすいインプットを与えると、児童は

その言語材料にどのような機能があり、どのように使うのかに気付いていきます。Small Talk などで指導者が英語でのインプットを繰り返すことで、学習者の理解を促します。言語を使う場をうまく設定し、意味のある活動を通して目標言語を使ってみることでインプットは内部に取り込まれて内在化されます。学習指導案の言語活動を検証する際には、このプロセスに照らし合わせて活動を考えてみましょう。

2. インプットの工夫

2.1　インプット仮説

　アメリカの言語学者クラッシェンは五つの仮説を提唱し、第二言語習得のモデルを示しました。そのうちの一つである「インプット仮説」では、第二言語習得には理解可能なインプットが必要であり、学習者が持っている言語能力よりほんの少し上のレベルのインプット（i+1）を十分に受けることが必須条件だとしています（久保田, 2018）。小学校英語での理解可能なインプットの工夫として、先生の話し方（Teacher Talk）やジェスチャー、視聴覚教材などが挙げられます。

2.2　Teacher Talk（ティーチャートーク）

　学習者に話しかける際に相手に合わせて調整する教師の発話を Teacher Talk と言います（白畑他, 2019）。教室で使われる英語については Classroom English という言葉がよく知られており、英語での挨拶、指示語、褒め言葉などを指します（第一部 Unit 8参照）。Teacher Talk はただ単に授業で英語を使うというだけではなく、学習者の実態に合わせて、英語を分かりやすくしたり、会話の進め方を工夫したりする発話の調整という意味合いが強いです。Teacher Talk では、Short（短い文を使う）、Slow（ゆっくり話す）、Simple（簡単な表現を使う）、Clear（大きな声ではっきり話す）の四つのポイントをまず押さえておきましょう。母語の場合でも幼児に話しかける時には、大人同士の会話に比べて調整された発話をします（caretaker speech）。ポーズを多く用いる、誇張したイントネーションを用いる、自分や相手の発話を繰り返す、などの特徴は Teacher Talk でも使われます。小学校教員養成課程外国語（英語）コア・カリキュラムでは、指導者は「小学校において外国語活動・外国語の授業ができる国際的な基準である CEFR B1 レベルの英語力を身に付ける」（東京学芸大学, 2017, p.70）こととされています。このレベルは実用英検では二級程度となります。

2.3　Non-verbal Communication（非言語コミュニケーション）

　効果的な英語の発話について考えてみましたが、音声言語だけに頼らず、より理解を深めるために使われるのがジェスチャーや顔の表情、声のトーンなどの non-verbal communication です。英語母語話者に比べて、日本語母語話者はノンバーバルなコミュニケーションが少ないと言われています。小学校英語では、音声のみに頼らず、言葉以外のコミュニケーションを工夫することで理解可能なインプットを増やすことに効果を上げています。例えば、指示

語を使う際にジェスチャーを付ける（"Stand up." と言いながら、両手を下から上に上げる）、褒め言葉を言う際に誇張したイントネーションを使う（"Good job!" と少し大げさに言う）、顔の表情で表現しながら励ます（"Close!"「おしい！」と言いながら、とても残念そうな顔をする）などです。ALT とのティーム・ティーチングで授業を行っている場合は、ALT のジェスチャーなどを上手にまねてみるとよいでしょう。

2.4　視聴覚教材の活用

　理解可能なインプットを助けるために小学校英語では、視聴覚教材が多用されます。まず、新出語彙の導入では、絵カードが使われます。『Here We Go! 5』『Here We Go! 6』の各単元冒頭で扱う Story では、指導者用デジタル教科書で聞く英文はかなり長いのですが、アニメーションを視聴できるため理解度が高まります。また、指導者用デジタル教科書に収録されているチャンツは速度を選択できるので、クラスの実態に合わせて速さを調整できます（光村図書, 2020）。このように視聴覚教材を活用することで、理解可能なインプットを作り出すことができるのです。

3.　アウトプットを促進する言語活動

3.1　アウトプット仮説

　インプット仮説を唱えたクラッシェンは、言語習得に必要なのはインプットであると主張しましたが、カナダのイマージョンプログラムについて研究をしていたスウェインは、授業の全てあるいは大半を、フランス語を使って行っているフレンチ・イマージョンの学習者が、フランス語の十分なインプットを受けているにもかかわらず、高度な言語能力を身に付けていないことに着目しました。スウェインは、言語習得にはインプットだけでなく、学習者が理解可能なアウトプットをすることが言語能力を上達させるというアウトプット仮説を提案しました（久保田, 2018）。アウトプットすることで、学習者は自分の能力で表現できることとできないことに気付きます。また、相手からのフィードバックにより、より正確なアウトプットができるようになりますが、詳しい活動についてはインタラクション（相互交流）の節で扱います。

3.2　歌・チャンツ・絵本

　アウトプットを促進する活動として、小学校英語では歌・チャンツ・絵本がよく使われます。歌・チャンツ・絵本を使って、声を出して言うことで児童は言語を分析し、「理解」「内在化」していると言えるでしょう。楽しい内容の題材を使い、リズムに合わせて繰り返し、音声化することで、英語のインプットを学習者の内部に取り込むことができます。練習活動として授業のウォームアップやクールダウンで使われることが多い教材ですが、例えば、替え歌を作ったり、やり取りのチャンツでは役割を決めてパートごとに掛け合いしたりして、活動を工夫することで、意味のある言語活動として扱うこともできます。

3.3　必然性のある言語活動

　特定の目的を達成するために行う活動のことをタスクと言います（白畑他, 2019）。目標言語を使って、到達点が明確な活動を与え、実際のコミュニケーションと類似した活動をすることで、良質なアウトプット体験をすることができます。新学習指導要領では、「実際に英語を用いて互いの考えや気持ちを伝え合う活動」として言語活動を重視しています。言語活動には「聞くこと」「読むこと」のインプットも含まれますが、「話すこと」「書くこと」のアウトプットにおいても、必然性のある言語活動の設定により、児童が自分の考えや気持ちを相手に伝えたいという意欲を高めるような指導を心掛けたいものです。『Here We Go! 6』Unit 7 My Best Memory の単元では、6年間の思い出を5年生に聞いてもらうための発表活動として目的や場面、状況を設定することもできます。卒業前の6年生が小学校での思い出を5年生に分かりやすく伝えるために、どの行事をどのように紹介したらよいかを考え、発表の準備をします。言語活動の工夫により、アウトプットへの動機付けを高めることができるのです。

4. インタラクション（相互交渉）の必要性

　第二言語習得研究でのインプット仮説、アウトプット仮説を概観しましたが、インタラクション仮説を唱えたロングは「目標言語による相互交渉（interaction）が言語習得を促進する」（白畑他, 2019, p.147）と主張しました。このインタラクション仮説では、教室環境においても相互交渉をすることで、互いの発話を理解するために聞き返したり、言い換えたりする結果、学習者のインプットが理解可能になり、またアウトプットが修正されると考えられています（久保田, 2018）。新学習指導要領では、対話的な学びが重視されていますが、児童同士、あるいは指導者と児童とのやり取りの中で、足場組み（scaffolding）という支援がなされることで、学びを深めることが期待されます（第三部 Unit 5 参照）。

　言語活動において、意図することを相手に伝える必要に迫られると、学習者は自分の言語使用が適切であるかどうか、自分のアウトプットをチェックし、必要に応じてより適切かどうかを検証します。この仮説検証（hypothesis testing）と修正の過程で、言語知識を取り込む内在化（intake）のプロセスが促進されると考えられます（村野井, 2006）。児童同士のやり取りにおいても、お互いの考えや気持ちを伝え合う上で、自分が言ってみたことを検証、修正しながら発話します。

　また、うまく意味が伝わらないような場合、理解し合おうとする意味交渉（negotiation of meaning）が行われます。その過程で学習者は修正を試みますが、その一つが明確化要求（clarification request）です。この相互交流的修正は、「相手の発話が不明確であったり、聞こえなくて理解できない場合に、発言を明確にするように要求する」（白畑他, 2019, p.146）ことです。コア・カリキュラムの英語力の到達目標には「児童の発話や行動に対して、正しい発話に導くために適切な言い直しができる」という項目があります。例えば、"What animal do you like?" の質問に対して、児童が「ドッグ」と答えられなかった場合、"Do you like dogs? Or, do you like cats?" と質問を変えたり、"Oh, you like dogs. I like dogs, too. So, what animal do you like? " ともう一度質問をして、"I like dogs." の答えを引き出します。指導者と児童とのインタラクションにおいては、指導者が分かりやすい英語で明確な要求をする力が求められます。

5. 指導への示唆を得られる第二言語習得理論

5.1 コミュニケーション能力

　新学習指導要領では、小学校から高等学校まで一貫して、言語活動を通してコミュニケーションへの資質・能力を向上させることが目標となっています。コミュニケーション能力とは、「言語を正確に理解し、実際の状況の中で適切に使用する能力」（白畑他, 2019, p.52）とされています。キャナルとスウェインはコミュニケーション能力を文法的能力（grammatical competence）、談話的能力（discourse competence）、社会言語的能力（sociolinguistic competence）、方略的能力（strategic competence）に分類しました（白畑他, 2019）。

　ここでは、特に方略的能力に注目したいと思います。ストラテジーという言葉から分かるように、コミュニケーションをより円滑に進めるために聞き直したり、別の言い方で言ってみたりする能力を指します。知識として言語を知っているだけでなく、実際のコミュニケーションの場で思考力、判断力、表現力を駆使して、より適切に言語を使おうとする力のことです。方略的能力は、外国語活動が導入される中学年からぜひ育てたい能力です。使える言語表現が限られている中学年児童は、言語を使った方略だけでなく、ジェスチャーを使ったり、絵を描いたり、日本語で何とか伝えようとしたりします。学年が上がるにつれて、この方略がだんだん言語で行えるようになることが望ましいのですが、5.3で扱う曖昧さ耐性の観点からも、何とか伝えようとする態度を育てていきたいものです。

5.2 情意フィルター

　クラッシェンの第二言語習得仮説の一つに、学習者の学習意欲が低かったり、不安度が高かったりするとそれが障壁となって言語習得が進まないとされる情意フィルター仮説（Affective Filter Hypothesis）があります。この心理的な障壁が低ければ、コミュニケーションがより円滑にできるとされ、情意フィルターが低いほどより多くのインプットを受け入れようとし、インタラクションも円滑にできるので、その結果、言語習得が促進されると言われています（白畑他, 2019）。小学校英語では、情意フィルターを低くし、英語を効果的に学べるようにするために、活動形態を全体→グループ→ペア→個人と進めていくことで児童の不安を取り除き、段階的に表現に慣れるような工夫ができます。特に認知能力が高くなる高学年では、分からないことへの不安や自信喪失が顕著に表れるので、児童が英語でのインプットを受け入れようとする動機付けを、指導者が意識的に作っていく必要があります。

5.3　曖昧さ耐性

　複雑で曖昧な状況に冷静に対処できる人は、曖昧さ耐性が強いとみなされています。第二言語習得の適性として、曖昧なことに対してより寛容な学習者の方が第二言語学習に適していると考えられています（Ellis, 2008）。小学校段階では、あまり理解できない英語を聞いても、それほど気にせずにキーワードだけ聞き取って意味を推測できる態度が備わっているため、曖昧さ耐性が強いと言えます。児童の曖昧さ耐性を信じて全て理解させようとせずに、指導者が根気よく英語を使い続けることが大切です。とは言え、学習者の個人差は大きいので、英語でのインプットを理解できず、不安を抱え、やる気を失っているような児童がクラスにいる場合は、理解可能なインプットを工夫したり、必要に応じて、日本語で説明を加えたりする配慮が必要です。情意フィルター仮説と曖昧さ耐性の両方の理論を理解して、目の前の児童にとって、最適な学習環境を作り出すことが求められます。

5.4　Silent Period（沈黙期）

　言語を習得する過程で、その言語を話し始めるまでに沈黙の期間（silent period）があると言われています。特に子どもの第二言語習得の場合には、個人差はあるものの沈黙期があると考えられています。長い場合は半年以上全く第二言語を話さず、ある日突然、第二言語で話し始めるような例もあります（白畑他, 2019）。

　日本のような環境では顕著な沈黙期はあまりないようですが、外国語活動でのアウトプットに消極的な児童の場合、しばらく発話がなくても、理解可能なインプットを十分に与えていれば、それは内在化されて、アウトプットにつながるかもしれません。沈黙期を理解することで、指導者が焦らず良質なインプットを与え続けることができます。

Discussion Topic

自身の英語学習を振り返り、この章で学んだ第二言語習得理論を応用させることでどのような学習改善ができるかを話し合いましょう。

【参考文献】

Ellis, R.（2008）*The Study of Second Language Acquisition（2nd ed.）*. Oxford University Press.

Gass, S.（2013）*Second Language Acquisition: An Introductory Course（4th ed.）*. Routledge.

久保田章（2018）「第8章 第二言語習得と英語教育」望月昭彦（編著）『新学習指導要領にもとづく英語科教育法 第3版』大修館書店.

廣森友人（2015）『英語学習のメカニズム　第二言語習得研究にもとづく効果的な勉強法』大修館書店.

光村図書（2020）『Here We Go! 6』光村図書.

村野井仁（2006）『第二言語習得研究から見た効果的な英語学習法・指導法』大修館書店.

白井恭弘（2012）『英語教師のための第二言語習得論入門』大修館書店.

白畑知彦、冨田祐一、村野井仁、若林茂則（2019）『英語教育用語辞典 第3版』大修館書店.

東京学芸大学（2017）『文部科学省委託事業「英語教員の英語力・指導力強化のための調査研究事業」平成28年度報告書』東京学芸大学.

Unit 7
児童文学（絵本）

> **学びの**
> **キーワード**　読み聞かせ、ことばの教育、異文化への興味・関心、絵本の意義
>
> **学びの**
> **ポイント**　絵本について、Ellis と Brewster（2008）は、身近で覚えやすい文脈の中でことばを導入するので、外国語学習への入門としては理想的だとしています。小学校外国語教育の絵本の**読み聞かせ**は、**ことばの教育**として、また**異文化への興味・関心**を育む教材としての役割を果たしています。本章では、**絵本の意義**、そして授業での効果的な絵本の活用方法を考えます。

1．外国語活動・外国語科での絵本活用の意義

　小学校学習指導要領解説外国語活動編第2節2（3）ア　聞くこと「（ア）身近で簡単な事柄に関する短い話を聞いておおよその内容が分かったりする活動」に関して、解説では中学年の児童が興味・関心を示すような短い話のおおよその内容を推測する活動として、絵本を活用した読み聞かせが有効であるとしています。絵本には具体的な場面設定があり、理解を促す手だてとしてイラストがあります。「聞いて分かった」という喜びや達成感を体験させるための手段として、絵本が適切な教材であると述べられています（文部科学省 , 2018）。外国語活動教材『Let's Try! 1』『Let's Try! 2』には1年間の活動のまとめとし、絵本を扱う単元があります。まとまった話を聞いて、反応したり、おおよその内容を理解できることを目標としています。

　そして、小学校学習指導要領解説外国語編第2節2（3）イには、読むこと「（エ）音声で十分に慣れ親しんだ簡単な語句や基本的な表現を、絵本などの中から識別する活動」という事項が挙げられています。絵本を例示したことについて「絵本には、内容理解を促すための絵や写真がふんだんに使用されているということのほか、主題やストーリーがはっきりしているという特徴がある」（文部科学省 , 2018, p.105）とされ、絵本の読み聞かせで、児童とのやり取りをしながら、簡単な語句や基本的な表現を文中から見つけさせる活動が示されています。このように、新学習指導要領では「聞くこと」や「読むこと」の活動で絵本を効果的に活用することが推奨されています。

　絵本の意義について、衣笠は以下の点を指摘しています。①まとまりのある英語を聞くことができる　②表現や語彙の意味を類推・推測する力、大意をつかむ力を育む　③絵本の内容やイラストから異文化に触れ、異文化への興味・関心が高まる　④異なる世界観や価値観に触れ、異文化の深層に触れることができる　⑤英語の文字や読みへの興味・関心が高まる

⑥絵本からのメッセージが心の成長を助ける（衣笠 , 2017）。このように、外国語教育で絵本を使うことは児童にとって学習への動機付けとなり、異文化やことばへの興味・関心を育てることにつながります。低・中・高学年の発達段階に応じて、絵本から学べることは異なってくるので、それぞれの段階にふさわしい絵本を選んでいきたいものです。

　また、英語絵本の読み聞かせにおいて、指導者がどのような発話をするかを分析した萬谷（2009）の研究では、①子どもの発話を引き出す問いかけ　② recast（言い直し）などを通して正しい英語表現を印象付ける発話　③子どもの発話意欲を促すための褒め言葉など、情緒面を重視した働きかけの三つの談話手法が用いられていることが明らかにされています。そして、学級担任による絵本の読み聞かせは、児童の自発的な発話を引き出し、児童の理解を見極めながら、意味のあるやり取りができるという効用があることが報告されています。このように絵本の読み聞かせは、インプットとして話の内容を推測することや絵本に出てくる語彙や表現を文中から読もうとすること以外に、ストーリーを楽しみながら、児童の言いたいという気持ちを育むための指導手法としても活用することができます。

2. 絵本を選ぶポイント

　リクソン（2013）は、良い物語の四つの条件を提示しています。この節では、これらの条件に当てはまる絵本を1冊ずつ紹介しながら、絵本を選ぶポイントを確認していきます。
（1）良い物語は子どもの認知の枠を拡げ、異なった視点を提供する
　Winnie the Witch（Valerie Thomas 作）は、家具も壁も真っ黒な家に住む魔女のウィニーと黒ネコのウィルパーのお話です。家中が真っ黒なので黒ネコのウィルパーにいつもつまづいていたウィニーは、魔法を使ってウィルパーの毛を華やかな色に変えてしまいます。黒ネコでなくなったウィルパーはとても悲しみます。そこで、ウィニーはウィルパーの色ではなく、家の中の色を変えればよいのだということに気付き、壁や家具を明るい色にします。このお話は、真っ黒な家の中での黒ネコの存在を分かるようにするため、ウィルパーに魔法をかけるという考えから、家の中の家具などを黒以外にすれば、ウィルパーがどこにいるかが分かるという発想の転換が示されていて、子どもたちに異なった視点を紹介しています。
（2）良い物語は子どもたちに物語の筋を予測させる
　Mouse Paint（Ellen Stoll Walsh 作）のお話では、いたずら好きの三匹の白いネズミがペンキで遊んでいるうちに赤、青、黄色のペンキに染まってしまいます。赤いペンキに染まったネズミが青いペンキの上でダンスをすると紫のネズミになりました。青＋黄色、黄色＋赤の色の足し算を知っている子どもたちは、次のページでネズミが何色になっていくのかを予測しながらお話の展開に興味を示します。カラフルになり、目立ちすぎるネズミたちはネコに襲われないようにどうするか…この展開にも子どもたちは頭を働かせます。最後はお風呂に入り、元の白いネズミに戻るのですが、物語の展開を推測しながら楽しめる絵本です。

（3）良い物語は子どもの情動的（想像的）な側面を伸ばす

　A Color of His Own（Leo Lionni 作）は居場所によって色が次々に変わってしまうカメレオンのお話です。レモンの上では黄色に、紫の木の上では紫色に変わってしまうカメレオン。
　緑色の葉っぱの上にいればずっと緑色でいられると思いましたが、秋になると葉っぱは赤くなり、カメレオンも赤くなってしまいます。自分自身の色を持てないことを悲しむカメレオンでしたが、ある日一匹のカメレオンに出会います。そして、ずっと一緒にいたら二匹は同じ色でいられることを教わります。カメレオンは外見の色が変わっても、変わらない心を持つことが大切であることに気付きます。

（4）良い物語はことばの上達を促す

　Ketchup on Your Cornflakes?（Nick Sharratt 作）は、"Do you like 〜 ?" の導入に最適な絵本です。リング綴じになったこの絵本は "Do you like ketchup" が上部、"on your cornflakes?" が下部というように、各ページ上下に分かれていて、どちらかのページをめくることで思いがけないナンセンスな組み合わせになる仕組みです。読み聞かせをしていて人気のある組み合わせは、"Do you like jam on your toothbrush?" や "Do you like ketchup on your head?" などです。子どもたちは二つの絵の組み合わせを楽しみながら、"Yes, I do." "No, I don't." と好き嫌いを伝えることができるようになります。"Do you like 〜 ?" の質問への応答が自然にできる場面設定を作ってくれる良書です。

3. 絵本を楽しむ

　これまで「絵本は外国語活動・外国語科の教材として優れている」ということをお伝えしてきましたが、授業で絵本を活用する前に、ぜひたくさんの絵本を読んでみてください。この節では、幾つかの絵本のあらすじを紹介します。紹介したお話は二次元バーコードで音源を聞くことができます。また、YouTube で絵本のタイトルを入れると、読み聞かせの動画もたくさん検索できます。なお、読み聞かせの具体的な指導法については、第三部 Unit 14 の「読み聞かせ指導」の章で扱います。

Brown Bear, Brown Bear, What Do You See?

（Bill Martin, Jr. 作・Eric Carle 絵）

> 絵本教材の定番です。10 種類の動物の名前と色が次々に出てきて、英語表現の繰り返しのリズムもよく、思わず口ずさんでしまうようなお話です。エリック・カール独特の色使い、blue horse や purple cat など、奇想天外な動物の登場で物語に引き込まれていきます。

From Head to Toe（Eric Carle 作）

これもエリック・カールのイラストを楽しめる絵本です。ペンギン、フラミンゴ、バッファローなどの動物が登場し、独特の動作を披露します。どのページでも動物たちは "Can you do it?" と子どもたちに語りかけています。お話を聞いている子どもたちも、"I can do it!" と答えながら、動物と一緒になり、その動作をまねして楽しみます。

Peanut Butter and Jelly（Nadine Bernard Westcott 絵）

アメリカの子どもたちが大好きな peanut butter and jelly sandwich の作り方を教えてくれる絵本です。knead（こねる）、smear（ぬる）など、料理で使う難しい動詞がたくさん出てきますが、動作と合わせて練習すれば、子どもたちはすぐに言えるようになります。リズミカルなチャンツとともに、おいしいサンドイッチがあっという間に完成します。

音 声

Bears in the Night（Stan and Jan Berenstain 作）

不思議な声につられて、クマの兄妹は真夜中にベッドから抜け出し、窓から外へ。塀を乗り越え、橋の下をくぐり、声の正体を探しに行きます。絵本を読みながら、家の内外にあるものの名前と一緒に in, out, to, at, down, around, between, through などの語彙をリズムに乗せて言えるようになります。クラス全体で声を合わせて音読するには最適の絵本です。

Discussion Topic

以下の絵本を読んで、絵本の意義、良書のポイントのどれに当てはまる絵本かを考えましょう。

No, David!（David Shannon） *Who Stole the Cookies?*（Mikiko Nakamoto）
Where's Spot?（Eric Hill） *A Beautiful Butterfly*（Mikiko Nakamoto）
What's the Time, Mr. Wolf?（Annie Kubler） *Ten Fat Sausages*（Elke Zinsmeister）
Good Night, Gorilla（Peggy Rathmann） *We're Going on a Bear Hunt*（Michael Rosen）

【参考文献】
G. エリス、J. ブルースター（著）松香洋子（監訳）八田玄二、加藤佳子（訳）（2008）『先生、英語のお話を聞かせて！小学校英語「読み聞かせ」ガイドブック』玉川大学出版部.
衣笠知子（2017）「7章 教材研究① 児童が英語に楽しく触れ、慣れ親しむ活動」樋口忠彦、加賀田哲也、泉惠美子、衣笠知子（編著）『新編 小学校英語教育法入門』研究社.
文部科学省（2018）『小学校学習指導要領（平成29年告示）解説　外国語活動・外国語編』開隆堂出版.
リクソン・シーラ、小林美代子、八田玄二、宮本弦、山下千里（2013）『チュートリアルで学ぶ新しい「小学校英語」の教え方』玉川大学出版部.
萬谷隆一（2009）「小学校英語活動での絵本読み聞かせにおける教師の相互交渉スキルに関する事例研究」『北海道教育大学紀要（教育科学編）』第60巻第1号　北海道教育大学.

Unit 8
児童文学（子ども向けの歌や詩）

学びの キーワード　伝承童謡、リズム、ライム、手あそび歌、積み上げ歌、マザーグース と英文学、英語圏文化

学びの ポイント　イギリスやアメリカの**伝承童謡**、**マザーグース**の歌は**手あそび歌**、子守り 歌、数え歌、**積み上げ歌**、なぞなぞ歌など多様です。歌の内容は、ナンセ ンスなものや幻想的なもの、また不気味で残酷な歌詞もあります。小説や 映画、新聞記事の見出しなどにマザーグースの表現が使われることが多く、 マザーグースに親しんでいると英語の解釈の深さも増していきます。

1．マザーグースの由来

　マザーグースはイギリスやアメリカで200年以上、歌い継がれてきた伝承童謡を集めたも のです。Mother Goose は「ガチョウのおばさん」という意味ですが、マザーグースという言 葉が初めて使われたのは18世紀半ばにロンドンで出版された *Mother Goose's Melody: or, Sonnets for the Cradle* という歌の本のタイトルであったと言われています。実際は、当時フ ランスの作家ペローがまとめた童話集『マザーグースの物語』がイギリスで翻訳出版された 時、*Mother Goose's Tales* と訳され、この本が人気だったため、上記の童謡集を出版する際に そのタイトルをもじったのがマザーグースの起こりのようです（藤野 , 1987）。

2．マザーグースから学ぶ英語圏文化

　日本のマザーグース研究の第一人者である平野は、その著書で「イギリスの伝承童謡に親 しむことにより、英語国民の生活感覚や言語感覚の機微というか波長というか、そういうも のがたんなる観念としてでなく、実感としてわかってくるようになる、という効用もある」 （平野 , 1972, p.10）と述べています。また、日本の英語教育の中で、イギリスの伝承童謡の 学習や研究は盲点になっていると平野は指摘しています。英語圏の人々の意識形成や言語表 現に大きな役割を果たしてきたマザーグースを学ぶことは、英語圏文化を理解する上で大き な手助けになるでしょう。必修化された中学年での外国語活動では、英語の歌を楽しむ機会 をたくさん作り、動作を付けながら、歌詞のリズムやライムを楽しみたいものです。

3．マザーグースと英文学

　英語で書かれた文学作品、映画、新聞や雑誌にはマザーグースに由来する表現がよく引用 されます。マザーグースに関する知識を持つことが、英語圏文化を深く知るために必要であ ることは既に述べましたが、ここでは英文学で引用されているマザーグースを紹介します。

① ♪ This Little Pig Went to Market

This little pig went to market,	この子ぶたは市場へでかけ
This little pig stayed home,	この子ぶたは家でおるすばん
This little pig had roast beef,	この子ぶたはローストビーフを食べ
This little pig had none,	この子ぶたは何もなし
And this little pig cried, Wee-wee-wee,	そしてこの子ぶたは「うぇーん、うぇーん」
All the way home.	とないて家に帰っていきました。

　指一本一本を子ブタに見立てて歌う手あそび歌です。五匹の子ブタの行動はばらばらですが、リズムがとてもよく、また最後の鳴き声のまねも楽しい歌です。『ピーターラビットのおはなし』で有名なビアトリクス・ポターの『こぶたのピグリン・ブランドのおはなし』では、ブタのアレクサンダーがダンスをしながら、この歌を歌うシーンがあります。ポターはマザーグースが大好きだったそうで、ピーターラビットの物語のシリーズではよく引用しています。

② ♪ Here We Go Round the Mulberry Bush

Here we go round the mulberry bush,	さあ、みんなで桑の木のまわりを回ろう
The mulberry bush, the mulberry bush.	
Here we go round the mulberry bush	さあ、みんなで桑の木のまわりを回ろう
On a cold and frosty morning.	寒くて、こおりつきそうな朝に
This is the way we wash our face,	こうして顔を洗うのよ
Wash our face, wash our face.	
This is the way we wash our face	こうして顔を洗うのよ
On a cold and frosty morning.	寒くて、こおりつきそうな朝に

　手あそびをしながら、「歯をみがく」「髪をとく」「服を着る」など、毎日の生活習慣を楽しく歌える歌です。一番の mulberry bush は桑の木を指します。メリーポピンズの一節に "It was a Round-the-Mulberry-Bush sort of morning, cold and rather frosty." という表現があります。「桑の木を回ろうの歌のように霜が降りた寒い朝」とこの歌が引用されています。

③ ♪ Hush-a-Bye, Baby

Hush-a-bye, baby, on the tree top,	おやすみ、赤ちゃん木の上で
When the wind blows the cradle will rock;	風が吹いたらゆりかごは揺れ
When the bough breaks, the cradle will fall	枝が折れたら落ちるでしょう
Down will come baby, cradle and all.	ゆりかごも赤ちゃんも
	みんな落ちてくるでしょう

　この歌は赤ちゃんを寝かしつける時の子守歌なのですが、風で枝が折れてゆりかごが落ちてしまうという歌詞は、高慢さがとりかえしのつかないことを引き起こすという解釈もあります。ルイス・キャロルの『不思議の国のアリス』の第9章「女王アリス」で、赤の女王から白の女王を寝かしつけるように言われたアリスは、マザーグースの替え歌で子守歌を歌います。

「ごちそうができるまでちょっとひと眠り、ごちそうがすんだら、次は舞踏会」というパロディですが、マザーグースを知っていれば、この場面を読みながら、子守歌のメロディーがよみがえってきます。

4. 英語の詩を楽しむ

　この節では、英語の詩を幾つか紹介します。「英詩」というと、小学生には難しいという印象を受けるかもしれませんが、実際に小学校の外国語活動でも英語の詩は使われています。指導者として英語で音読の練習をする教材としても活用できるでしょう。音源は二次元バーコードから聴くことができますので、授業でも活用してください。

① ♪There's a Hole in the Bottom of the Sea 　　　【音声】

　「海の底には穴がある」というナンセンスな文です。hole, bottom, sea の３カ所を強く読んでみましょう。次の文は "There's a log in the hole in the bottom of the sea." そして、"There's a bump on the log in the hole in the bottom of the sea." とどんどん文が長くなる積み上げ歌です。歌に出てくる hole（穴）、log（丸太）、bump（木のこぶ）、frog（カエル）、fly（ハエ）、wing（羽）、flea（ノミ）にアクションを付けると、すらすらと言えるようになります。音声を聞きながら、リズムに合わせて英語を言えるように練習してみましょう。

② ♪One Fat Hen 　　　【音声】

　これも一つずつ新しいものが増えていく詩です。一群れ、一束、一本、一切れ、一杯など、少し難しく感じる英語の数え方ですが、リズムに合わせてクラス全員で読んでいくとだんだん言えるようになります。One Fat Hen「一羽の太っためんどり」から始まり、ducks, sheep, roses... と増えていきます。

③ I Will Not Give in to the Rain 　　　【音声】

　宮澤賢治の「雨ニモマケズ」を英訳したものです。外国の方に日本の詩を紹介するのにうってつけの詩です。とてもよく訳されていますので、指導者の音読の練習にも使えます。

5. 歌や詩を発音練習に活用する

　英詩特有のリズムとライムを体得できるマザーグースは、小学校英語の教材としても大いに活用できます。宮本（2009）は、小学校英語の指導者向けにチャンツのリズムを体得するための練習プログラムを開発しています。「英語のリズムの典型とも言えるマザーグース」（リクソン , 2013, p.286）を使って英語のリズムに慣れる練習をすることで、英語の発音練習をしながら、マザーグースの教材研究にもなるというものです。英語のリズムの構造は語の数が増えても強音節を同じ間隔で発音しなければならないので、弱音節が増えれば増えるほどリズムを取るのが難しくなります。マザーグースの英詩を楽しみつつ、4拍のリズムを取りな

がら、練習することで英語のリズムを身に付けることができます。

　アレン玉井（2010）は、マザーグースの教材としての特徴について、①脚韻やたくさんの繰り返しがある　②歌にテーマがあるので導入しやすい　③英語圏文化について歌を通して自然に教えることができる、という三点を挙げています。以下、マザーグースの歌を紹介しながら、これらの特徴を具体的に説明します。

① 　♪ I'm a Little Teapot

I'm a little teapot, short and stout,	わたしはちいさなティーポット、ちいちゃくて
Here is my handle, here is my spout.	がんじょうなの　これが取っ手でこれが口
When I get all steamed up, hear me shout,	お湯がわいたらさけびます
Tip me over and pour me out!	私をかたむけて、からにして

　身近な生活用品のティーポットのものまねをしてあそぶ歌です。stout, spout, shout, out と4行全て脚韻があり、リズムが良い歌になっています

② 　♪ In a Cabin in the Wood

In a cabin in the wood,	森の中にいっけんやがありました
A little man by the window stood.	その小屋の窓のそばに、こびとがひとり立っていました
Saw a rabbit hopping by,	そこへうさぎがピョンピョンはねてきて
Knocking at his door.	ドアをノックしてさけびました
"Help me, help me, let me in,	「たすけて、たすけて、中に入れてよ
Or the hunter shoot me dead!"	ハンターがぼくをうとうとしてるの」
"Little rabbit, come inside.	「うさぎさん、中に入りなさい
Safely you'll abide."	ここは安全だよ」とこびとは答えました

　歌詞は、2行ごとに話が展開していて、起承転結がはっきりしています。歌を歌う前にペープサートなどを使って、ストーリー展開を英語で説明するとよいでしょう。wood-stood, inside-abide の脚韻にも注目しましょう。

Discussion Topic

　♪ There's a Hole in the Bottom of the Sea の朗読練習をした後、小学校の外国語活動でこの詩をどのように導入したらよいかを考えましょう。

【参考文献】

アルクキッズ英語編集部（2011）『子どもとうたおう！マザーグース』アルク．

アレン玉井光江（2010）『小学校英語の教育法　理論と実践』大修館書店．

藤野紀男（1987）『英文学の中のマザーグース』荒竹出版．

原岡笙子（1994）『マザーグースで身につける英語の発音とリズム』NHK出版．

平野敬一（1972）『マザー・グースの唄　イギリスの伝承童謡』中央公論社．

宮本弦（2009）「小学校指導者の英語運用練習－チャンツ集を利用した研修試案」『神田外語大学言語科学研究センター紀要』神田外語大学．

リクソン・シーラ、小林美代子、八田玄二、宮本弦、山下千里（2013）『チュートリアルで学ぶ新しい「小学校英語」の教え方』玉川大学出版部．

Unit 9
異文化理解

🔑 学びの キーワード　　国際理解教育、異文化間コミュニケーション、異文化理解、異文化交流

✓ 学びの ポイント　　「総合的な学習の時間」での英語活動は、**国際理解教育**の一環として導入されました。高学年の外国語活動でも言語や文化の理解に資する内容が扱われています。教科型外国語においても異文化を理解することは、**異文化間コミュニケーション**の素地を育む上で重要であるとされています（東京学芸大学, 2017）。本章では、英語教育と**異文化理解**について考察します。

1. 国際理解と英語教育

1.1　「総合的な学習の時間」での英語活動

　2002年に導入された「総合的な学習の時間」の中で、国際理解に関する学習の一環として公立小学校でも英語活動が行われるようになりました。「総合的な学習の時間」では、「国際理解、情報、環境、福祉・健康などの横断的・総合的な課題、子どもの興味・関心に基づく課題、地域や学校の特色に応じた課題などについて、学校の実態に応じた学習活動を行う」（文部科学省, 2001, p.1）とされています。英語活動での国際理解は、1996年の「第15期中央教育審議会答申」においての国際化に対応する教育推進の三つの留意点に依拠します。答申で掲げられた三本柱は以下のとおりです。

(a) 広い視野を持ち、異文化を理解するとともに、これを尊重する態度や異なる文化を持った人々と共に生きていく資質や能力の育成を図ること。

(b) 国際理解のためにも、日本人として、また、個人としての自己の確立を図ること。

(c) 国際社会において、相手の立場を尊重しつつ、自分の考えや意思を表現できる基礎的な力を育成する観点から、外国語能力の基礎や表現力等のコミュニケーション能力の育成を図ること。

(文部科学省, 2001, p.1)

　このように、英語活動を通して異文化体験をすることで、異文化を理解し、異文化を尊重する態度を育て、異なる文化を持った人々との共生のための実践的な能力や資質を高めることが求められてきました。また、行動する能力を育てる上で、外国語でコミュニケーションを図るスキルを身に付けることも重要な要素となっています。

1.2　国際理解の構成と目標

　「総合的な学習の時間」での英語活動では、国際理解を進める学習活動として、「外国語会

話」「国際交流活動」「調べ学習」が挙げられています（文部科学省, 2001）。具体的には、英語活動でコミュニケーション能力や外国語への興味・関心を培い、そのことを国際交流の活動で生かす、また英語活動で触れた異文化を調べ学習を通してより深く学び、問題解決的な学習を進めていくなど、これらの学習活動は有機的に関連させていくことができます。

　萬谷は、国際理解教育としての英語教育の目標を「知識」「態度」「技能」の3観点の育成としています。とりわけ態度に関わる目標は、新学習指導要領の外国語活動・外国語科でもどのようにカリキュラムに反映させていくかが重要な課題です。異文化の知識だけでなく、英語を使った活動を通して育成する態度として、萬谷は「積極的にことばで通じ合おうとする態度」「明確に表現し理解しようとする態度」「異文化への理解と尊重」「自文化理解と自己肯定感」の4項目を挙げています（萬谷, 2012, pp.75-77）。

2. 新学習指導要領で扱われる異文化理解

2.1 学習指導要領の目標、内容から見る異文化理解

　2008年に告示された旧学習指導要領では、高学年外国語活動が必修化され、目標の一つに「外国語を通じて，言語や文化について体験的に理解を深める」ことが掲げられました。ここでは、国語や我が国の文化を含めた言語や文化に対する理解を深めることの重要性が指摘されており、学習指導要領では「国際理解」としての取り上げられ方が薄まってきました。外国語活動の内容として、外国の文化のみならず我が国の文化を含めたさまざまな国や地域の生活、習慣、行事などを積極的に取り上げていくと言及されていることから考えると、総合的な学習の時間以外にも社会科などで扱われる、より広い概念の国際理解というよりも、より具体的に、自文化についての理解も含めた異文化理解として取り上げられるようになったと考えられます。

　2005年に公開された「初等中等教育における国際教育推進検討会報告」では、初等中等教育段階で求められる教育の一つとして、異なる文化を持つ人々を受容し、共生することができる態度・能力を育てることが指摘されています。また、異文化やその文化を持つ人々を理解し、受容することは、同時に自国やその文化を理解し、その文化を基に自身が自己確立していることが必要であると述べられています（文部科学省, 2005）。国際社会で求められる態度・能力として、異文化への理解のみならず、自文化への理解の必要性が示されています。

　新学習指導要領外国語科の目標の（3）には「外国語の背景にある文化に対する理解を深め、他者に配慮しながら、主体的に外国語を用いてコミュニケーションを図ろうとする態度を養う」（文部科学省, 2018a, p.72）ことが掲げられています。そして、解説では「言語を学ぶことは、その言語を創造し継承してきた文化や、その言語を母語とする人々の考え方を学ぶことでもある」（文部科学省, 2018a, p.73）と述べられています。

　また、教材選定の観点では、「英語を使用している人々を中心とする世界の人々や日本人の

日常生活、風俗習慣、物語、地理、歴史、伝統文化、自然などに関するものの中から、児童の発達の段階や興味・関心に即して適切な題材を変化をもたせて取り上げる」（文部科学省, 2018a, p.134）とされています。外国語科では、英語の背景にある文化に対して関心を持ち、理解を深めようとする態度を養うために役立つような教材研究が求められています。

　一方、外国語活動の目標の（3）には、「外国語を通して、言語やその背景にある文化に対する理解を深め、相手に配慮しながら、主体的に外国語を用いてコミュニケーションを図ろうとする態度を養う」（文部科学省, 2018a, p.15）ことが挙げられています。そして、日本と外国の言語や文化について理解することの項目には、「異なる文化をもつ人々との交流などを体験し、文化等に対する理解を深めること」（文部科学省, 2018a, p.27）と、異文化交流についても言及しています。また、外国語や外国の文化についての理解を深めるだけではなく、国語や我が国の文化についても、理解を深めようとする態度を養うこととされています。

　筆者は「小学校外国語」の授業の中で、教職課程の学生と留学生の異文化交流を実施しています。大学周辺の「お勧めスポット」についてパワーポイントなどを使って、英語で紹介する発表活動を留学生は毎年楽しみにしています。

2.2　外国語活動教材、高学年検定教科書に見る異文化理解

　この節では、外国語活動・外国語科の教材から、異文化理解に関わる活動を取り上げ、小学校外国語教育での異文化理解のねらいを考えます。

①『Let's Try！1』Unit 8 What's this?　これなあに？

単元目標：外来語とそれが由来する英語の違いに気付き、身の回りの物の言い方や、ある物が何かを尋ねたり答えたりする表現に慣れ親しむ。

主な活動例：ペアやグループで、身の回りの物に関するクイズを作って、相手に伝える目的を持って動作を交えながら尋ねたり答えたりする。

異文化理解の視点：外来語を通して、英語との音の違いに気付き、また日本語に入ってきている外来語を見直す体験をする。

②『Let's Try！2』Unit 5 Do you have a pen?　おすすめの文房具セットをつくろう

単元目標：文房具などの学校で使う物や、持ち物を尋ねたり答えたりする表現に慣れ親しむ。

主な活動例：デジタル教材を視聴し、世界の子どもたちがかばんの中に持っている物を知り、自分たちの持ち物と比べて気付いたことを記入する。

異文化理解の視点：スウェーデン、韓国、アメリカの子どもが自分のかばんの中身を紹介している様子から、同世代の世界の子どもの学校ではどのような授業や学校生活かを考える。

③『Here We Go！5』Unit 6 I want to go to Italy.

単元目標：行きたい国やそこでできることを紹介することができる。

主な活動例：行きたい国についてポスターを作り、「一日親善大使」になって、その国の魅力を紹介する。

異文化理解の視点：世界のさまざまな国や地域に興味を持ち、その国を旅行したらどのよう

なことができるかを、興味を持って調べていく。

④『Here We Go！6』Unit 2 Welcome to Japan.　日本の文化

単元目標：日本の行事やそこでできることを紹介することができる。

主な活動例：外国からの訪問客に自分たちが選んだ日本の行事を紹介する。

異文化理解の視点：世界の小学生が自分の国の祭りや行事を紹介する動画を視聴し、どのようなことをするかを聞き取り、気付いたことを話し合う。

　日本を紹介するチャンツ♪Ｉ♡Japanを聞いてみましょう。日本文化を外国の方にどのように紹介したらよいのかを考えましょう。

音声

3. 指導者に求められる異文化理解

　ここでは、異文化理解に関して指導者としてどのような知識を身に付けていけばよいのかを考察していきます。英語を使って、異なる文化背景を持つ人々とコミュニケーションする体験の場や、異言語や異文化を尊重する態度を育てる機会を与えるためには、知識だけでなく指導者自身にそのような経験があることが望ましいでしょう。筆者の勤務校では、児童学を学ぶ海外研修や春休みの英語キャンプなど、小学校教員養成課程の学生が異文化に触れる機会を提供しています。また、海外からの留学生と日本人学生が交流できる English Lunchは、キャンパス内で身近に異文化交流ができる場となっています。このように、学生生活の中で自らの視野を広げる体験を増やしておくことが外国語活動・外国語科で児童の異文化理解力を育む指導につながります。

Discussion Topic

身近な環境で実施できる異文化交流を企画し、その際の留意点について、話し合いましょう。

【参考文献】

光村図書（2020）『Here We Go! 5』『Here We Go! 6』光村図書.

文部科学省（2001）『小学校英語活動実践の手引』開隆堂出版.

文部科学省（2005）「初等中等教育における国際教育推進検討会報告 〜国際社会を生きる人材を育成するために〜」
　　〈https://www.mext.go.jp/b_menu/shingi/chousa/shotou/026/houkoku/attach/__icsFiles/afieldfile/2018/01/19/1400589_001.pdf〉2021年7月1日アクセス.

文部科学省（2008）『小学校学習指導要領解説　外国語活動編』東洋館出版.

文部科学省（2018a）『小学校学習指導要領（平成29年告示）解説　外国語活動・外国語編』開隆堂出版.

文部科学省（2018b）『Let's Try！1』『Let's Try！2』東京書籍.

萬谷隆一「第1部 第9章 国際理解教育と英語教育」岡秀夫、金森強（編著）（2012）『小学校外国語活動の進め方－「ことばの教育」として－』成美堂.

東京学芸大学（2017）『文部科学省委託事業「英語教員の英語力・指導力強化のための調査研究事業」平成28年度報告書』東京学芸大学.

英語の書き方

🔑 学びの キーワード	アルファベット、4線、板書、提示物、ヘボン式ローマ字、訓令式ローマ字
✅ 学びの ポイント	高学年の外国語科では、新たに「読むこと」「書くこと」が導入され、**アルファベット**を**4線**に正しく書くことが求められます。本章では、正書法についての理解を深め、外国語科での**板書**や**提示物**での英語の正しい表記を学びます。また、外国語科で使われる**ヘボン式ローマ字**を国語科で学ぶ**訓令式ローマ字**と比較をしながら、その表記を確認しましょう。

1. 英語の正しい表記

1.1　文の書き方

①英語の文字

　アルファベットの書き方を確認しましょう。大文字は全て2線目と4線目の間に書きます。

ABCDEFGHIJKLM

NOPQRSTUVWXYZ

　小文字は4線の中央の1マスに入るもの（一階建て）、4線の上の2マスに入るもの（二階建て）、4線の下の2マスに入るもの（地下室）があります。「♪小文字たいそう」で文字の形に慣れましょう。

動 画

一階建て　■aceimnorsuvwxz

二階建て　■bdfhklt

地下室　■gjpqy

②英語の単語

　次の例を基に英語の単語の書き方を確認しましょう。

moon　book　apple　Sato Hiroto　Tokyo

1. 文字と文字の間はつめすぎず、あけすぎずに。

2. 人の姓名や地名の最初の文字は、大文字で書きます。

3. 姓と名前の間は、小文字1文字分くらいあけます。

③英語の文

　次の例文を基に英語の文の書き方を確認しましょう。

Are you a junior high school student?　No, I'm not.

1. 文は大文字で書き始めます。

2. 単語と単語の間は小文字1文字分くらい（○）あけて書きます。

3. 疑問文では、クエスチョンマーク（?）を文の終わりに付けます。

4. 文と文の間は単語と単語の間より少し広めにし、小文字2字分くらい（○○）あけて書きます。

5. 文の最初にくる Yes, No などのあとにはコンマ（,）を付けます。

6. I（「わたしは」）はいつも大文字になります。

7. I'm の（'）はアポストロフィといいます。

8. 文の終わりにはピリオド（.）を付けます。

　英語の文字、単語、文の書き方を小学校英語の検定教科書などから抜粋しました。英語の正しい表記の仕方の基礎的なものばかりですが、板書や提示物を英語で書く場合にはどれも気を付けたいルールばかりです。

1.2　指導案や提示物の英文

　外国語活動・外国語科の指導案には、言語材料や発話例として英文を入れることがよくあります。学級担任の先生が書いてくださった指導案を拝見すると、マイクロソフトワードでの英文作成に慣れていないと感じることがよくあります。実際の指導案例を見ながら、文書での英語の正しい表記を確認しましょう。

過程（時間）	活動内容	HRT	ALT/JTE
文字あてゲーム （10分）	アルファベットソングを歌う 大文字を復習する HRT/ALT/JTE で活動のデモンストレーションをする	Let's sing the Alphabet Song. Please stand up. Let's review the capital letters. It's "Game Time"! Please watch us carefully. What's this letter? Ss: H!	Let's play "What's this letter?" Let's review the letters of the alphabet in a quiz. Please come closer and sit down. Good job! It's "H".

　指導案のフォーマットは学校によってさまざまですが、上記のように学級担任とALTや日本人外部指導者がティーム・ティーチングで授業をする場合には、発話例を指導案に英文で書いておくことがあります。英語のフォントは Century や Times New Roman が見やすいと思います。ただし、絵カードやワークシートは、a の文字が手書きのブロック体に近い **UD デジタル教科書体**というフォントがお勧めです。ワークシートなど4線上にぴったり文字を打ち込みたい場合は、専用のソフトを利用する方法もあります。

1.3　指導での配慮事項

　日頃英語を使い慣れていない小学校の先生は、英語での板書や指導案に記載する英文表記

に自信がない方も多いようです。研究授業などの前には、板書計画や指導案、ワークシートの英語表記を ALT や日本人外部指導者などに目を通してもらいましょう。

2. 高学年外国語科の授業で使用するローマ字

2.1 第3学年の国語科で習うローマ字

日本語のローマ字表記については、昭和29年内閣告示の「ローマ字のつづり方」に沿って指導することになっています。そして、国語を書き表す際に使う綴り方とされている訓令式ローマ字表記が第3学年の国語科で指導されています。訓令式ローマ字では、日本語の音が子音と母音の組み合わせで成り立っていることを理解することが重視されてきました（文部科学省, 2018）。しかし、訓令式のローマ字表記は英語では発音しにくいものが多く、外国語活動で児童の名札の名前を ALT が読めないというような問題も出てきました。

2.2 ヘボン式ローマ字

訓令式に対して、ヘボン式ローマ字はパスポートの氏名記載に使われるローマ字で、外国の人たちとのコミュニケーションでは便利な表記です。外国語活動では、名前や地名の表記はヘボン式ローマ字を使うことが多いです。

学習指導要領解説によると、「書くこと」の言語活動に関して上記の「ローマ字のつづり方」に言及し、「高学年の外国語科においては、国際的な共通語として英語を使用する観点から、できるだけ日本語の原音に近い音を英語を使用する人々に再現してもらうために、第2表に掲げた綴り方のうち、いわゆる『ヘボン式ローマ字』で表記することを指導する」（文部科学省, 2018, p.114）とされています。ヘボン式ローマ字は小学校英語の検定教科書に掲載されています。高学年でヘボン式ローマ字を使い慣れておくことで、中学校の英語科へのスムーズな接続ができるようになります。

3. 書く力を支える正書法

英語教育コア・カリキュラムでは「正書法」は外国語活動・外国語科の授業づくりに密接に関わる知識であり、自信を持って授業を行うために養成段階からその知識を十分に身に付けておくことが肝要（東京学芸大学, 2017）とされています。前節までは、外国語の指導で必要な基本的な英語の書き方についてまとめましたが、この節では、英語で分かりやすい文章を作成する上でのルールについて詳説します。

3.1 英語のフォントと書体

指導案や e-mail、または実践報告の論文などを英語で書く際の字体のことをフォントと言います。指導案や掲示物の項でも少し触れましたが、指導案に英文を入れる場合、Century というフォントがよく使われます。また、学会論文の場合、Times New Roman というフォント

が指定されることもあります。小学校英語教育関連の学会誌では、日本児童英語教育学会（JASTEC）の研究紀要は Century で 10.5 ポイント、小学校英語教育学会（JES）の JES Journal では Times New Roman で 12 ポイントという規定になっています。指導案で英文を入れる場合は、半角英字でフォントを設定して、読みやすい字体で作成しましょう。

　書体は通常、レギュラーの設定のままで構いませんが、書類のタイトルや見出し、また強調したい部分がある場合は、太字（bold ボールド）の書体を使います。書名が英語の場合は *The Very Hungry Caterpillar* のように斜字（italics イタリック）の書体を使います。また、強調したい場合には下線（underline アンダーライン）を使います。

3.2　英語の記号

　簡単な文章を英語で表記する上で必要な幾つかの記号について、使い方を確認しましょう。コンマやピリオド以外に、句読点としてはセミコロン（;）が使われることがあります。セミコロンは、ピリオド（.）より軽く、コンマ（,）より重い性質を持っています。二つの文が互いに対照されている時などに使います。セミコロンの後は文章が続きますので、次の文は小文字で書き始めます。セミコロンと似た句読点にコロン（:）がありますが、こちらは説明や引用の句の前、時間、対比を表す数字の前などに用います。指導案では、Date: April 26, 2018 のようにコロンを使います。他には、ハイフン（-）、アンダーバー（_）、アポストロフィー（'）、引用符クオテーションマーク（" "）などが使われます。アポストロフィーは、What's this?（=What is this?）のように短縮する時に使われますが、よく見かける誤表記で、What's color do you like? があります。こちらは何色という What color が正しいのですが、短縮される is がこの文では不要であることに注意すれば、エラーを防げます。また、指導案に英語台本を入れる場合は日本語の「　」ではなく、引用符を使い、"Let's play a game!" のように表記した方が見やすいです。

Discussion Topic

「書く」ことの活動は、教師が想像する以上に時間がかかると言われています。文字を書き写すことに時間がかかる児童への配慮の仕方を考えましょう。

【参考文献】

アメリカ心理学会（APA）（著）前田樹海、江藤裕之、田中建彦（訳）（2011）『APA 論文作成マニュアル第2版』医学書院 .

文部科学省（2018）『小学校学習指導要領（平成29年告示）解説　外国語活動・外国語編』開隆堂出版 .

光村図書（2020）『Here We Go! 5』『Here We Go! 6』光村図書 .

東京学芸大学（2017）『文部科学省委託事業「英語教員の英語力・指導力強化のための調査研究事業」平成28年度報告書』東京学芸大学 .

Unit 11
英語コミュニケーション（聞くこと）

> 🔒 **学びの
> キーワード**　英語運用力、教科化、英語コミュニケーション、4技能、ティーム・
> ティーチング
>
> ✅ **学びの
> ポイント**　「外国語に関する専門的事項」では、授業実践に必要な**英語運用力**を身に付
> けることも目標とされています。児童と英語でのやり取りができる英語力
> をバランスよく身に付けるために、本章からは**教科化**された外国語科の領
> 域ごとの内容を学習指導要領を基に確認し、指導者に求められる英語運用
> 力について考えます。本章では、まず「聞くこと」を扱います。

1. 4技能

　言語を処理する四つの技能、聞くこと（listening）、読むこと（reading）、話すこと（speaking）、書くこと（writing）のうち、聞くことと読むことの二つの能力を受容能力、話すことと書くことの能力を産出能力と分類することができます。新学習指導要領では小学校外国語の教科化に伴い、読むことと書くことが導入されました。中学年の外国語活動では、聞くことと話すことを中心とした活動を通して外国語に慣れ親しみ、外国語に対する興味・関心を高めた上で、教科型外国語では高学年の発達段階に応じて段階的に読むことと書くことを加え、外国語を総合的・系統的に扱っていきます（文部科学省, 2018）。小学校外国語科では、4技能の指導ができる小学校教員の養成が課題となっています。

2. 小学校外国語科での聞く活動

音声

2.1　検定教科書での聞く活動

　『Here We Go! 5』Unit 5 He can run fast. She can do *kendama*. の単元を取り上げ、Let's listen. の聞く活動を見ていきます（光村図書, 2020）。『Here We Go! 5』『Here We Go! 6』の紙面では、Hop! の見開きページに目標言語に関わるイラストが描かれており、指導者用デジタル教科書でアニメーションのストーリーを視聴できるようになっています。このストーリーの聞き取りは、学習指導要領の聞くことの目標のうち「ゆっくりはっきりと話されれば、日常生活に関する身近で簡単な事柄について、短い話の概要を捉えることができるようにする」に該当します。学習指導要領では、聞くことの内容として「イラストや写真などを参考にしながら聞いて、必要な情報を得る活動」が示されていますが、この活動ではアニメーションが内容理解の助けとなる支援としての役割を果たしています。

次ページからの Step 1, Step 2 には、前述のアニメーションの一部を聞いて、質問に答える Let's watch. と、音声を聞きながらできることとできないことを紙面に記入したり、先生についての説明を聞いて、それぞれの先生ができることを線で結んだりする Let's listen. の活動があります。小学校の休み時間に友達同士で好きなことやできることを話している場面や、母親に写真を見せながら、それぞれの先生ができることを話している場面など、どの活動も目標言語だけを使ったやり取りでなく、自然な文脈の中である程度長いやり取りを聞き取るものです。オーストラリア出身の Lily の発話には、"I don't like <u>ball games</u> very much." "I like <u>marine sports</u>." など、既習事項でない表現もありますが、聞いて意味が理解できる受容語彙として扱われています。新しい表現であっても何となく聞き取れて、ball games はサッカーや野球を、marine sports はサーフィンや水泳を指していることに気付けるとよいでしょう。聞く活動では、全て聞き取れなくてもキーワードから推測して内容を理解しようとする児童の態度を育てるために、指導者も教材研究をしながら、長めの音声教材も聞き取れるようにしておきましょう。中学年の外国語活動で聞くことや話すことに慣れ親しんできた5年生の2学期での単元であることを考えると、検定教科書にあるこのような聞く活動ができることが想定されます。

2.2　指導者の指示英語

　英語で進める外国語活動・外国語科では、児童は英語で授業の指示を聞きます。"Let's start today's English class!" "Let's sing the Hello Song." などの Classroom English（教室英語）を聞きながら、児童は指示されたことを行動に移します。また、新しい言語材料の導入の際に、学級担任と ALT や JTE（日本人外部指導者）がティーム・ティーチングで目標言語を使いながら、簡単なやり取りを聞かせることも児童にとって効果的なリスニング活動になっています。

2.3　TPR（Total Physical Response：全身反応法）

　TPR は小学校英語、特に低学年でよく使われる教授法です。これはアメリカの応用言語学者アッシャーが提唱したもので「言語活動と全身動作とを連合させることによって目標言語を定着させようとするもの」（白畑他, 2019, p.312）です。母語習得では、話す能力よりも聞く能力を先に習得することに着目したアッシャーは、外国語学習でも話す練習よりも聞く練習を優先させる方が効果的だと考えました。教師の指示に対して学習者が動作をする TPR はとても楽しい活動であり、話すことが強要されないため、精神的な負担も少ないです。

2.4　絵本の読み聞かせ

　国語教育でも「読み聞かせ」は積極的に取り入れられていますが、外国語活動においても、ある程度まとまりのある英語を聞くことができる機会として、英語絵本の読み聞かせは効果的な聞く活動です。英語絵本を通して、英語特有の音やリズムに慣れ親しみ、イラストをヒントにストーリーを推測する力を付けることができます。児童文学としての絵本については Unit 7 で、また絵本の読み聞かせの指導法については第三部 Unit 14 で扱います。

2.5　やり取りを通しての「聞くこと」

　『Here We Go! 5』『Here We Go! 6』の各単元には児童同士で、または先生にインタビューする言語活動があります。インタビュー活動では相手に質問をしながら、答えを聞き取ります。『Here We Go! 5』Unit 5 Jump! のページには学校の先生にインタビューして、その先生ができることやできないことについて紹介する活動があります。例えば、"Can you play the recorder?" と質問したら、"No, I can't. But I can play the guitar." という先生の答えの内容をきちんと聞き取る必要があります。また、自然な会話では、答えた後に "How about you? Can you play the recorder very well?" など、質問を返される場合もありますので、相手の質問を聞き取り、返答することでやり取りが成り立ちます。このように授業での聞く活動には視聴覚教材、学級担任や ALT の発話を聞くこと以外に、友達や先生とのやり取りでの聞き取りも含まれます。

3.　学級担任に求められる聞く力

　小学校外国語科でどのように聞く活動が取り入れられているかを解説しましたが、このような聞く活動を指導する小学校教員には、どの程度の聞く力が求められるでしょうか。英語教育コア・カリキュラムでは、授業実践に必要な聞く力として、児童の英語を聞き取ることの他、ALT が話していることを正確に理解し、音声教材の内容を正確に聞き分けられる力が挙げられています（東京学芸大学, 2017）。繰り返し、良質な英語の音声に触れ、その特徴を正しく理解できるように、英語を聞くことに慣れていきたいものです。

4.　効果的なリスニングトレーニング

　小学校外国語科で扱われる聞く活動、そして指導者に求められる聞く力が明らかになったところで、聞く力を身に付けるための具体的な練習法を考えていきます。村野井（2006）が提案している効果的なインプットの取り入れ方は、筆者が指導している小学校教員養成課程の学生たちがリスニング学習を考える際にいつも参考にしているので、ここでも紹介したいと思います。質の良い第二言語のインプットとして、①リスニング教材を探す場合は、自分が理解できるレベルの少しだけ上のものを探す　②自分にとって面白いもの、自分の興味・関心に合っているものをリスニング教材として使う　③できるだけ本物のコミュニケーションのために発信された題材を使う　④音声教材として使う教材ですが、文字で書かれたものが付いている教材を探す、ということを村野井は勧めています。

　近年、インターネットの普及でこれらの条件を満たしたリスニング教材を見つけることが容易になってきました。NHK のテレビ番組やラジオ番組などは初心者向けのリスニング教材としての利用価値が高いです。テレビの海外ドラマや映画も衛星放送の普及で、教材として

の選択肢が増えてきています。また、DVD を活用すれば、音声や字幕を自分のレベルに合わせて英語、日本語に切り替えながら視聴することもできるので、興味のあるリスニング教材を探しやすくなっています。

　また、教材に頼らなくても、学校に ALT が派遣されている場合は、積極的にコミュニケーションを取り、日常的に英語に触れる機会を作りましょう。職員室で１人で過ごすことも多い ALT にとって、英語で会話できる同僚はとてもありがたい存在になるでしょう。

5. 英語が聞き取れるということ

　学級担任が英語を聞く力を付けると、授業中に ALT との自然なコミュニケーションのモデルを児童に見せられるようになります。先生が ALT の質問を理解し、英語で的確に答えている様子は、子どもたちにとって「自分もそうなりたい」という動機付けにつながります。そして、英語のリスニング力があると、ALT との打ち合わせがスムーズにできるようになります。日本語があまりできない ALT と授業の準備を進める際に、担任の先生が ALT の意見をきちんと理解して授業に反映できれば、より効果的なティーム・ティーチングができます。

　最後に、英語を聞く力が付くということは英語の発音の特徴を理解できるようになり、また語彙力が付いているということが言えます。つまり、聞く力が向上することで、相乗効果として、話す力も伸びるのです。自分が聞き取れない音は正しく発音できない、裏を返すと聞き取れるようになると英語らしく発音できるようになり、また語彙が増えることでよりスムーズに英語を話すことができるようになるわけです。

　小学校外国語科の検定教科書には、聞く活動がたくさんあります。まずは検定教科書の教材研究を通して、英語を聞く機会を増やしていきましょう。そして、少し英語の音に慣れてきたら、NHK の英語番組などに挑戦してみてはいかがでしょうか。NKH for School のプログラムや語学講座視聴など、手軽に英語を聞ける教材を探しましょう。

> **Discussion Topic**
>
> 小学校教員として外国語科の指導をする際に求められる英語のリスニング能力について話し合いましょう。

【参考文献】
光村図書（2020）『Here We Go! 5』『Here We Go! 6』光村図書 .
村野井仁（2006）『第二言語習得研究から見た効果的な英語学習法・指導法』大修館書店 .
文部科学省（2018）『小学校学習指導要領（平成 29 年告示）解説　外国語活動・外国語編』開隆堂出版 .
白畑知彦、冨田祐一、村野井仁、若林茂則（2019）『英語教育用語辞典 第 3 版』大修館書店 .
東京学芸大学（2017）『文部科学省委託事業「英語教員の英語力・指導力強化のための調査研究事業」平成 28 年度　報告書』東京学芸大学 .

Unit 12
英語コミュニケーション（読むこと）

**学びの
キーワード** アルファベットの名前、アルファベットの音、文字の識別、大文字、
小文字、絵本

**学びの
ポイント** 小学校外国語科での読むことの目標は、「活字体で書かれた**文字を識別**し、
その読み方を発音することができるようにする」「音声で十分に慣れ親しん
だ簡単な語句や基本的な表現の意味が分かるようにする」（文部科学省 ,
2018, p.78）ことの二つです。本章では、小学校外国語科で扱われる読む活
動について概観し、指導者として求められる読む力について考えます。

1. 小学校外国語科での読むことの内容

　読むことは今回の改訂で新しく導入された項目ですので、学習指導要領解説から外国語の
授業での読む活動の内容を確認しましょう。読むことの内容として、言語活動に関する事項
の中では、以下の四つの項目が挙げられています（文部科学省 , 2018）。

　　（1）活字体で書かれた大文字・小文字を識別する活動

　　（2）活字体で書かれた文字の読み方を適切に発音する活動

　　（3）身近で簡単な内容の掲示やパンフレットなどから必要な情報を得る活動

　　（4）簡単な語句や基本的な表現を絵本などの中から識別する活動

　（1）、（2）は英語の文字、つまりアルファベットの名称を読めるようになる、という活動で
す。アルファベットの大文字は 3 年生、小文字は 4 年生の外国語活動で既に扱っていますが、
高学年では、A, a という文字を見て、/ei/ という名前の文字であり、A はその大文字、a はそ
の小文字であると認識できるように、丁寧で確実な指導をすることが求められています。こ
こで言う「文字の読み方」とはアルファベットの名前、すなわち A の名称 /ei/ の読み方を指
しますが、学習指導要領解説では「文字の音の読み方」についても「文字を識別し、語句の
意味を捉えることに役立つ」と述べられています。文字に名前と音があることに気付かせる
ことも指導内容に含まれると考えられます。

　（3）では、掲示やパンフレットなどから必要な情報を得る活動とされていますが、解説で
は、「海外旅行のパンフレットを模した紙面を読んで、行きたい国で有名な食べ物やお勧めの
季節などの情報を得る活動」（文部科学省 , 2018, p.104）という例示があり、この読む活動は
『Here We Go! 5』で扱う行きたい国やそこでできることを紹介する単元で実践できます（光
村図書 , 2020）。

　（4）の簡単な語句や基本的な表現を絵本などの中から識別する活動は、音声で慣れ親しん

だ語句や表現を絵や写真から推測しながら読もうとすることを指しています。絵本には、繰り返しの表現が出てくるものが多く、また絵や写真の助けでストーリーが分かりやすいという特徴があります（文部科学省, 2018）。例えば、*Brown Bear, Brown Bear, What Do You See?* の絵本での語句の識別について考えてみましょう。何度も読み聞かせで聞き、慣れ親しんだ絵本で、紙面にある茶色のクマの絵とｂの文字が /b/ と発音することの知識から、児童は "brown bear" という英語の音を想起します。なお、文字と音との関係については、3年生で学習したローマ字表記の知識も、読み方を推測する上で有効な支援になるとされています。次節では、検定教科書から実際の読む活動を具体的に取り上げます。

2. 検定教科書での読むことの活動

2.1　活字体で書かれた文字を見て、その読み方を適切に発音する活動

　『Here We Go! 5』Unit 1 Hello, everyone. の単元のアニメーション映像では、新学期に登場人物が挨拶をする中で、自分の名前をスペルアウトする場面があります。初めて聞いた名前が聞き取りにくかった時に "How do you spell it?" と尋ねて、相手の名前をどう書くかを教えてもらうという状況を自然な会話の中で提示しています。そして、自己紹介の言語活動では、"My name is Shingo." と自分の名前を紹介した後、"S-H-I-N-G-O." と自分の名前のアルファベットを発音します。学習指導要領では、身近な場所にある看板や持ち物に記されている活字体で書かれた文字（CD, SOS, DVD, RPG, など）にも意識を向けるような活動も取り入れるようにと解説されています。

2.2　友達が書いた発表原稿から、自分が必要とする情報を得る活動

　『Here We Go! 6』Unit 9 Junior High School Life の単元を取り上げ、読む活動を見ていきます。Let's listen and read. では、中学校でがんばりたいことの発表原稿から教科書の登場人物が入りたい部活動や将来の夢の情報を得る活動をします。初頭音を手掛かりに、baseball team という語句を読み取り、野球部に入りたいという情報を得ます。また、elementary school teacher という語句から、小学校の先生になることが夢だということを読み取ります。

　6年生の最後の単元では、このように単元のテーマに沿った、まとまった内容からその意味を捉える活動が設定されています。これは、読むことの言語活動のうち（エ）音声で十分に慣れ親しんだ簡単な語句や基本的な表現を、絵本などの中から識別する活動の一例となります。絵本以外の身近な事柄の紹介文と位置付けられますが、まず読ませる語句や表現に十分に慣れ親しませることが必須であるとされています。アルファベットの読み方を想起させながら、語句の読み方を推測させるような指導が求められます。

Let's listen and read.
I want to join the baseball team. I like baseball very much. I want to study English hard, too. I want to be an elementary school teacher. I like school lunch very much. 　　　　　　　　　（光村図書, 2020）

3. 学級担任に求められる読む力

　指導者としてアルファベットの文字と音の認識について指導する際には、できるだけ正確な発音で指導したいものです。まずは、アルファベット26文字の名前を正確に発音できるように練習しましょう。AからZまでの文字の名前は英語の母音と子音を網羅していると言われています。次はB /b/, C /k/ などのアルファベットの音です。Unit 3で学んだ「フォニックスアルファベット・ジングル」や「発音たいそう」をもう一度復習しましょう。また、英語の発音練習ができるサイトなどを活用して、英語の音に慣れていきましょう。

　英語教育コア・カリキュラムでは、授業実践に必要な読む力を身に付けることについて「授業で児童文学を読み聞かせたり、子ども向けの英語の歌や詩を扱ったりする際に、意味内容を理解し、文字と音を正確に結び付け、英語のリズムを崩さずに読めるようになることが大切」（東京学芸大学, 2017, p.103）と述べられています。そのためには、児童文学や子ども向けの歌や詩に親しむことが肝要とされています。授業で扱う絵本や歌などの教材研究をしながら、できれば音声教材を使って何度も練習をすることが指導に生かされます。Unit 7 では、読み聞かせに適した絵本を紹介していますので、参考にしてください。

4. 授業準備や打ち合わせで必要な読む力

　小学校外国語科の授業実践では、英語の長文を読むような指導は必要ありませんが、高学年で取り上げる歌の中には、歌詞の語句や表現が難しいものもあります。事前に歌詞をよく読み、どのようなメッセージが含まれているかを調べておくと、歌の導入がうまくいくでしょう。以下は、検定教科書『Here We Go! 5』『Here We Go! 6』に収録されている歌のリストです（光村図書, 2020）。

This Is the Way / I Love the Mountains / It's a Small World / Pease Porridge Hot / On Top of Spaghetti / Everyone Is Special / How Do You Do? / Do-Re-Mi / Take Me Out to the Ball Game / A Sailor Went to Sea / Humpty Dumpty / Sing / Bring Happiness to the World / Over the Rainbow / I Think You're Wonderful

---

　以下の♪ A Sailor Went to Sea の歌詞を読んでみましょう。歌の意味を読み取り、授業ではどのように導入すればよいかを考えてみましょう。

　　A sailor went to sea, sea, sea,

　　To see what he could see, see, see,

　　But all that he could see, see, see,

　　Was the bottom of the deep blue sea, sea, sea.

　検定教科書には「英語を話す国の子どもたちに親しまれている手合わせ遊びの歌です。同じ音で表される２つの単語の、意味のちがいを考えながら歌ってみましょう。」（光村図書, 2020, p.58）と書かれています。歌の意味については解説されていませんが、歌詞を理解することで、指導者としてこの歌をどのように子どもたちに指導するかのアイデアがふくらむでしょう。

　授業準備では、指導案の英語を素早く読める力があると授業づくりが効率的に進められます。声を出してクラスルーム・イングリッシュを練習し、教室で使う英語を読めるようにしましょう。また、ALT との連絡をスムーズに進めるために、ALT からの e-mail を英文で読み、内容を理解できるようにしたいものです。以下、e-mail のサンプルを読んでみましょう。

TO: Hitomi Higashi
FROM: Ivan Su
DATE: May 17
SUBJECT: Tomorrow's lesson

Dear Higashi sensei,

Thank you for sending me tomorrow's lesson plan. I understand that I will introduce myself and my hometown in the class. Shall I bring some pictures of my family and my house in Canada? I think the students will enjoy looking at my pictures. I am wondering if I can use my computer in the English room. If so, I will make a PowerPoint presentation. I am looking forward to teaching with you tomorrow.

Best regards,
Ivan

Discussion Topic

外国語科の授業で使えそうな英語の歌をリストから1曲選んで、歌詞を読んでみましょう。歌詞の意味が分からない所は和訳を探します。歌のメッセージを理解した上で、実際の授業でどのように指導できるかを考えてみましょう。

【参考文献】
光村図書（2020）『Here We Go! 5』『Here We Go! 6』光村図書.
文部科学省（2018）『小学校学習指導要領（平成29年告示）解説　外国語活動・外国語編』開隆堂出版.
東京学芸大学（2017）『文部科学省委託事業「英語教員の英語力・指導力強化のための調査研究事業」平成28年度報告書』東京学芸大学.

Unit 13
英語コミュニケーション（話すこと）

> **学びのキーワード** 意味のあるやり取り、Classroom English、Teacher Talk、相づち表現

> **学びのポイント** 指導者が質の高いインプットを与え、児童や ALT と**意味のあるやり取り**をするためには、分かりやすい指示（**Classroom English**）、学習者の実態に合わせて効果的に調整された発話（**Teacher Talk**）、会話のやり取りをスムーズに進めるための**相づち表現**などが必要です。本章では、小学校外国語科での話す活動を概観し、指導者として授業実践に必要な話す力について考えます。

1. 小学校外国語科での話す活動

1.1 ［やり取り］と［発表］の二つの領域

　新学習指導要領では、話すことが「やり取り」と「発表」の二つの領域に分けられ、目標が設定されました。CEFR（ヨーロッパ言語共通参照枠）では、スピーキングの技能を「話すこと（やりとり：interaction）」「話すこと（発表：production）」という二つの領域に分け、単に知識・技能を身に付けるだけではなく、知識・技能を活用して、思考したり表現したりする言語能力を示しています（第一部 Unit 11参照）。この CEFR の指標を踏まえて、これまで「4技能」と称されることが多かった「聞くこと」「話すこと」「読むこと」「書くこと」について、今回の改訂では、国の指標形式の目標において五つの領域として示しています。

　話すことのうち、「やり取り」の内容については（1）挨拶・指示・依頼でのやり取り（2）自分の考えや気持ちを伝え合うやり取り（3）ペアでの短い会話でのやり取りが挙げられます。一方、「発表」については、（1）時刻や日時、場所などを話す活動（2）趣味・得意なことなどを含めた自己紹介をする活動（3）学校生活・地域に関することなど、考えや気持ちを話す活動が示されています（文部科学省, 2018a）。次項では、外国語活動教材、高学年検定教科書からそれぞれの領域での話す活動を紹介します。

1.2 中学年外国語活動での話すこと［やり取り］の活動

　『Let's Try! 1』Unit 4 I like blue. の単元の話すこと［やり取り］の目標は、「自分のことや身の回りの物について、動作を交えながら、自分の考えや気持ちなどを、簡単な語句や基本的な表現を用いて伝え合うようにする」（文部科学省, 2018a, p.21）です。第4時での Let's Play では、友達の好き嫌いを予測するインタビュー活動を行います。ペアになり、紙面に描かれている色やスポーツについて、好き嫌いを予想して○×を書かせます。次に互いに質問し合い、予想と合っているかを確認します。学習指導案には、この活動を行う際の指導者の

124

活動と使用英語例が示されています。以下の英語表現を使って、児童に活動の指示ができるかを自己評価してみましょう。

使用英語例：Please make pairs. Please guess if your partner likes this or not. Please draw a circle or a cross in the box. Please ask each other.

1.3　高学年外国語科での話すこと［発表］の活動

『Here We Go! 5』Unit 9 My hero is my brother. の単元の話すこと［発表］の目標は、「職業や性格などを言って、身近な憧れの人を紹介することができる」とされています。第8時に行う You can do it！では、グループになって、自分の憧れの人について紹介し合います。以下は、この言語活動の際に指導者が示す Small Talk の例です。この単元を指導することを想定し、読んでみましょう。

"Look at this picture. Do you know him? Yes. He is Hanyu Yuzuru. What is he good at? Yes. He is good at skating. He can skate very well. He can speak English well, too. He is very smart. I like him very much. He is my hero. Who is your hero?"

（光村図書『Here We Go! 5』指導者用デジタル教科書より）

2.　小学校外国語科の指導で求められる話す力

2.1　小学校教員研修 外国語（英語）コア・カリキュラム

外国語の指導で必要な話す力を見ていく上で、まずコア・カリキュラムで示されている教員研修での英語力の到達目標に目を通してみましょう。

1）授業で扱う主たる英語表現を正しく話すことができる。

2）発音や強勢・リズム・イントネーションを意識した発話ができる。

3）板書や掲示物を正しい英語で書ける。

4）ALT 等と授業について英語で打ち合わせできる。

5）クラスルーム・イングリッシュを土台に、児童と意味のあるやり取りができる。

6）児童の発話や行動に対して、正しい発話に導くために適切な言い直しができる。

7）児童の理解を促すために適切な言い換えができる。

8）児童の発話や行動を共感的に受け取めたり、さらにやり取りを進めたりするために、即興的に英語で反応できる。　　　　　　　　　　（東京学芸大学 , 2017, pp.81-82）

教員養成段階で到達を目指す目標ではないのですが、学級担任に求められている英語力の目安として参考になるのではないでしょうか。そして、8項目の目標のほとんどが話すこと、あるいは聞いて話すことの領域になっていることに注目したいと思います。次項からは、これらの目標を達成するために、指導者として実際にどのような力を付けておけばよいかを考えていきます。

2.2　Classroom English

小学生は英語の発話に対して、キーワードをうまく聞き取り、勘を働かせて意味を理解し

ようとする力を持っています。指導者が繰り返し使う指示英語を聞いて、指示されたことができると児童は「英語が分かる」という自信を持ちます。学級担任が英語の指導を始める時にまず覚えてもらいたいのが、この教室英語（Classroom English）です。はっきり、分かりやすい発音でジェスチャーを使いながら、英語で授業を進める力が求められます。

2.3　Teacher Talk

Classroom English を使えるようになってきたら、もう少しレベルを上げて、コミュニケーションをよりスムーズにするための Teacher Talk のスキルを身に付けましょう。Teacher Talk は、学習者に話しかける際に相手に合わせて話し方を調整する発話のことです（白畑他, 2019）。筆者は、日本語があまり得意でない留学生と話す時、自然とゆっくり、分かりやすく話しています。難しい言葉はできるだけ使わず、相手の理解を確認しながら、ポーズを取り、同じことを繰り返して説明したりしています。また、幼児教育に関わる方は、幼児に話しかける時も英語での Teacher Talk の特徴と同じような話し方をしていると思います。Classroom English や Teacher Talk については、第一部 Unit 8、第二部 Unit 6で詳しく扱っています。練習用の音源もありますので、練習して英語で授業を進めることへの自信を付けましょう。

2.4　相づち表現

英語でのやり取りでは、まず自分から相手に質問をする習慣を付けましょう。ただし、聞きっぱなしにならないように、相手が質問に答えてくれたら相づちを打つことを意識します。"Wow!" "Really?" "That's great!" "Cool." "How nice." "Me, too." "I see." "That's too bad." などの相づち表現は会話を豊かにしてくれるマジック・フレーズです。授業の中でも ALT との導入の掛け合いで大活躍する表現です。また、児童の発話に対しても何らかの反応をすることを心掛けましょう。相づち表現を使い慣れてきたら、インタビュー活動などで児童も相づち表現を使えるように指導すると、英語でのやり取りを途切れず続けていく潤滑油になるでしょう。

2.5　ロールモデルとしての学級担任

学習者のモデルとして、教師自身が積極的に英語を使うことが肝要です。学級担任自らが、間違えてもよいので英語を使うことが大切である、ということを示してほしいものです。そして、ALT 等とのティーム・ティーチングの際には、学級担任が率先して英語を話そうとする態度を見せましょう。ジェスチャーなどを工夫しながら、どうにかして伝えようとする積極的な態度を児童に見せることがとても重要です。

3.　大学の授業で実践できる言語活動例

この節では、筆者が大学の授業で実践している大学生対象の発表活動の事例を紹介します。

3.1　異文化交流活動

筆者が勤務する大学には留学生が多数在籍していますので、教職課程の「外国語」の授業のうち1コマを「異文化交流活動」として留学生との合同授業を実施しています。この授業で

教職課程の学生は、グループで大学周辺のお勧めスポットを調べて、留学生に英語で紹介します。グループ発表のテーマは、「お勧めのラーメン店」「大宮駅周辺のスイーツのお店」「川越のおまつり」「J-popの人気バンド」「日本のゆるキャラ」などで、自分たちが選んだテーマについて写真や動画などを準備して、英語での発表を体験しました。

3.2　Show & Tell

小学校の外国語活動でも実施する発表活動ですが、自分の好きな物を英語で紹介するスピーチをしました。何かを見せながら発表するというスピーチなので、実物を教室に持ち込んだり、写真や動画を用意したりと工夫された発表が多くありました。大事にしているアコースティックギターを紹介した学生は、ギターを弾きながら歌を歌ってくれました。とても性能の良い組み立て式自転車を紹介した学生は、教室に自転車を持ち込み、どのくらいの時間で組み立てられるかを実演してくれました。それまで、大学生活ではあまり英語を使うことがない学生たちでしたが、「自分が好きな物」を紹介するということで、張り切って準備をしました。練習を重ねた後の発表では、英語で自己表現をするという達成感を得ました。

Show & Tellでの発表体験は、小学校の授業でのSmall Talkにつながります。実際に、上手に歌を歌えるペットのカナリアを動画で紹介した卒業生は、外国語活動の初回の授業で、その動画を使って自己紹介をしていました。学生のうちに発表活動に慣れておくと、教壇に立った時に役立つという一例として紹介しました。

4. 効果的なスピーキングトレーニング

小学校教員として「学習者の発話を促すことができるレベル」の話す力を付けるためにどのようなトレーニングをしたらよいでしょうか。まず、多くの教師が苦手意識を持っている英語のリズムですが、簡単な会話表現の練習、文法の復習、というように目的に合わせて、大人の学習者向けのチャンツのテキスト（*Small Talk, Grammar Chant* など, Oxford University Press）を選び、音読練習をするとよいでしょう。

Unit 11で紹介した語学系のサイトには、発話をレコーディングして発音を判定してくれるプログラムもあります。インターネットを活用すれば、オンライン英会話など手軽に勉強する方法がたくさんあります。スマートフォンで使える無料のアプリなども通学・通勤中に試してみましょう。

Discussion Topic

外国語の指導者として、児童がロールモデルにしたいと思う教師像について話し合いましょう。

【参考文献】
光村図書（2020）『Here We Go! 5』光村図書.
文部科学省（2018a）『小学校学習指導要領（平成29年告示）解説　外国語活動・外国語編』開隆堂出版.
文部科学省（2018b）『Let's Try! 1 指導編』東京書籍.
白畑知彦、冨田祐一、村野井仁、若林茂則（2019）『英語教育用語辞典 第3版』大修館書店.
東京学芸大学（2017）『文部科学省委託事業「英語教員の英語力・指導力強化のための調査研究事業」平成28年度報告書』東京学芸大学.

Unit 14
英語コミュニケーション（書くこと）

学びの キーワード 　大文字、小文字、書き写す、ヘボン式ローマ字、4線、文構造や語順への気付き

学びの ポイント 　小学校中学年から外国語活動が導入されたことで、聞くことと話すことを中心とした活動を通じて外国語活動への動機付けを高めた上で、高学年からは段階的に文字を読むこと、書くことを加えた教科学習を行うことができるようになりました。本章では、小学校外国語科での書く活動を概観し、指導者として求められる英語を書く力について考えます。

---

1. 小学校外国語科での書くことの内容

　書くことの内容として、小学校学習指導要領解説外国語活動・外国語編の「言語活動に関する事項」の中では、以下の四つの項目が挙げられています（文部科学省, 2018）。

　　（1）活字体の大文字・小文字を書く活動

　　（2）相手に伝えるなどの目的を持って、簡単な語句を書き写す活動

　　（3）相手に伝えるなどの目的を持って、基本的な表現を書き写す活動

　　（4）名前や年齢・趣味・好き嫌いなどを例の中から言葉を選んで書く活動

　「書くこと」という領域の中で、小学校段階での内容は基本的には「書き写す」活動です。Unit 3でも述べたように、小学校外国語科の指導の中では、発音と綴りを関連付けて指導することは求められていませんので、書く活動では提示された語句や表現があり、その中から自分が言いたい英語を選んで書き写すことが中心となります。

　（1）では、友達やALTの自己紹介を聞いて、"My name is Mami. M-A-M-I." の名前の部分を聞き取り、発表のメモにローマ字や英語で発表者の名前を書く活動などを指します。（2）は例えば、行ってみたい国の単元で自分が行きたい国を考え、I want to go to (　　　). の空所に国名一覧から選んで、国名を書き写す活動などが考えられます。書く活動の前に、国名一覧の英語を読んで意味が分かるようにする活動に取り組むことが必要です。（3）では、表現を書き写す活動ですので、行きたい国でやってみたいことを提示されている英語表現の中から選び、書かれている英文を見ながら一文を書き写す活動などがこの項目に入ります。

　さて、（4）は「書き写す」活動ではなく、「書く」活動とされています。学習指導要領では、「『書き写す』とは、語句や文を見ながらそれらをそのまま書くことである。一方で、『書く』とは、例となる文を見ながら、自分の考えや気持ちを表現するために、例となる文の一部を別の語に替えて書くことである」（文部科学省, 2018, p.113）と解説されています。例となる

表現を「書き写す」だけでは自分に関する事柄は表現できない場合、例を参考にしながら、自分の考えに沿って、一部を別の語に変えて書く活動を示します。この活動では、紹介したい内容を考え、例を参考にして語順を意識して書くことが求められます。児童が言葉を選びながら、伝えたいことを書き写せるような例を提示することが大切です。

2. 検定教科書での書く活動

2.1　活字体の大文字・小文字を書く活動

『Here We Go! 5』では、単元の最後に Fun Time というページがあり、文字あそびをしながら、指導者が言う「ラッキーアルファベット」4文字を4線に書く活動があります。文字の読み方が発音されるのを聞いて、活字体の大文字や小文字を書く活動に当たります。書くことの基本的な指導項目ですが、個人差が大きく出る活動でもあるため、丁寧な指導が必要です。また、文字を書く単調な練習にならないように、「ラッキーアルファベット」を並び替えてみると一つの語句になる、というような目的を持たせる活動ができるとよいでしょう。

2.2　相手に伝えるなどの目的を持って、簡単な語句を書き写す活動

『Here We Go! 5』Unit 9 You can do it! は、グループになって自分の憧れの人について紹介し合う活動で、憧れの人の名前、自分との関係・職業、性格などの語句を4線に書き写し、ポスターを完成させます。大文字や小文字を丁寧に書くことに十分に慣れてきた上で、友達などにポスターを読んでもらう目的を意識して、書き写す活動をします。

2.3　相手に伝えるなどの目的を持って、基本的な表現を書き写す活動

『Here We Go! 6』Unit 7 You can do it! は、小学校生活の一番の思い出を発表するために思い出の行事、したこと、感想を既習表現の中から書き写す活動です。ここでは、英文を書き写す上で、語と語の区切りや文尾のピリオドなど、日本語の表記方法と異なることに気付かせることが肝要です。英語の単語を一つずつ区切って書くことに慣れていない児童がいる場合は、個別に指導することも心掛けましょう。

2.4　名前や年齢・趣味・好き嫌いなどを例の中から言葉を選んで書く活動

この項目の「書く」活動は、例えば自己紹介ポスターを学校内に掲示して、他の学級の児童に読んでもらうというような目的を持って取り組む活動が想定されます。自分が好き嫌いを他者に紹介する際には、全文を書き写せる例文がないことが考えられるので、例となる文を参照しながら、例の中から言葉を選んで、自分が言いたいことを書き上げることになりますので、例となる語句や表現を絵カード、絵辞典で提示することが大切です。

書く活動は、他の領域と比較すると小学校段階では限られた活動であることが分かります。『Here We Go! 6』Unit 9 Junior High School Life は、中学校でがんばりたいことの発表活動として取り上げられています。発表内容を書き留めたマッピングワークシートを学習のポートフォリオとして、ファイルすることができます。以下は、You can do it! のマッピングから作成した

発表原稿の例です。児童の実態に合わせて、書く活動として扱うこともできるでしょう。

My name is Shota. I'm good at sports. I can run fast. I like soccer and baseball. I want to join the baseball team. I want to study English hard. I want to be a teacher in the future.

（英文は筆者による）

　書く活動では、児童が文字を書きたくなるような場面設定をすることが大切です。また、書くことの作業では、個人差が見られるので十分な時間を確保しましょう。文字の線の長さや高さ等を正しく書くために、ワークシートには4線を引いておくとよいでしょう。書く活動は、日本語と違う英語の語順への気付きにつながります。上掲のスピーチ原稿を書く活動の中で、例示されている単語を選んで書き写す際に、中学校で入りたい部活動の名前は、英語では文の最後に書くということに気付きます。このように、児童にとって書くことが英語の文構造や語順を分析的に捉えるきっかけとなります（光村図書, 2020）。

3. 学級担任に求められる書く力

3.1　小学校教員研修 外国語（英語）コア・カリキュラム

　コア・カリキュラムでの英語力の到達目標（Unit 13, 125ページ参照）のうち、書くことに当てはまるのは「3) 板書や掲示物を正しい英語で書ける」の項目です。小学校外国語科の指導者として、板書などで活字体のアルファベットを正しく書くことが求められています。また、授業で使う児童の名札を作成する際には、ヘボン式ローマ字で書けるようにしましょう。名前を書く場合は、基本的には最初の文字を大文字で、それ以外は小文字で書くと読みやすいです。このように書くことの指導では、十分な時間を確保して4線上に書かせるようにする、語と語の区切りに注意させる、また名前を書かせる際にはヘボン式ローマ字で表記することを指導する、などが重要になります。

3.2　学習指導案の作成

　ALTとのティーム・ティーチングの場合、英語で指導案が書けると、限られた打ち合わせ時間でも、ALTは指導内容を理解して授業に参加することができます。指導案でよく使われる英語表現を使いこなせることは、小学校教員として必要な書く力の一つです。以下、外国語科の指導案で使われる英語表現をまとめます。

〈過程の表現〉

　　挨拶 Greetings ／ ウォームアップ Warm-up ／ 導入 Introduction

　　展開活動 Main activities ／ まとめ Wrap-up ／ 振り返り Reflection

〈指導内容〉　　　　　　　　　　　　　　　　　　　※ Ss は students の略語

児童に2回会話を聞かせる。	Have Ss listen to the conversation twice.
ALTと活動のデモをする。	Demonstrate the activity with the ALT.
CDに合わせてチャンツを練習する。	Practice the chant with the CD.

必要に応じて支援する。	Assist Ss if necessary.

3.3　ALT とのメールでの打ち合わせ

ALT との打ち合わせの時間が取れない場合は、メールでのやり取りがコミュニケーションの手段になります。ティーム・ティーチングを充実させるために、ALT との簡単なメールのやり取りができるようになるとよいでしょう。ここでは、ALT に指導案を送ったり、授業の相談をしたりする際に使う英語を取り上げます。

〈メールで使われる英語表現〉

宛先 To（この場合は ALT）/ CC（carbon copy: 宛先以外に送付されるメールの受信者）

件名 Subject / 添付ファイル Attached file / 転送 Forward

〈メールの本文〉

今日の授業、お疲れさまでした。	Thank you for your assistance in today's class.
添付ファイルをご参照ください。	Please see the attached file.
指導案についてアドバイスをください。	Please advise me on the lesson plan.
自己紹介の写真を用意してください。	Please bring some pictures to introduce yourself.
授業で使うアクティビティー（ゲームなど）を考えてください。	Please think about some activities for the class.
お昼休みに打ち合わせができますか。	Can we have a meeting during the lunch time?
いつでもお気軽にご連絡ください。	Please feel free to contact me anytime.

3.4　児童へのコメント

ワークシートやテキスト点検の際に、簡単なコメントを英語で書けるようになるとよいでしょう。高学年の児童は簡単な英語を読もうとしますので、学級担任が書いてくれた英語のコメントは読みへの良い動機付けになります。以下は、英語でのコメントの例です。

（よくできたことを褒める）

Good job. Well done. Excellent. Perfect. Super. Fantastic.

（がんばったことを褒める）

Nice try. Almost. That's better. You are getting better.

（良い所を具体的に褒める）

Good hand writing. I liked your picture. I liked your speech.

Discussion Topic

小学校外国語科の書く活動の指導では、どのようなことに注意すべきでしょうか。

【参考文献】

光村図書（2020）『Here We Go! 5』『Here We Go! 6』光村図書 .

文部科学省（2018）『小学校学習指導要領（平成29年告示）解説　外国語活動・外国語編』開隆堂出版 .

東京学芸大学（2017）『文部科学省委託事業「英語教員の英語力・指導力強化のための調査研究事業」平成28年度報告書』東京学芸大学 .

Unit 15
英語コミュニケーション（領域統合型の言語活動）

🔑 **学びの
キーワード**　　**4技能、聞くこと、話すこと、読むこと、書くこと、領域統合型**

✓ **学びの
ポイント**　　英語の**4技能**は、1技能のみが活用されるのではなく、コミュニケーション
において相互作用を及ぼします。コア・カリキュラムでは、指導者は授業
実践を意識した4技能5領域の総合的な英語運用力の習得を目指すことが
重要とされています（東京学芸大学, 2017）。本章では、**領域統合型**の言語
活動を概観し、その指導で求められる英語運用力を考えます。

1. 領域統合型の言語活動とは

　英語を使う上での四つの技能のうち、聞く・話すは「話しことば（oral language）」、読む・
書くは「書きことば（written language）」に分類されます。外国語の学習では、文字を扱う
前に、音声面を中心としたコミュニケーションを図る素地を育成することが大前提とされて
います。リクソン（2013）は、音声言語から文字言語の習得に移行していくプロセスについ
て、①音声言語の基礎づくりが先行する　②音声と文字の学習の関連性をいつも考慮してお
く　③音声言語→音声と文字との関係→読み書きの目的を理解すること→英語の読み書きに
堪能になることの四つのプロセスは継続していく、という三点を指摘しています。

　さて、日本での小学校外国語教育では4技能がどのように扱われてきたでしょうか。2011
年から高学年に外国語活動が導入されましたが、「外国語の音声や基本的な表現に慣れ親しま
せること」が目標に掲げられ、聞くことと話すことの音声中心での指導の充実が図られてき
ました。その結果、外国語活動では、中学校の外国語教育に対する意欲が高まったという成
果が見られた一方、音声中心で学んだことが中学校段階で音声から文字への学習に円滑に接
続されていない（文部科学省, 2018）という課題も指摘されました。

　新学習指導要領では、小学校中学年から外国語活動が導入され、聞くことと話すことを中
心とした活動を通じて外国語活動に慣れ親しむことがねらいとされています。そして、外国
語活動への動機付けを高めた上で、高学年から段階的に読むことと書くことを加えて、教科
として総合的・系統的な学習を行うことになりました（文部科学省, 2018）。

　4技能統合について、アレン玉井は「英語を外国語として学ぶ日本の子どもに対しては、音
声教育を効果的に行うことで読みの力がつき、また読むことによって音声言語が定着し、そ
して書くことから読みの力や話す力を養うことができるという考え方で、4技能をバランスよ
く統合させた授業を行うべきである」（アレン玉井, 2010, pp.161-162）と述べています。

小学校外国語科には「外国語の背景にある文化に対する理解を深め、<u>他者に配慮しながら、</u>主体的に外国語を用いてコミュニケーションを図ろうとする態度を養う」（下線は筆者による）という目標が設定されています（文部科学省, 2018）。中学年の外国語活動では、聞くことと話すこと中心のコミュニケーションであり、目の前にいる「相手に配慮しながら」であったコミュニケーションの対象が、高学年の外国語科では読むことと書くことのコミュニケーションの対象が「他者」となっています。「文字の読み書きができると、『話しことば』だけではできないことができるようになるということを子どもが実感する」（リクソン, 2013, p.71）とのリクソンの言葉は、これからの小学校外国語教育でのコミュニケーションの広がりを示唆しています。小学校外国語科の導入を機に、4技能を学ぶということを改めて考えたいと思います。なお、今回の改訂では、話すことが「やり取り」と「発表」の二つの領域に分けられ、4技能に関しては「5領域」という表現が使われることになりましたので、この章で扱う技能統合についても、「領域統合型の言語活動」という表現を使います。

2. 小学校外国語科での領域統合型の活動

2.1 聞くことと話すことの統合

コミュニケーションは、発信側と受信側があって成り立っています。外国語の活動でも話し手と聞き手が相互に協力して会話を作り上げています。例えばインタビュー活動では、ペアになり、質問されたことに答えることでタスク（課題）を達成していきます。質問をした後、相手の答えをきちんと聞き取ることが求められるので、お互い協力しながらコミュニケーションを成立させています。Unit 13で扱った「相づち表現」（p.126）を使うことで、"What subject do you like?" "I like P.E." "Oh, really? Me, too!" のように、質問した側が相手の答えを理解したということを示すことができます。

話すことのうち特に「やり取り」では、双方的な活動として取り組むので、話すことの次には必ず聞くことが期待されます。また、発表活動においても、発表の内容について感想を述べるなどのやり取りの活動があれば、領域を統合させた活動となります。

2.2 読むことと書くことの統合

聞くこと・話すことと同じように、読むこと・書くことの活動も発信・受信の相互作用があります。例えば、『Here We Go! 6』Unit 6 This is my town. の単元では、自分たちの町の良い所を紹介するためにパンフレットを作成します。You can do it！の活動では、完成したパンフレットを基に、自分たちの町について発表します。この活動では、パンフレットとして作品を残すというねらいがあるので、丁寧な文字で読みやすい文を書くことを指導し、友達に読んでもらうために授業後にはパンフレットを教室に掲示します。

領域統合型の言語活動は、これ以外にも英語の文字を扱う活動で聞く→読む→書くの順序で活動を進めることもできます。読むことの活動の最も基本的なものは「活字体で書かれた

文字を見てどの文字であるかや、その文字が大文字であるか、小文字であるかを識別する活動」、すなわち A, a という文字を見て、この文字が /ei/ という名前の文字であることを認識することです。そして、書くことの指導項目のうち最も基本的なものが「文字の読み方が発音されるのを聞いて、活字体の大文字、小文字を書く活動」です。さて、ここでは「聞いて」という表現が使われていますが、中学年の外国語活動の聞くことの事項に「文字の読み方が発音されるのを聞いて、活字体で書かれた文字と結び付ける活動」があります。つまり、中学年からの聞くことの活動で文字の読み方について十分に慣れ親しんだことを、次に読むことの活動で文字を識別できるようになり、その後、書く活動では、活字体の大文字、小文字を書くという順序性を踏まえた活動になっています。

　小学校外国語科で実践できる領域統合はたくさん考えられます。5領域は独立したものではないという認識を持ち、コミュニケーションという双方向的な活動の中で、いろいろな技能を積み上げながら、主体的にコミュニケーションを図ろうとする態度を育てていきたいものです。

3．学級担任に求められる指導力

　このように外国語科の導入に伴い、小学校段階でも聞くこと・話すこと・読むこと・書くことの総合的な指導を通して、複数の領域を統合的に活用できるようになることが求められています。高学年での読むこと・書くことは、中学年の外国語活動において音声で慣れ親しんだ語句や表現が土台にあるということ、そして、領域統合型の言語活動がより重視される中学校の外国語科につながることを意識することが重要です。また授業においては、指導者は複数の領域にかかわる活動を効果的にデザインできることが望まれます。領域統合型の実践は、言語活動での豊かな体験に役に立ちます。5領域は相互作用があり、聞く活動が話す力を育み、読むことで書く力がつく（松村, 2009）という認識を持ち、外国語科での読むこと・書くことの指導に積極的に取り組みたいものです。

4．小学校教員研修　外国語（英語）コア・カリキュラム

　Unit 13でコア・カリキュラムでの英語力の到達目標を示しましたが、複数領域の技能が求められる項目を再掲し、指導者に求められる英語力について考えます。

4.1　ALT 等と授業についての英語での打ち合わせ

　授業の打ち合わせは、まさに双方向のコミュニケーションです。「こんな授業にしていきたい」ということを英語で話して、共に授業を作っていく ALT の意見を英語で聞くことがより良い授業の工夫につながります。また、直接会って打ち合わせができない場合は、Unit 14（書くこと）で扱った英文でのメールを書く力が求められます。また、ALT からのメールを読

むことについては Unit 12（読むこと）で例文を挙げました。授業の内容を話し合う場面では、聞く・話すの統合的な活動が実際に行われ、文書でのやり取りでは読む・書くの統合的な活動が行われます。

4.2　児童の発話や行動への即興的な英語での反応

「児童の発話や行動を共感的に受け止めたり、さらにやり取りを進めたりするために、即興的に英語で反応できる」という項目は、日頃あまり英語に触れていない学級担任にはかなり高い到達目標であるように思われます。実際にはどのような英語力が求められているかを「小学校外国語活動・外国語研修ガイドブック」に掲載されている Small Talk の例で見てみましょう（Small Talk については第一部 Unit 8 で詳説）。

指導者の宝物についての Small Talk 例　　　　　　　（下線部の児童の発話は筆者が追記）

T: Look at this. This is my treasure. My treasure. What is it? Can you guess what it is?

Ss: <u>Letter?</u>

T: A letter? Yes, that's right. This is a letter. A letter from who? Who gave it to me?

Ss: <u>Friend?</u>

T: A friend?

Ss: <u>Teacher, friend ...</u>

T: My friend? Yes, that's right. From my friend. This is a letter from my friend, Chiharu.

（文部科学省 , 2017, p.132）

　児童の発話をうまく聞き取り、言い直したり（"This is a letter."）、承認したり（"That's right."）している様子が読み取れるでしょうか。Small Talk で、児童の発話に対して即興的に英語で反応することにより、やり取りが進んでいくことが分かります。このように Small Talk でも一方的ではなく、話すことと聞くことがインタラクティブに行われています。この例で示したように、学級担任のプレゼンテーションの中では、児童の発話を漏らさずに聞き取ることが求められています。

Discussion Topic

検定教科書の単元の中から領域統合型の言語活動を探しましょう。

【参考文献】

アレン玉井光江（2010）『小学校英語の教育法　理論と実践』大修館書店 .

松村昌紀（2009）『英語教育を知る58の鍵』大修館書店 .

文部科学省（2017）「小学校外国語活動・外国語研修ガイドブック」文部科学省 HP.

文部科学省（2018）『小学校学習指導要領（平成29年告示）解説　外国語活動・外国語編』開隆堂出版 .

リクソン・シーラ、小林美代子、八田玄二、宮本弦、山下千里（2013）『チュートリアルで学ぶ新しい「小学校英語」の教え方』玉川大学出版部 .

東京学芸大学（2017）『文部科学省委託事業「英語教育の英語力・指導力強化のための調査研究事業」平成28年度報告書』東京学芸大学 .

第二部　外国語に関する専門的事項

第三部

外国語活動の
指導法

Unit 1
小学校教育の理念と現状の理解

 **学びの
キーワード** ｜ 教育基本法、学校教育法、小学校学習指導要領、社会に開かれた教育
課程

**学びの
ポイント** ｜ 2017年3月に告示された**小学校学習指導要領**において、中学年に外国語活
動、高学年に外国語科が導入され、小学校での外国語教育が新しい段階に
入りました。本章では、小学校教育の現状と**教育課程**の編成についてまと
め、小学校教育が目指すものを考察します。

1．小学校教育の現状

1.1 児童を取り巻く環境

　グローバル化や技術革新が大きく進展し、社会が急速な変化を遂げる中、日本社会は、少
子高齢化や環境問題といった課題に直面しています。社会の構造的な変化の中で、これから
を担う児童には、この社会の変化に対応する「生きる力」が求められています。

　教育の重要性がますます高まっていく一方、児童はいじめや不登校、また貧困の問題など、
さまざまな困難な環境にいます。児童自身の問題としては、学力低下、学習意欲や体力の低
下、規範意識の欠如、対人関係能力の低下、生活習慣の乱れ（文部科学省, 2006）などが挙
げられます。

　学校教育には、これまで以上に教育の機会の確保や教育水準の維持向上などの重要な課題
が課されています。学習指導要領が目指す教育の実現と同時に、いじめ等の生活指導上の諸
問題への対応、児童の健康と安全の確保、児童に対する経済的支援の充実なども小学校教育
が果たす役割となっています。

　このように、学校現場が過剰な課題を抱え、役割を果たし切れなくなってきたことから、
教育の理念として何を大切にするのかを共通理解として明示化するために、これからの時代
にふさわしい教育の指針として、2006年に「教育基本法」が全面改正されました。改正され
た教育基本法では、学校だけでなく地域社会や家庭など、社会全体で児童への教育を施して
いく気運を高めることの重要性を説いています。そして、新しい教育基本法が掲げる教育の
目標達成を目指して、学校教育法や学習指導要領が示すところに従い、小学校教育の理念が
形成されています。

1.2 「学校」の意義

　児童にとって必要な資質・能力を育成していくため、学校教育はどのような役割を果たす

べきでしょうか。中央教育審議会教育課程企画特別部会が2015年にまとめた報告書では、学校の意義について、以下のように述べられています。

　　学校とは、社会への準備段階であると同時に、学校そのものが、子供たちや教職員、保護者、地域の人々などから構成される一つの社会でもある。子供たちは、学校も含めた社会の中で、生まれ育った環境に関わらず、また、障害の有無に関わらず、様々な人と関わりながら学び、その学びを通じて、自分の存在が認められることや、自分の活動によって何かを変えたり、社会をよりよくしたりできることなどの実感を持つことができる。

（文部科学省，2015，p.2）

　児童がこのような「実感」を持ち、「生きる力」を育むことができる場所になることを学校が目指すには、条件整備が必要です。「社会的意識や積極性を持った子供たちを育成する場」としての役割を担った学校に期待がかかる中、「よりよい学校教育を通じてよりよい社会を創る」ことを学校と社会が共有し、連携・協働しながら、「社会に開かれた教育課程」の実現を目指していくことが求められています（文部科学省，2016）。

　これからの社会の中で、グローバル化の進展や技術革新等による社会の変化に向かい合い、社会の担い手として他者と協働して課題を解決していけるような児童を育てていくことが、学校教育に与えられた使命なのです。

1.3　チームとしての学校

　このように、新しい時代の児童に必要な資質・能力を育むためには、教育活動の充実が重要な課題です。組織として教育活動に取り組む体制をつくり上げるとともに、必要な指導体制を整備することが必要です。

　中央教育審議会は、新しい時代に求められる資質・能力を育む教育課程を実現するための体制整備として、「チームとしての学校の在り方と今後の改善方策」について示しました（文部科学省，2017）。この答申では、チームとしての学校を実現するために、地域や学校の実態等を踏まえ検討することが必要であり、①専門性に基づくチーム体制の構築　②学校のマネジメント機能の強化　③教職員一人一人が力を発揮できる環境の設備、の三つの視点に沿って施策を講じていくことが重要であるとしています。

　小学校外国語教育に携わる外部指導者も学校の意義をよく理解し、「チーム学校」の一員としての誇りと責任を持ち、指導に当たってほしいものです。

2．小学校教育の基本

　小学校学習指導要領総則では、各学校において「児童の人間として調和のとれた育成を目指して、児童の心身の発達の段階や特性及び学校や地域の実態を十分考慮して、適切な教育

課程を編成するもの」（文部科学省，2018，p.17）とされています。そして、創意工夫を生かした特色ある教育活動を展開する中で、以下の事項の実現を図り、児童に生きる力を育むことを目指します。

（1） 基礎的・基本的な知識及び技能を確実に習得させ、これらを活用して課題を解決するために必要な思考力、判断力、表現力等を育むとともに、主体的に学習に取り組む態度を養い、個性を生かし多様な人々との協働を促す教育の充実に努めること。
（2） 道徳教育や体験活動、多様な表現や鑑賞の活動等を通して、豊かな心や創造性の涵養を目指した教育の充実に努めること。
（3） 学校における体育・健康に関する指導を、児童の発達の段階を考慮して、学校の教育活動全体を通じて適切に行うことにより、健康で安全な生活と豊かなスポーツライフの実現を目指した教育の充実に努めること。

（文部科学省，2018，pp.23-24, p.31）

　教育課程の編成に際しては、どのような教育が学校に求められているかを見極め、充実した教育活動を提供し、自校の教育目標や取り組みの状況などを積極的に発信することが必要です。学校教育が保護者や地域の人々に信頼されるためには、このような取り組みについて十分な説明を行うことが大切であると工藤（2007）は指摘しています。

３．教育課程の編成

　教育課程（カリキュラム）とは、「学校の教育目標の実現のために学校が編成するものであり、学校の教育目標を子どもたちに具現するための道筋を示すもの」（教育出版 教育研究所，2008，p.5）とされ、「学校教育の目的や目標を達成するために、教育の内容を児童の心身の発達に応じ、授業時数との関連において総合的に組織した各学校の教育計画であると言うことができ、その際、学校の教育目標の設定、指導内容の組織及び授業時数の配当が教育課程の編成の基本的な要素」（文部科学省，2018，p.11）であると学習指導要領総則に示されています。
　それぞれの教科等の目標や教育内容を定めた学習指導要領と、学校教育法施行規則で定められた教科等の年間の標準授業時数等を踏まえ、各学校では地域や学校の実態に応じて、教育課程を編成しています。
　教育課程の編成に当たっては、教育の目的や目標の実現に向けて、教育の内容を組み立てていき、その実施状況を評価して改善を図っていくこと、そして教育課程に基づいた学校の教育活動の質の向上を図ること、すなわちカリキュラム・マネジメントに努めることが求められています。学校は、教育課程の編成を通して、教育の改善や充実に取り組んでいるのです。
　参考資料として、新学習指導要領での各学年の授業時数一覧を記載します。中学年外国語活

動、高学年外国語科の時数が新たに加わったこと以外に、特別の教科として道徳が示されています。学年ごとの各教科の授業時数を把握することで小学校教育を俯瞰することができるのではないでしょうか。

各教科等の年間授業時数一覧　　　　　　　　　　表1

区分	各教科の授業時数										道徳の教科である授業時数	外国語活動の授業時数	総合的な学習の時間の授業時数	特別活動の授業時数	総授業時数
	国語	社会	算数	理科	生活	音楽	図画工作	家庭	体育	外国語					
第1学年	306		136		102	68	68		102		34			34	850
第2学年	315		175		105	70	70		105		35			35	910
第3学年	245	70	175	90		60	60		105		35	35	70	35	980
第4学年	245	90	175	105		60	60		105		35	35	70	35	1015
第5学年	175	100	175	105		50	50	60	90	70	35		70	35	1015
第6学年	175	105	175	105		50	50	55	90	70	35		70	35	1015

（文部科学省，2018, p.59）

Discussion Topic

「小学校教育を通して児童に生きる力を育む」とはどのようなことかを考えましょう。

【参考文献】

工藤文三（編）（2007）『教育改革対応 小学校教育課程のマネジメント解説』明治図書出版.

教育出版 教育研究所（編）（2008）『小学校・中学校新学習指導要領・移行措置対応 今、学校は何をすべきか』教育出版.

文部科学省（2006）「新しい教育基本法について」，<https://www.mext.go.jp/b_menu/kihon/houan/siryo/07051111/001.pdf> 2021年7月1日アクセス.

文部科学省（2015）「教育課程企画特別部会 論点整理」，<https://www.mext.go.jp/component/b_menu/shingi/toushin/__icsFiles/afieldfile/2015/12/11/1361110.pdf> 2021年7月1日アクセス.

文部科学省（2016）「幼稚園、小学校、中学校、高等学校及び特別支援学校の学習指導要領等の改善及び必要な方策等について（答申）［概要］」，<https://www.mext.go.jp/component/b_menu/shingi/toushin/__icsFiles/afieldfile/2016/12/27/1380902_1.pdf> 2021年7月1日アクセス.

文部科学省（2017）「チームとしての学校の在り方と今後の改善方策について（答申）」，<https://www.mext.go.jp/b_menu/shingi/chukyo/chukyo0/toushin/attach/1366271.htm> 2021年7月1日アクセス.

文部科学省（2018）『小学校学習指導要領（平成29年告示）解説　総則編』東洋館出版.

Unit 2
中学年外国語活動から高学年外国語科への接続

🔒 **学びの
キーワード**
学習指導要領、中学年外国語活動、高学年外国語科、円滑な接続、つながる

✅ **学びの
ポイント**
第三部は、中学年の外国語活動指導法や中学年の児童理解、そして学級担任とALT/JTEのティーム・ティーチングなどについて扱い、外部指導者として小学校英語教育を支援する方にも、ぜひ読んでいただきたい内容を取り上げます。本章では、**学習指導要領**解説を読み解きながら、**中学年外国語活動**から**高学年外国語科**への**円滑な接続**について考察します。

1. 中学年外国語活動新設のねらい

　新学習指導要領では、第3・4学年で年間35時間の外国語活動が必修化、第5・6学年で年間70時間の外国語が教科化されました。旧学習指導要領で必修化された高学年外国語活動は2年間で70時間だったので、小学校段階での外国語（実質的には英語）の授業時間が3倍（210時間）になりました。高学年での教科の内容を見ると、読む活動や書く活動が入り、かなり難しくなるという印象を持つかもしれませんが、高学年の外国語科は、中学年で2年間70時間の外国語活動が実施されることを踏まえたものです。実際、小学校学習指導要領外国語活動・外国語編第2章を読むと、「高学年の…につながる」という表現が多く使われています。つまり、中学年での外国語活動は、高学年外国語科への素地づくりという大きなねらいがあるのです。

　2016年12月に示された中央教育審議会答申（文部科学省，2016）によると、教科型の外国語教育は高学年の児童の「読むこと」「書くこと」への知的要求に対応するため、発達段階にふさわしい力を全ての領域においてバランスよく育成できるよう導入されました。そして、高学年の教科型の学習につなげていくために、中学年では外国語に慣れ親しみ、外国語学習の動機付けを高めるために「聞くこと」「話すこと」を中心とした活動型の学習が位置付けられました。中央教育審議会答申を踏まえて、外国語活動では外国語科の導入に円滑に接続できるよう音声面を中心とし、外国語を用いたコミュニケーションを図る素地を育成することをねらいとしています。高学年では「読むこと」「書くこと」が加わり、コミュニケーション能力を測る基礎となる資質・能力を育成することを目指しています。学習指導要領解説においても「指導計画の作成に当たっては、第5学年及び第6学年並びに中学校及び高等学校における指導との接続に留意しながら」（文部科学省，2018，p.41）とされ、異学年、異校種との接続について明記されています。

２．外国語活動から外国語科へ目標の接続

　中学年の外国語活動においては、高学年で設定されている５領域のうち、「聞くこと」「話すこと［やり取り］」「話すこと［発表］」の３領域について目標が設定されています。この節では、各領域においてその目標が高学年にどのように接続されているかを考察します。

2.1　聞くこと

　英語の目標（1）聞くことの（イ）では「ゆっくりはっきりと話された際に、身近で簡単な事柄に関する基本的な表現の意味が分かるようにする」とされています。外国語活動では、児童が興味・関心を示す身近な事柄について、簡単な語句から基本的な表現へと段階的に聞き取っていき、十分に聞くことに慣れ親しませます。そして、イラストや写真、話し手の顔の表情や手振りなどを手掛かりに、ゆっくりはっきりと話される英語を聞くことへの抵抗感をなくしていきます。中学年でのこういった体験は、高学年の外国語科での（ウ）「ゆっくりはっきりと話されれば、日常生活に関する身近で簡単な事柄について、短い話の概要を捉えることができるようにする」という目標につながります。「小学校外国語活動・外国語研修ガイドブック」（文部科学省，2017）に記載されている Small Talk の台本は、指導者の発話がかなり長い印象を受けますが、十分に慣れ親しんできた身近で簡単な事柄を聞く外国語活動での学習が、必要な語彙や表現を聞き取り、全体の大まかな内容を捉える高学年の聞く活動につながります。

2.2　話すこと［やり取り］

　目標（2）話すこと［やり取り］の（ウ）には「サポートを受けて、自分や相手のこと及び身の回りの物に関する事柄について、簡単な語句や基本的な表現を用いて質問をしたり質問に答えたりするようにする」という目標が掲げられています。初めて英語に触れる外国語活動では、児童が興味・関心を持つ題材で学級担任や ALT、またクラスの友達の支援を受けながら、質問をしたり、答えたりすることを目指します。そして、高学年の外国語科では（ウ）「自分や相手のこと及び身の回りの物に関する事柄について、簡単な語句や基本的な表現を用いてその場で質問をしたり質問に答えたりして、伝え合うことができるようにする」という目標があります。外国語活動での質問をしたり答えたりした体験を踏まえて、外国語科ではその場で、自分で考えて質問をしたり、答えたりすることが求められています。中学年の目標の「サポートを受けて」が高学年ではなくなり、「その場で」という表現が目標に加えられています。外国語活動での達成感を外国語科での学習への意欲につなげることが大切であることが、目標の文言から読み取れます。

2.3　話すこと［発表］

　最後に、目標（3）話すこと［発表］（ウ）を見ていきます。「日常生活に関する身近で簡単な事柄について、人前で実物などを見せながら、自分の考えや気持ちなどを、簡単な語句や基本的な表現を用いて話すようにする」という外国語活動の目標は、外国語科では「身近で

簡単な事柄について、伝えようとする内容を整理した上で、自分の考えや気持ちなどを、簡単な語句や基本的な表現を用いて話すことができるようにする」という目標につながっています。外国語活動の目標では、時刻や曜日、場所などの日常生活に関する身近で簡単な事柄について、実物やイラスト、写真などを見せながら発表することが示されています。外国語活動である程度話す内容を準備して発表する経験をした上で、外国語科では自分の考えや気持ちを聞き手に分かりやすく伝える工夫をして発表することを目指しています。また、外国語科では、学校生活や地域に関することなどを整理して伝える工夫ができるようにつなげていきます（文部科学省, 2018）。

３．外国語活動から外国語科へ内容の接続

3.1　英語の文字の扱い方

　外国語活動の言語活動に関する事項 ア 聞くこと（ウ）には「文字の読み方が発音されるのを聞いて、活字体で書かれた文字と結び付ける活動」があります。ここでは、英語の大文字と小文字の名称を表す読み方を聞いて、活字体で書かれた文字を指したり、発音された順に文字カードを並べ替えたりしながら、名称の読み方と文字を一致させていく活動などを行うこととされています。外国語活動では、友達と一緒に文字の形を体で表現したり、小文字を一階建て（a, c, e など）、二階建て（b, d, f など）、地下室（g, j, y など）に仲間分けをしたりする活動を通して、体験的に文字に親しみます。

　外国語科の言語活動に関する事項 イ 読むこと（イ）では「活字体で書かれた文字を見て、その読み方を適切に発音する活動」が示されています。外国語活動での文字の読み方を聞く活動を通して、英語の大文字や小文字に慣れ親しみ、外国語科ではその名称を /ei/, /bi:/ と発音できるように「つなげて」いきます。外国語活動での文字への慣れ親しみを、外国語科での文字の名称を発音できる活動にスムーズに接続できるように、指導者は異学年での学習内容も十分に把握しておきましょう。

3.2　絵本の読み聞かせから語句や表現を識別する活動へ

　外国語活動の言語活動に関する事項 ア 聞くこと（ア）では「身近で簡単な事柄に関する短い話を聞いておおよその内容が分かったりする活動」が示されています。学習指導要領解説では、「身近で簡単な事柄に関する短い話」を聞く活動として、理解を促す手だてとしてイラストが添えられている絵本を活用した読み聞かせを例示しています。絵本には場面設定が具体的に示されているため、指導者が聞き取りやすい声でゆっくりはっきりと話すことで、児童は聞いて分かったという達成感を味わうことができます。

　一方、外国語科の言語活動に関する事項 イ 読むこと（エ）には「音声で十分に慣れ親しんだ簡単な語句や基本的な表現を、絵本などの中から識別する活動」があります。学習指導要領解説では、「絵本には、内容理解を促すための絵や写真がふんだんに使用されているという

ことのほか、主題やストーリーがはっきりしているという特徴がある」と述べられています。外国語活動での読み聞かせで十分に慣れ親しんだ絵本の中から簡単な語句や基本的な表現を識別させる際には、絵から文に着目させ、文中にある語句や表現を見つけさせていきます。既に内容が分かり、音声を追っていける絵本であれば、文字の識別もやりやすくなります。このように、中学年の聞く活動で活用した絵本を高学年の読む活動で再利用することも、外国語活動から外国語科へのつなげる方法です。

3.3　話すこと［発表］から書くことへの接続

　外国語活動の言語活動に関する事項 ウ 話すこと［発表］（ウ）では「時刻や曜日、場所など、日常生活に関する身近で簡単な事柄について、人前で実物やイラスト、写真などを見せながら、自分の考えや気持ちなどを話す活動」が示されています。例えば、『Let's Try! 2』Unit 8 お気に入りの場所をしょうかいしようの単元では、自分が気に入っている校内の場所について、イラストや写真を参考に自分の考えなどを伝える活動があります。"My favorite place is the music room. I like music." などと聞き手に配慮して、聞き取りやすい声で分かりやすく話す工夫をします。『Here We Go! 6』Unit 6 This is my town. は、住んでいる町の好きな場所を紹介する単元で、自分たちの町についてパンフレットを作成する活動を行います（光村図書，2020）。4年生の発表活動では、目の前の「相手に配慮」して、自分のお気に入りの場所について話しますが、6年生ではパンフレットを読むであろう「他者に配慮」しながら、分かりやすい町紹介のパンフレットを書く工夫をします。外国語活動では、「聞くこと」「話すこと」を中心にコミュニケーションを図るため、「相手」が対象になりますが、外国語科では「読むこと」「書くこと」が加わり、対象が目の前の相手とは限らないため、「他者に配慮しながら」とされています。このように、「話すこと」の発信に慣れ親しんだ児童が「書くこと」でコミュニケーションを図る対象をより広げることも、中学年から高学年への接続の一例です（文部科学省，2018）。

Discussion Topic

小学校学習指導要領の外国語活動の目標と内容を読み、「つながる」という表現を10以上探し、中学年から高学年への接続について考えましょう。

【参考文献】
光村図書（2020）『Here We Go! 6』光村図書.
文部科学省（2016）「幼稚園、小学校、中学校、高等学校及び特別支援学校の学習指導要領等の改善及び必要な方策等について（答申）［概要］」文部科学省 HP.
文部科学省（2017）「小学校外国語活動・外国語研修ガイドブック」文部科学省 HP.
文部科学省（2018）『小学校学習指導要領（平成29年告示）解説　外国語活動・外国語編』開隆堂出版.

Unit 3

発達心理学の基礎

🔑 学びの
キーワード　　**教育課程の編成、低学年、中学年、高学年、児童の発達、指導の工夫**

....

✓ 学びの
ポイント　　**教育課程の編成**や実施に当たって、各学年の時期の特長を生かした指導の
工夫を行うことが求められています。外国語活動・外国語科の授業におい
ても、**中学年・高学年の児童の発達**の段階を十分に理解し、それぞれの特
長を生かした**指導の工夫**を行うことが重要です。本章では、児童の成長の
段階について学び、指導にどのように生かしていくかを考察します。

1．児童の発達の支援

　学習指導要領解説総則編では、発達段階の特長を生かした指導の工夫について低学年、中
学年、高学年の学年ごとに以下のように記されています。解説で述べられている特長を、実
際の教室での児童の様子と照らし合わせて考えてみましょう。

　　低学年では、自分でしなければならないことができるようになるとともに、幼児期の
　自己中心性は残っているが、他の児童の立場を認めたり、理解したりする能力も徐々に
　発達してくる。善悪の判断や具体的な行動については、教師や保護者の影響を受ける部
　分が大きいものの、行ってよいことと悪いことの理解ができるようになる。このため、
　行ってよいことと悪いことの区別がしっかりと自覚でき、社会生活上のきまりが確実に
　身に付くよう 繰り返し指導するなどの指導上の工夫を行うことが求められる。

　　　　　　　　　　　　　　　　　　　　　　　　　　　（文部科学省，2018a，pp.98-99）

　東京都荒川区では、教育課程特例校の指定を受け、1年生からの外国語活動を週1回程度
実施しています。1年生の授業を見学すると、1学期の授業では担任の先生が教室での決ま
りを繰り返し指導している姿をよく見かけます。筆者の勤務校では小学校英語の授業実習で、
学生たちは毎年10月から1年生の授業を担当しています。1年生も2学期になると他の児童
の立場を認め、理解する能力がかなり発達している印象を受けます。とは言え、「先生が5回
手をたたいたら、5人のグループになる」というように友達と協力しながら動く活動はまだ
苦手です。一方、低学年の児童は外国語に触れる際、曖昧さに対する耐性が強いので、英語
だけで進める授業への抵抗も少なく、指導者の発話を自然にまねすることが得意です。では、
次の中学年では、児童はどのように成長しているでしょうか。

中学年では、社会的な活動範囲が広がり、地域の施設や行事に興味を示し、自然等への関心も増えてくるとともに、自分の行為の善悪について、ある程度反省しながら認識できるようになる。このため、自分を内省できる力を身に付け、自分の特徴を自覚し、そのよい所を伸ばそうとする意識を高められるよう指導するなどの指導上の工夫を行うことが求められる。
（文部科学省，2018a，p.99）

　筆者は、中学年は外国語活動を行う上での「黄金期」だと考えています。低学年に比べて社会性が発達し、男女仲良くグループワークができるようになります。そして、中学年は高学年に比べて、さまざまな言語活動に積極的に参加できます。さいたま市の小学校で10年ほど中学年の英語活動の支援をしてきましたが、英語でやり取りをしながら仲間を作っていく活動などでは、児童は協力し合ってタスクを達成する楽しみを体験できました。発表活動でも、代表で発表する児童をグループ全員で励ましたり、振り返りの感想では、他者の良さを認めたりする発言が多く聞かれました。中学年が「黄金期」と述べましたが、高学年での外国語科はどのように活動を発展させることができるでしょうか。

　高学年では、相手の身になって人の心を思いやる共感能力が発達してくるとともに、自律的な態度が発達し、自分の行為を自分の判断で決定しようとすることに伴い、責任感が強くなり批判的な能力も備わってくる。このため、教師は児童の自律的な傾向を適切に育てるように配慮することが求められる。
（文部科学省，2018a，p.99）

　小学校での研修では、高学年の学級担任から「児童が盛り上がらない」という悩みを聞くことが多いのですが、興味が持てない活動に対して批判的な態度を示すのは、高学年の特徴の一つと言えるでしょう。人前で外国語を話すことに抵抗を感じる児童も増える年齢です。高学年外国語科での「読むこと」「書くこと」の学習の導入においては、高学年の知的好奇心に見合った学習内容を考え、「できる」ことを体感させるような指導を工夫することが重要です。

２．児童の発達の段階

　前節では、学習指導要領解説総則編から、学年ごとの成長の特長を生かした指導の工夫について考察しました。ここでは、児童の心理の発達過程をもう少し詳しく解説します。

2.1　低学年

　小学校低学年になると、幼児期よりも自分を抑える力が育ってきますが、自己中心に物事を捉える時期なので、友達の気持ちを理解するのが難しく、自分の感情もうまく言葉で表現できないことが多いです。２年生になると学校生活にも慣れてきて、少しずつ論理的に物事を捉えられるようになってきます。自分と友達を比べて、自分を客観的に認識できるように

なります（金谷，2017）。

2.2　中学年

　低学年では、学校生活に慣れていき、学級単位の集団生活の中で他者との比較を始めますが、中学年になると対人関係についてより一層関心を持つようになり、友達に対する関心が高くなります。知的好奇心が旺盛になり、仲間意識が強い「ギャングエイジ」と言われる時期に入ります（木下，2009）。

2.3　高学年

　高学年になると、身体的には第二次性徴を迎えて思春期に入っていく時期であり、身体の変化に対して不安や葛藤などが生じる年齢です。異性に対する意識が高まり、友達と違うことにとても敏感になってきます。他人に理解されたいという承認要求が強く、友達に嫌われないことにエネルギーを注ぐようになります（渡辺，2011）。自己嫌悪に陥ったり、自尊心が低くなったりしがちな時期なので、他人との比較をしないように気を付け、良い所を認めるような指導者の声掛けが必要です。外国語科でのコミュニケーション体験は、対人関係を築き、保っていくために有効な行動を身に付けるきっかけになるでしょう。

　以下、『発達心理学事典』より児童期の発達的特質を引用します。

各領域における児童期の発達的特質　　　　　　　　　　　　　表1

	認知	言語	社会性
小学校低学年 （1～2年生）	論理的思考の始まり	一次的ことばから二次的ことばへ	自他の内面的把握の始まり
小学校中学年 （3～4年生）	空間の構造化と思考の計画性	二次的ことばの獲得	自律意識と仲間集団の成立
小学校高学年 （5～6年生）	現実を超えた思考の始まり	言語による論理的思考の展開	友人との間の精神的共感

（日本発達心理学会，2013，p.417）

3．発達段階に応じた指導の工夫

　この節では、各学年の発達段階に応じた指導内容について考察します。なお、新学習指導要領では、中学年で外国語活動、高学年で外国語科が導入されますので、ここでは中学年と高学年の児童に対する指導の工夫について考えます。

3.1　中学年

　前節で児童の発達段階について概観しましたが、3年生や4年生は声を出す活動に積極的に参加する年齢です。岡、金森（2012）は、この年齢の子どもたちは友達との英語での簡単なコミュニケーションを楽しめる活動に適しているとしています。具体的にどのような活動が中学年にふさわしいかを文部科学省が作成した『Let's Try! 1』から検証してみましょう。

3年生の Unit 4 I like blue. の活動例には第2時にカラー・タッチ・ゲームがあります（文部科学省，2018b）。指導者の "Touch something blue." という指示に従い、教室にある色をタッチする活動です。児童が色の言い方に慣れてきたら、次は児童に指導者役をさせます。体を動かす活動で、中学年の児童は教室を動き回り、言われた色を嬉々として探すでしょう。好きな色を扱う単元は高学年の外国語活動でも扱っていましたが、中学年では同じ活動をそのまま行うのではなく、発達段階の特長を生かした活動の工夫が求められます。

3.2　高学年

　高学年はより論理的にものを考えることができる特徴があります（岡、金森，2012）。高学年では、目的に向かったタスクを達成する教材や知的好奇心を満たす活動内容を工夫するとよいでしょう。検定教科書『Here We Go! 6』Unit 2に Welcome to Japan. という単元があります（光村図書，2020）。発展活動では、ペアで日本を紹介する内容を決め、作成したポスターを基に外国からの訪問客に日本を紹介します。日本の行事、食文化、遊びなど、外国人に紹介したいと思うものを発表すると同時に、友達が作ったポスターから日本についての情報を得たりします。「読むこと」「書くこと」も活動に加わり、考えながらタスクを達成する必要がある活動を通して、高学年の知的好奇心を満たすことができます。

　中学年、高学年それぞれの発達段階の特長を生かした活動を紹介しましたが、この章で示した学年ごとの発達の特長はあくまでも一般的な見方であり、学級に40名の児童がいれば、個人差があることもぜひ考慮に入れておきたいものです。学級の実態に合わせて、目の前の児童の興味・関心、能力や認知発達に合わせて指導を考えることが大切です。

Discussion Topic

　外国語活動・外国語科の教材や検定教科書から活動を一つ取り上げ、その活動を進める上で中学年、高学年の発達段階の特長をどのように生かせるかを考えましょう。

【参考文献】

金谷京子「4章『児童の発達の支援』のポイントと解説　1児童の発達を支える指導の充実」無藤隆（編著）（2017）『小学校新学習指導要領の展開 総則編』明治図書出版.

木下孝司「第2部 第2章3年生－4年生　1知的好奇心、情報ネットワークの広がり」心理科学研究会（編）（2009）『小学生の生活とこころの発達』福村出版.

光村図書（2020）『Here We Go! 6』光村図書.

文部科学省（2018a）『小学校学習指導要領（平成29年告示）解説　総則編』東洋館出版.

文部科学省（2018b）『Let's Try! 1』東京書籍.

日本発達心理学会（編）（2013）『発達心理学事典』丸善出版.

岡秀夫、金森強（編著）（2012）『小学校外国語活動の進め方 －「ことばの教育」として－』成美堂.

渡辺弥生（2011）『子どもの「10歳の壁」とは何か？乗りこえるための発達心理学』光文社.

Unit 4
外国語（英語）活動のねらいと活動の在り方

**学びの
キーワード**　外国語活動の目標、外国語活動の内容、活動の在り方

**学びの
ポイント**　中学年の外国語活動と高学年への外国語科への接続について扱った Unit 2 の中で、**外国語活動の目標や内容**について少し触れましたが、本章では、中学年の外国語活動のねらいと**活動の在り方**について、新学習指導要領や『Let's Try! 1』『Let's Try! 2』を手掛かりに考察していきます。

1．外国語（英語）活動のねらい

1.1　旧学習指導要領での外国語活動

　2011年の学習指導要領改訂で導入された高学年での外国語活動では「外国語を通じて、言語や文化について体験的に理解を深め、積極的にコミュニケーションを図ろうとする態度の育成を図り、外国語の音声や基本的な表現に慣れ親しませながら、コミュニケーション能力の素地を養う」（文部科学省，2008，p.8）ことが目標とされました。中学校、高等学校でコミュニケーション能力を育成する上での素地を作るために、小学校段階で外国語に触れたり、体験したりすることが重要であるという考えから、各学校において共通に指導する内容を示すため、外国語活動は高学年で年間35時間の必修となりました。「外国語の音声に慣れ親しませる」ことが目標の一つであり、相手の言うことが分かる、自分が言ったことが通じる、という体験を通して、積極的にコミュニケーションを図ろうとする態度を育成することがねらいとされました。

　なお、学習指導要領では、第3章指導計画の作成と内容の取扱いの中で1「外国語活動においては、英語を取り扱うことを原則とすること」とされています。この原則は新学習指導要領においても継承されています。J-SHINE 共通カリキュラムでは、指導項目として「英語活動」という表現が使われていますので、この章では中学年での外国語活動としての英語教育という意味で、以下では外国語（英語）活動と表記します。

1.2　外国語（英語）活動のねらい

　必修化された高学年の外国語活動では、児童の高い学習意欲や中学校での外国語教育に対する積極性が高まったという一定の成果が得られましたが、一方で「①音声中心で学んだことが、中学校の段階で音声から文字への学習に円滑に接続されていない、②日本語と英語の音声の違いや英語の発音と綴りの関係、文構造の学習において課題がある、③高学年は、児

童の抽象的な思考力が高まる段階であり、より体系的な学習が求められる」（文部科学省，2018a, p. 7）ことなどが課題として指摘されました。

　こうした課題を踏まえて、新学習指導要領では小学校中学年から外国語活動を導入し、「聞くこと」「話すこと」の活動を通して、コミュニケーションを図る素地の資質・能力を育成することになりました。中学年の外国語活動では、外国語に慣れ親しみ、外国語学習への動機付けを高めて、高学年の外国語科への円滑な接続を図ることが求められています。今回の改訂でも外国語活動では、コミュニケーションを図る素地となる資質・能力を育成することとされていますので、基本的には従来の外国語活動と同じことが求められていますが、新学習指導要領を読むと、旧学習指導要領を発展させた内容になっていることが分かります。新たに設定された中学年外国語活動の目標は「外国語によるコミュニケーションにおける見方・考え方を働かせ、外国語による聞くこと、話すことの言語活動を通して、コミュニケーションを図る素地となる資質・能力を育成すること」とされています（文部科学省，2018a, p.11）。外国語活動の目標は学力の三要素に分けて提示され、英語の目標では、言語活動の3領域について提示されています。吉田は、「活動としては従来と変わりはないが、具体的に聞くこと、話すことの活動が明記され、コミュニケーションを図る素地の資質・能力を育成する、というように、その意味をより深く規定していると言える」（吉田，2017，p.25）と述べています。

　中学年の外国語活動のねらいとしては、主体的にコミュニケーションを図ろうとする態度を養うことが重要な要素とされており、吉田は「外国語によるコミュニケーションを通して体験的に外国語や文化、また、日本と外国語の音声の違いなどに気づき、外国語の基本的な表現に慣れ親しむことが目的であり、外国語を知識として学ぶことではない」（吉田，2017，p.26）と指摘しています。

1.3　新学習指導要領外国語活動の目標

　前述のように新学習指導要領では、育成を目指す資質・能力の三つの柱のそれぞれを目標として設定しています。この項では、外国語活動の目標を読んでいきます。

（1）「知識及び技能」の目標

　　外国語を通して、言語や文化について体験的に理解を深め、日本語と外国語との音声の違い等に気付くとともに、外国語の音声や基本的な表現に慣れ親しむようにする。

（2）「思考力、判断力、表現力等」の目標

　　身近で簡単な事柄について、外国語で聞いたり話したりして自分の考えや気持ちなどを伝え合う力の素地を養う。

（3）「学びに向かう力、人間性等」の目標

　　外国語を通して、言語やその背景にある文化に対する理解を深め、相手に配慮しながら、主体的に外国語を用いてコミュニケーションを図ろうとする態度を養う。

　今回の改訂では、このようにより具体的な資質・能力の育成を目指していることが分かり

ます。しかしながら、体験的な学習であることは変わっておらず、伝え合う力の素地を育むことが重要な目標であることを理解しておきましょう。

2. 活動の在り方

2.1　中学年外国語活動の言語活動

　前節で確認した外国語（英語）活動のねらいを基に、この節では活動の在り方を考えていきます。まず、新学習指導要領から中学年外国語活動の言語活動について確認しましょう。新学習指導要領では、言語活動に関する事項を領域ごとにまとめています。各領域で一つずつの言語活動を取り上げ、その活動から外国語（英語）活動の在り方を考察します。

　　ア　聞くこと

　（イ）身近な人や身の回りの物に関する簡単な語句や基本的な表現を聞いて、それらを表す
　　　　イラストや写真などと結び付ける活動

　外国語活動の活動例には、『Let's Try! 1』Unit 2で感情や状態を表したり尋ねたりする表現に慣れ親しむ活動があります。登場人物と感情や状態を表すイラストを線で結ぶ活動は、耳にする音声と具体的なイラストとを結び付けることで、その意味を確認していくことをねらいとしており、体験的な理解を重視しています。

　　イ　話すこと［やり取り］

　（ウ）自分や相手の好み及び欲しい物などについて、簡単な質問をしたり質問に答えたりす
　　　　る活動

　活動例として、『Let's Try! 2』Unit 7にはオリジナルピザを作るために、欲しい物を尋ねたり、要求したりしようとすることを目標とする活動があります。"What do you want?" "I want potatoes." というやり取りをしながら、ピザを作るための具材を集めます。この活動では、グループで考えたピザを作るために欲しい食材をもらってくるという明確なタスクがあり、目的意識を持ってやり取りをすることができます。質問をしたり答えたりする必然性のあるやり取りの活動になっています。

　　ウ　話すこと［発表］

　（イ）自分の好き嫌いや、欲しい物などについて、人前で実物やイラスト、写真などを見せ
　　　　ながら話す活動

　『Let's Try! 1』Unit 4 すきなものをつたえようの単元では、第4時に好きな物を言って自己紹介をする発表活動があります。英語に初めて触れる段階でありながら、自分が好きな物の絵や写真を示しながら発表することで、伝え合う楽しさを体験します。活動形態については、児童の実態に応じてペアやグループ、または学級全体に向けた発表などを工夫することができます。

2.2 中学年にふさわしい活動の在り方

中学年にふさわしい活動を考える上で、Unit 3で扱った児童の発達段階への理解が欠かせません。中学年の発達段階の特徴を考えると、3・4年生は声を出す表現活動に活発に参加するということが分かります。つまり、中学年の外国語（英語）活動では歌やチャンツ、または体を使った活動や友達と英語での簡単なコミュニケーションを楽しめる活動が効果的です。一方、高学年になるとより論理的に物事を考えることができるようになるため、体を使った活動よりも知的好奇心を満たす活動内容の方がふさわしいと言えます。したがって目的に向かったタスクを達成するような教材を準備し、高学年が伝えたいという動機を高めるような活動を工夫する必要があります（岡、金森，2012）。中学年外国語活動での言語材料は、旧学習指導要領での高学年外国語活動と同じものも多いのですが、言語活動を考える際には中学年にふさわしい内容を工夫することが必要です。

2.3 中学年外国語活動で新たに加わる言語材料

それでは、中学年での外国語（英語）活動を展開するためにはどのようなテーマ、言語材料がふさわしいのでしょうか。2018年度から小学校外国語活動教材として使われている『Let's Try! 1』『Let's Try! 2』で新たに加わった単元を見ていきましょう。（③3年生／④4年生）

③ This is for you. カードをおくろう	Here you are. This is for you. Thank you.
③ Who are you? きみはだれ？	Are you a 〜 ? Yes, I am. /No, I'm not. I'm a 〜 .
④ Let's play cards. すきな遊びをつたえよう	How's the weather? It's 〜 . Let's play cards.
④ I like Mondays. すきな曜日は何かな？	What day is it? It's Monday. I like Mondays.
④ What time is it? 今、何時？	What time is it? It's 〜 . It's homework time.
④ This is my favorite place.　お気に入りの場所をしょうかいしよう	This is the music room. This is my favorite place. Why? I like music.

（東京書籍『Let's Try! 1指導編』『Let's Try! 2指導編』より筆者が抜粋）

上記のテーマや言語材料から、学校や家庭での出来事や日常生活で起こることが内容に加わったことが分かります。より身近で簡単な事柄を通して、音声で十分にコミュニケーションを図ることをねらいとした活動を中学年で体験することが、高学年での学習の動機付けとなり、より広い話題で伝え合うことにつながっていきます。

Discussion Topic

『Let's Try! 1』『Let's Try! 2』から言語材料を選び、中学年にふさわしい言語活動の進め方を考えましょう。

【参考文献】
文部科学省（2008）『小学校学習指導要領解説 外国語活動編』東洋館出版社.
文部科学省（2018a）『小学校学習指導要領（平成29年告示）解説 外国語活動・外国語編』開隆堂出版.
文部科学省（2018b）『Let's Try! 1』『Let's Try! 2』東京書籍.
岡秀夫、金森強（編著）（2012）『小学校外国語活動の進め方－「ことばの教育」として－』成美堂.
吉田研作（編）（2017）『小学校英語教科化への対応と実践プラン』教育開発研究所.

Unit 5

児童の認知・情緒発達に即した指導法

> **学びのキーワード** 認知発達、心の発達、最近接発達領域、足場組み、発達段階に応じた指導法
>
> **学びのポイント** 本章では、児童の**認知発達**と**心の発達**について学びます。外国語活動・外国語科の指導を効果的に進めていく上で、児童の成長過程で認知・情緒がどのように発達するのかを知ることはとても大切です。児童の発達についての知識を深めることで、私たちは**発達段階に応じた指導法**を考えることができます。

1．児童の認知発達

　「認知」という言葉は言語学や心理学でよく使われる用語ですが、この「認知」について吉田（2009）が非常に分かりやすく説明しています。人間は一生の間、出会っていく新しい状況の中で、新しい物事を学んでいますが、その中で判断したり、解釈したり、思考することが「認知」と言われており、人間は、認知を積み重ねることで成長していく、と吉田は「認知」という概念について解説しています。

　児童が英語に触れ、習得していく上で、その発達段階が大きく影響します。児童の成長過程で認知能力がどのように発達するか、そして認知発達が言語能力の発達とどのような関係があるかを理解することで、発達段階に応じた効果的な指導法を考えることができます。

　大人と子どもの認知発達の違いについては、音声言語の処理の違いの例がとても分かりやすいでしょう。例えば、音声中心の低・中学年の英語活動では、児童は挙手する時に "Let me try!" や "I know!" を日本語の「はい」を意味する表現として、丸ごと覚えて使おうとします。そのため、"Any volunteers?"「ゲームのデモンストレーションをやってくれる人？」と問いかけても "I know! I know!" と言う児童をよく見かけます。ここで児童に分析的処理能力が働くようになると、know や try の意味を分析的に考えられるようになります。know が「知っている」という意味だと認知すると、"I know!" は答えが「分かった」時に使うのだということを理解できるようになるのです。

　井狩（2012）は、言語を一つのかたまりとして捉える「全体的処理能力」と、部分ごとに分けて捉える「分析的処理能力」を子どもがどのように使っているかを解説しています。子どもが発達段階に応じて、全体的処理から分析的処理へと言語処理能力を有効に利用していくことを、井狩は小学校外国語活動の音声指導に応用し、「『全体から部分への流れ』を考慮し、細かい発音指導に重点を置くよりも、イントネーションなどをうまく利用しながら、意

味のまとまりを単位として、表現を扱うことが望ましい」（井狩，2012，p.59）と述べています。このことは、児童の認知発達に即した指導法を考えることの必要性を示唆しています。次節からは、子どもの発達についての研究で有名なピアジェとヴィゴツキーの理論を概観します。

2．ピアジェの認知発達論

　スイスの発達心理学者であるピアジェは、知能の発達には四つの段階があるということを提唱しました。ピアジェによると、0歳から2歳の感覚運動期は、まだ認知能力が発達していない段階で、感覚と運動が結び付いて知的な活動が行われています。2歳から7歳の前操作期には、自己中心性が強く、他者の視点をうまく取ることが十分にできない段階です。7歳から11歳の具体的操作期はだいたい小学生に当たる時期です。この時期の子どもは目の前の具体的なものに対してであれば、論理的に操作ができますが、抽象的な概念はうまく扱うことができません。11歳以降になると形式的操作期に入り、抽象的に考えて、論理的に思考ができるようになります。

ピアジェの発達段階　　　　　　　　　　　　　表1

おおよその年齢	0〜2歳	2〜7歳	7〜11歳	11歳〜成人
段階	感覚運動期	前操作期	具体的操作期	形式的操作期

（鎌原、竹綱，2019，p.204）

　これらの発達段階のうち、「具体的操作期」と「形式的操作期」が小学校段階に当てはまります。低・中学年は「具体的操作期」に当たるので、絵カードや実物教材を見せながら語彙を導入したり、活動のやり方を実際に示しながら説明をしたりして、より具体的に提示することで理解を促すことができます。井狩は、「この時期の子どもはまだ分析的処理よりも全体的処理のほうが得意なので、あまり細かいことに注意を向けさせるのではなく、教室の空間をうまく利用し、身体を動かしたり、五感を使ったりして、意味を理解する基礎となるさまざまな体験を通してことばを覚えていくように工夫するとよい」（井狩，2012，p.54）と述べています。

　ピアジェの発達段階のうち「形式的操作期」は小学校では高学年に当てはまります。論理的思考力が使えるようになる時期なので、例えばアルファベットの名前と音の関係などにも興味を持ち、3文字の単語を読もうとしたりします。これまで音声で慣れ親しんできた英語の語句や表現に対して文字を導入することは、高学年の知的好奇心を満たす活動であり、児童の発達に即していると言えるでしょう。

３．ヴィゴツキーの社会文化理論

　ピアジェが子どもの発達の仕組みについて、個人のメカニズムとしての理論を構築したことに対して、社会の中での子どもの発達について考えたのがヴィゴツキーです。ヴィゴツキーは旧ソビエト連邦の心理学者で、37歳で早世しましたが、歴史、哲学、心理学、教育学、障害学、医学へと多方面での研究領域を持っています。特に心理学、教育学の両面での学説では日本でも注目が集まっています。ヴィゴツキーは社会文化論の中で「個人と環境は一体であり、他者との社会的交流（インタラクション）を通じてさまざまな能力が発達する」（馬場、新多，2016，p.167）と考えました。ヴィゴツキーの理論は多岐にわたっていますが、ここでは「最近接発達領域」（Zone of Proximal Development: ZPD）を紹介しましょう。少し分かりにくい言葉ですが、ヴィゴツキーによって生み出された用語の英訳を日本語にしたものです。ヴィゴツキーが考え出したこの概念は、子どもの精神発達と指導者や学習との関係を示す新しい心理学概念（柴田，2006）とされています。

　この理論では、児童の発達状態を三つのレベルに分けて考えています。馬場、新多（2016，p.167）の３領域の図解によると、中心部分の円は子どもが「助けがなくてもできる領域」に位置付けられます。二つ目の円は「助けがあればできる領域」すなわち、この部分が「最近接発達領域（ZPD）」です。一番外側の三つ目の円は「助けがあってもできない領域」です。

　最近接発達領域は「子どもは大人（もしくは年長の子ども）との社会的な交わりを通して、最初は一人で解決できない問題を、周りの助けを得て解決するが、後にその力を内面化させ、自分一人で問題解決ができるようになる」（アレン玉井，2010，p.28）という考え方に基づいていますが、児童の発達におけるこの領域について、リクソンは「誰か手伝ってくれる人がいれば、もう少しで僕ができそうなこと」（リクソン，2013，p.31）と大変分かりやすく解説し、子どもが必要としていることを大人が改めて意識して考えると、より効果的な導きの手を差し伸べることができるかもしれないと指摘しています。

　ヴィゴツキーの最近接発達理論を考える際に、参考にしたいのがアメリカの発達心理学者であるブルーナーが唱えた「足場組み（scaffolding）」という概念です。工事中の建物の周りに組まれている「足場」は、作業をする必要な場所に作業員が行き来するために組み上げられ、必要がなくなると取り外されます。同じように、大人は子どもの発達段階に合わせたやり取りを行いますが、言語が発達していくのに合わせて、やり取りの中での支援を減らしていくというのが足場組みの考え方です（リクソン，2013）。

　初めて自転車に乗る練習をする時、しばらく補助輪付きの自転車でハンドルを操作し、バランスを取ることに慣れていくと補助輪を外してもらえます。ここで一つ目の足場が外されるわけです。次のステップでは大人に後ろで支えてもらいながら、自転車に乗る練習をしま

す。十分にバランスが取れるようになるのを見計らって、大人は子どもがこいでいる自転車から手を離します。支援が必要でないと判断されると次の「足場」が取り外されるのです。自転車に乗る練習のように、第二言語習得においても指導者の適切な「足場組み」が重要な役割を果たします。

４．児童の認知・情緒発達に即した指導法

　個人の子どもに焦点を当てたピアジェの発達理論と、他者との関わりの中での子どもの発達に焦点を当てたヴィゴツキーの社会文化理論の視点はどちらも重要としつつ、井狩は、ヴィゴツキーの唱える発達理論の観点は外国語教育の内容を検討する際に、「発達段階に合った指導だけでなく、子どもとのやりとりを通して能力を引き出す工夫も必要である」（井狩, 2012, p.55）ことを教えてくれていると指摘しています。指導者の支援だけでなく、クラスの友達との協働学習を通しても児童が成長できるというこの考え方は、新学習指導要領で掲げられている「主体的・対話的で深い学び」の実現に向けた授業改善（アクティブ・ラーニングの視点に立った授業改善）にもつながります。

　また、馬場、新多（2016）が言及している「頭１つ分の背伸び」ができるような英語学習環境という概念は、第二部 Unit 6 の第二言語習得理論で扱ったクラッシェンのインプット仮説（i+1）の視点にも通じるものがあります。学習者が今持っている知識（i）よりも少し高いレベルの内容（+1）を学ぶことで言語習得が促進されるという理論は、「足場組み」の考え方に近いと考えられます。教育学、心理学、言語学などの理論の知識を必要に応じて実践に応用させることが日々の授業の向上につながることを再認識したいと思います。

Discussion Topic

　ヴィゴツキーの最近接発達領域（ZPD）の理論を踏まえて、外国語活動・外国語科の実際の指導の中で「もう少しでできそうなこと」に対する指導者の支援の仕方を考えましょう。

【参考文献】

アレン玉井光江（2010）『小学校英語の教育法　理論と実践』大修館書店.

馬場今日子、新多了（2016）『はじめての第二言語習得論講義：英語学習への複眼的アプローチ』大修館書店.

井狩幸男「第１部 第7章 関連領域からの示唆」岡秀夫、金森強（編著）（2012）『小学校外国語活動の進め方 －「ことばの教育」として－』成美堂.

J. ピアジェ（著）中垣啓（訳）（2007）『ピアジェに学ぶ認知発達の科学』北大路書房.

鎌原雅彦、竹綱誠一郎（2019）『やさしい教育心理学 第５版』有斐閣.

リクソン・シーラ、小林美代子、八田玄二、宮本弦、山下千里（2013）『チュートリアルで学ぶ新しい「小学校英語」の教え方』玉川大学出版部.

柴田義松（2006）『ヴィゴツキー入門』子どもの未来社.

吉田研作（2009）『子どもに英語を教えるための基礎知識1』アルク.

Unit 6

学級担任と JTE とのティーム・ティーチング

1．ティーム・ティーチングとは

　ティーム・ティーチングとは「ある特定の学習者集団に対して 2 人以上の教師がチームを組み、協力して指導にあたる教育方法のこと」（白畑他，2019，pp.306-307）です。小学校外国語活動・外国語科の授業において学級担任と ALT や専科教員、外部指導者（JTE）が協力して授業に当たることで、より豊富な授業形式を採用できる、授業中の活動を制御しやすい、英語を使用する雰囲気を作り出しやすい、ALT や JTE の発音をモデルとした活動ができるなどのメリットがあります。なお、この章では、日本人専科教員と外部指導者を合わせて JTE と表現することにします。

　巽（2001）は実際の授業で、チームでやれることを以下のように示しています。

①インフォメーション・ギャップのある会話を行うことができる

　教科を扱う単元で、"We study English in Japan." と伝えた後、イギリス人の ALT が "We study French in England." と教えてくれました。外国語活動で英語を扱うことが当たり前の日本の児童にとって、英語が母語の ALT が外国語としてフランス語を勉強するという話は、新たな情報を得る良い機会になりました。

②未知の事柄についての質問・情報提供ができる

　オーストラリアで生活した経験のある JTE が、T シャツを着てサーフボードを抱えているサンタの写真を示しながら、南半球の季節について紹介してくれました。ティーム・ティーチングによって、ALT の出身国や JTE が暮らしたことがある国についての文化的背景に関する情報を提供することができます。

③デモンストレーションを行う

　指導者が 2 人以上いることで、活動のやり方をより分かりやすく示すことができます。英語での説明でも、実際に行う活動をそのまま見せることで児童は活動のやり方を理解するこ

とができ、「英語が分かった！」という自信につなげることができます。

④会話のモデルを示す

　1年生の外国語活動では、"How are you?" と聞くと "How are you!" と答えてくることがよくあります。学級担任と ALT や JTE が実際に会話をやって見せることで、児童は "How are you?" と聞かれたら、"I'm fine." と答えることを理解します。

⑤異なった考えを示す

　動物の鳴き声を扱う単元では「英語ではワンワンが "bow-wow" と聞こえる」ということを説明するのがとても難しいことがあります。効果音の CD を使って実際に犬の鳴き声を児童に聞かせたことがありました。"What does the dog say?" の質問に学級担任は「ワンワン」と答えますが、同じ犬の鳴き声を聞いても ALT は "The dog says bow-wow." と答えます。指導者2人の異なった考えを示すことで、児童は英語での鳴き声の表現が違うことに気付きます。

⑥個人指導を行う

　指導者が複数いることで、より丁寧に机間指導をすることができます。1人ずつ答えさせるような場面では、学級担任と ALT や JTE が同時に児童との会話の相手ができるので、時間が短縮できます。

　このように、ティーム・ティーチングには効果的に授業を進める上でのメリットが多く見られますが、一方、打ち合わせの時間がうまく取れず、授業中の協力体制が作れない、ALT が経験不足で指導力に問題がある、効果的なティーム・ティーチングについて、学級担任の知識が足りず、ALT や JTE をうまく活用できないなどの問題も顕在しています。これらの問題を解消するためにはどのような取り組みが必要でしょうか。次節では、支援に入る指導者を日本人専科教員や外部指導者（JTE）に絞り、効果的なティーム・ティーチングの指導について考えます。

2．日本人外部指導者（JTE）とは

　新学習指導要領では、外国語活動、外国語科両方の指導計画の作成上の配慮事項に、指導計画の作成は、学級担任や外国語（外国語活動）を担当する教師が行うが、授業の実施においては、指導体制を充実させるためにネイティブ・スピーカーや英語が堪能な地域人材などの協力を得るように、と示されています（文部科学省，2018a）。そして、この配慮事項は、ティーム・ティーチングの体制を構築することにより、専門性を一層重視した指導を行うことの重要性を指摘しています（文部科学省，2018a）。学習指導要領解説では、ネイティブ・スピーカーや英語が堪能な地域人材の協力により、標準的な英語音声に接し、正確な発音を習得すること、英語で相手の発話を聞いて理解するための機会を日常的に確保することの重要性を強調しています。同時に、外国語の授業を担当する外部指導者には初等教育や児童への理解が求められています。つまり、児童が英語に触れる機会を充実させるために、外部指

導者は英語が堪能であることが必要であり、なおかつ学級担任の学習集団づくりに協力できるような初等教育の知識も重要です。

　また、日本人専科教員や外部指導者（JTE）は英語を第二言語として習得したロールモデルとして大きな役割を持っています。日本語を母語としながら英語を運用する高い能力を持つJTEは、児童にとっての目指す姿となります。知識と指導技術を兼ね備えたJTEのメリットは、以下のとおりです。①英語教育の知識がある　②学級担任と日本語でコミュニケーションを取れる　③小学校文化、地域の特性への理解がある　④メンターとして小学校教師の成長を支援できる。④に関しては、JTEが指導者としてではなく、英語教育アドバイザーとして採用されている自治体もあります。学級担任とティーム・ティーチングをする指導者という役割以外に、JTEには英語や英語教育の知識を生かして、学級担任の研修を担うという役割もあります。

3．ティーム・ティーチングの具体例

　この節では、実際の単元で学級担任とJTEがどのようにティーム・ティーチングを進めていくかを考えます。

　This is my favorite place. お気に入りの場所をしょうかいしよう　　1/4 時間

　外国語活動の『Let's Try ! 2』Unit 8（文部科学省 , 2018b）を取り上げ、指導案の流れを追いながら、ティーム・ティーチングがどのように機能しているかを考察します。

単元目標
・世界と日本の学校生活の共通点や相違点を通して、多様な考え方があることに気付くとともに、教科名や教室名の使い方に慣れ親しむ。（知識及び技能）
・自分が気に入っている校内の場所に案内したり、その場所について自分の考えなどを伝え合ったりする。（思考力、判断力、表現力等）
・相手に配慮しながら、自分が気に入っている場所について、自分の考えも含めて伝えようとする。（学びに向かう力、人間性等）

1/4時間

目標　教室の言い方に慣れ親しむ。

児童の活動	HRT の活動と使用英語例	JTE の活動と使用英語例	備考
挨拶をする。 I'm fine.	How are you, Ogawa-sensei? I'm fine. How are you, everyone? 児童に問いかける。	I'm great. How are you?	指導者同士が挨拶をしてモデルを示す。
どこの教室かな 1 Classroom 1	Look at the picture. 児童に教室の写真を見せる。 That's right! 他の教室の写真を見せる。	What is this room? This is our classroom. 絵カードの掲示は JTE が担当 This is the science room. This is the music room. などの表現を何度も聞かせる。	各過程の第一声をHRT が担当することで担任主導の印象を与える。

160

児童の活動	HRT の活動と使用英語例	JTE の活動と使用英語例	備考
学校の中を案内する仕方を知る。 Yes, I do.	Look at this map. Let's go to the music room. 地図上で案内された通りに移動する様子を児童に示す。 Ok. Go straight and … Oh, here is the music room. I like music. Do you like music?	This is our school map. I will show you the way. So please listen carefully. Go straight and turn right. JTE が分かりやすい英語で道案内をして、HRT をその教室まで連れていく様子を見せる。	JTE が HRT の道案内をすることで行き方の表現を示す。
キーワード・ゲーム ペアでキーワード・ゲームを行う。 JTE が言った教室名を繰り返す。 キーワードを言ったら、素早く消しゴムを取る。	It's Game Time! Make pairs. Take out an eraser. ペアになって、消しゴムを出しているかを確認する。 The first key word is "gym". Please listen and repeat after Ogawa sensei.	Let's play the key word game. We will show you how to play the game. Please make pairs and put an eraser between you and your partner. You can get the eraser when you hear the key word. Are you ready? 教室名を言い、児童に繰り返して言わせる。	HRT と JTE でキー・ワードゲームのやり方を示す。 複雑なゲームの説明は JTE がやり、HRT は机間指導をして、ゲームの準備ができているかを確認する。
【Let's Listen】 好きな校内スポットの音声を聞いて、誌面の校内地図のどの教室かを考える。	Good job, everyone. Let's review the words. 単語の発音練習は JTE に任せて児童と一緒に発音する。	Please listen and write the number. Let's practice the words one more time. Classroom, playground, gym, science room, music room …	語句の発音練習は JTE が担当する。
【Let's Chant】 音声教材を聞いて一緒に言う。	Let's do the chant.	First, please listen to the chant. Let's practice the chant.	デジタル教材の操作は JTE が担当する。
授業の振り返り	HRT が日本語で進める。		

　指導案での HRT と JTE の役割分担を確認しましょう。HRT が授業運営を主導し、英語での指導部分では JTE が HRT を支援している授業スタイルに注目します。このように、HRT，JTE のそれぞれが自分の強みを生かし、役割を果たすことで効果的な授業運営が可能になります。

Discussion Topic

　HRT 役と JTE 役になり、3の指導案を使って、ティーム・ティーチングの模擬授業を行いましょう。

【参考文献】
文部科学省（2018a）『小学校学習指導要領（平成29年告示）解説　外国語活動・外国語編』開隆堂出版.
文部科学省（2018b）『Let's Try! 2 指導編』東京書籍.
岡秀夫、金森強（編著）（2012）『小学校外国語活動の進め方－「ことばの教育」として－』成美堂.
白畑知彦、冨田祐一、村野井仁、若林茂則（2019）『英語教育用語辞典 第3版』大修館書店.
巽俊二（2001）『ティーム・ティーチングの進め方－授業改善の視点に立って』教育出版.
和田稔、Cominos, A.、Betts, R.、石川有香（1998）『ティーム・ティーチングの授業』大修館書店.

第三部　外国語活動の指導法

Unit 7
ことばへの気づきをもたらす指導

学びのキーワード 文構造への気づき、音声の違い等への気づき、ことばへの気づき (language awareness)

学びのポイント 学習指導要領を読むと「言葉の大切さに気付かせる」「国語と英語の音声の違いやそれぞれの特徴への気付き」「日本語の音声の特徴や言葉の仕組みへの気付き」「語順の違いなど**文構造への気付き**」など「気付き」という表現が何度も出てきます。本章では、「**ことばへの気づき**」について考察し、気づきをもたらす効果的な指導法を提案したいと思います。

1．ことばへの気づきとは

　リクソンは、ことばへの気づき（language awareness）について以下のように解説しています。「好奇心や探究心を持ち、母語やその他の言語に関して、自分で何かを発見し、気づくこと。また、いろいろな方法でことばを創ることに対して関心を持つことも、『気づき』の重要なプロセスである」（リクソン，2013，p.381）。ことばへの気づきは、母語、外国語を問わず、ことばの教育においてその根幹を成すものである、とリクソンは言及しています。母語と外国語がどれほど違うかを発見すること自体が、児童にとって大変興味があることであり、自分たちの母語と他の言語は働きが同じであるという思い込みを持っている児童にとって、母語と外国語を対比させることで彼らの視野を広げることができる、というリクソンの解釈には納得させられます。また、指導者が文構造・語彙・音声など、英語の持つ面白さとの良い出合いを作ることで、子どもたちの中にことばへの気づきが育まれるとリクソンは述べています。次節では、小学校学習指導要領解説外国語活動・外国語編からことばへの気づきに関わる内容を取り上げ、活動例案を参考に実際の単元でどのようにことばへの気づきをもたらす指導を行うことができるかを考察します。

　なお、「きづき」の表記については、学習指導要領や研修ガイドブックでは「気付き」と示されていますが、英語教育コア・カリキュラムの外国語指導法の項目では「気づき」とされています。そのため、この章では「気づき」と表記することにしました。学習指導要領等からの引用の場合は「気付き」と原文のままで掲載しています。

2．外国語活動・外国語科で育まれることばへの気づき

2.1　日本語と外国語との音声の違い等に気づく

　外国語活動では「外国語を通して、言語や文化について体験的に理解を深め、日本語と外

国語との音声の違い等に気付くとともに、外国語の音声や基本的な表現に慣れ親しむようにする」（文部科学省，2018a，p.13）という目標が掲げられています。小学生が外国語に出合うことで、日本語だけ使っている時には気づかなかった日本語の音声の特徴や言葉の仕組みに気づくことができ、日本語について理解を深めることができるとされています。

例えば、『Let's Try! 1』Unit 3 How many? 数えてあそぼうの単元では、「日本と外国の数の数え方の違いから、多様な考え方があることに気付く」という目標があります。児童は音声教材を聞きながら、違う言語では数の数え方も違うこと、韓国語や中国語の3は日本語と似ていることなどに気づきます。また、この活動では日本語の数の数え方を聞く時に、4，7，9の前で止め、どう数えるか考えさせます。4は「し」「よん」、7は「しち」「なな」、9は「く」「きゅう」などと発音することにも触れ、日本語にもさまざまな考え方があることに気づかせることができます。このように外国語の数に体験的に触れることで、普段使っている日本語に対しての気づきを促すこともできます（文部科学省，2018b）。

2.2　言葉の面白さや豊かさに気づく

外国語活動の2内容（1）英語の特徴等に関する事項には「イ 日本と外国の言語や文化について理解すること。（ア）英語の音声やリズムなどに慣れ親しむとともに、日本語との違いを知り、言葉の面白さや豊かさに気付くこと」（文部科学省，2018a，p.26）という項目があります。例えば、ニワトリの鳴き声は英語では "cock-a-doodle-doo" であることを知ると、日本語と英語では動物の鳴き声の表し方が違うということに気づきます。このように、日本語と英語の音声の違いを知ることで、言葉の面白さや豊かさに気づくことができるのです。

1年生の外国語活動で動物をテーマにした時に、*Old MacDonald Had a Farm* の絵本の読み聞かせをして、動物の鳴き声を紹介したことがあります。発展活動では、農場に行き、動物役の学生と英語の鳴き声で挨拶をしたら、スタンプをもらえるというスタンプラリーをしました。振り返りでは、「馬の『ネイ、ネイ』という鳴き声が日本語と全然違って面白かったです」という感想がありました。英語という新しい言語と出合ったばかりの1年生が、動物の鳴き声の違いを体験することから言葉の面白さに気づいた活動でした。

2.3　多様な考え方があることに気づく

同じく英語の特徴等に関する事項に「（イ）日本と外国との生活や習慣、行事などの違いを知り、多様な考え方があることに気付く」（文部科学省，2018a，p.26）という項目があります。我が国の文化を含めたさまざまな国や地域の生活、習慣、行事を体験的な活動の中で学ぶことで、多様な文化があることを知ります。また、日本と外国語の食生活や遊び、地域の行事などを比較することで、多様な考え方があることに気づきます。例えば、一日の生活でeat breakfast, eat lunch という表現を学習しますが、食事を食べる時の「いただきます」や「ごちそうさま」は日本独特のもので英語ではその意味を伝える表現はありません。一日の生活を題材にした英語の絵本の読み聞かせを通して、日本語の「いただきます」の意味を深く考えることから、食事に対する日本人の考え方に気づくことができる活動へと発展させるこ

とができるのです。

　中学年の外国語活動では「言葉の面白さや豊かさに気付くこと」「多様な考え方があることに気付くこと」を実際に英語を用いた言語活動を通して、体験的に身に付けるよう指導する（文部科学省，2018a）とされています。これは、ただ単に解説等を通して行うのではなく、言語活動を通して実際に体験する中で「知識及び技能」を身に付けることを示しています。そして、ことばへの気づきから英語の特徴等を体験的に身に付けることが、高学年の外国語科で英語の特徴や決まりに関する事項を技能として身に付けていくことにつながります。次項では、高学年の外国語科の目標から「気づき」を考察します。

2.4　高学年で扱う日本語と外国語との違いへの気づき

　中学年の外国語活動の目標では「音声等への気付き」とされていましたが、高学年の外国語科での目標は「外国語の音声や文字、語彙、表現、文構造、言語の働きなどについて、日本語と外国語との違いに気付き、これらの知識を理解するとともに、読むこと、書くことに慣れ親しみ、聞くこと、読むこと、話すこと、書くことによる実際のコミュニケーションにおいて活用できる基礎的な技能を身に付けるようにする」（文部科学省，2018a，p.69）とされています。音声の違いだけでなく、高学年では文字、語彙、表現、文構造、言語の働きなどについても気づく、という部分から言語活動が中学年の3領域から5領域に広がっていることがうかがえます。また解説では「気付きで終わるのではなく、それらが外国語でコミュニケーションを図る際に活用される、生きて働く知識として理解されることを求めている」（文部科学省，2018a，p.70）と述べられています。この記述からは、小学校外国語活動から外国語科へとつながる外国語教育の中でのことばへの気づきの位置付けが見えてきます。

　換言すると、中学年の外国語活動では年間35時間という時数の中で、外国語に対する興味・関心を高めながら、コミュニケーションを図る素地となる資質・能力を育成することがねらいとされ、ことばに対する意識を高めること、すなわち「ことばへの気づき」を大切にしていることが分かります。高学年の外国語科で扱う文字、語彙、表現、文構造、言語の働きへの知識を理解し、コミュニケーションで活用できる基本的な技能を身に付けるための緩やかな準備段階として、外国語活動ではことばへの意識を喚起し、外国語学習への動機付けを高めることが重視されています。

3．中学年外国語活動の単元で扱うことばへの気づき

　この節では、中学年外国語活動の各単元の中でのことばへの気づきをねらいとした目標の一覧を見ながら、どのような活動を通して、ことばへの気づきを促すのかを考えていきましょう。『Let's Try! 1』の「知識及び技能」の目標を見ると、8単元で「〜の違いに気付き」という表現が出てきます（文部科学省，2018b）。このことからも中学年、特に外国語に出合ったばかりの3年生に対して、ことばへの気づきを促すことが大切であることが読み取れます。

ここでは、単元目標のみを提示しますが、実際に各単元の指導計画を確認しながら、どのような活動を通してこれらの目標を達成していくかを考えていきましょう。特に3年生でことばとの良い出合いをすることが言語への興味・関心を高め、4年生の外国語活動、そして高学年の外国語科での豊かな学びにつながると言えるでしょう。

資料1 『Let's Try! 1』の単元とことばへの気づきに関わる単元目標（下線部は筆者による）

単元名	単元目標（知識及び技能）
2. How are you? ごきげんいかが？	表情やジェスチャーの大切さに気付き、感情や状態を尋ねたり答えたりする表現に慣れ親しむ。
3. How many? 数えてあそぼう	日本と外国の数の数え方の違いから、多様な考え方があることに気付き、1から20までの数の数え方や数の尋ね方に慣れ親しむ。
4. I like blue. すきなものをつたえよう	多様な考え方があることや、音声やリズムについて外来語を通して日本語と英語の違いに気付き、色の言い方や、好みを表したり好きかどうかを尋ねたり答えたりする表現に慣れ親しむ。
5. What do you like? 何がすき？	日本語と英語の音声の違いに気付き、身の回りの物の言い方や、何が好きかを尋ねたり答えたりする表現に慣れ親しむ。
6. ALPHABET アルファベットとなかよし	身の回りには活字体の文字で表わされているものがあることに気付き、活字体の大文字とその読み方に慣れ親しむ。
7. This is for you. カードをおくろう	日本語と英語の音声の違いに気付き、形の言い方や、欲しいものを尋ねたり答えたりする表現に慣れ親しむ。
8. What's this? これなあに？	外来語とそれが由来する英語の違いに気付き、身の回りの物の言い方や、ある物が何かを尋ねたり答えたりする表現に慣れ親しむ。
9. Who are you? きみはだれ？	日本語と英語の音声やリズムなどの違いに気付き、誰かと尋ねたり答えたりする表現に慣れ親しむ。

Discussion Topic

中学年の外国語活動で、日本語と英語の音声の違いへの気づきを促す活動を考えましょう。

【参考文献】
文部科学省（2018a）『小学校学習指導要領（平成29年告示）解説 外国語活動・外国語編』開隆堂出版.
文部科学省（2018b）『Let's Try! 1 指導編』東京書籍.
リクソン・シーラ、小林美代子、八田玄二、宮本弦、山下千里（2013）『チュートリアルで学ぶ新しい「小学校英語」の教え方』玉川大学出版部.

第三部 外国語活動の指導法

Unit 8
外国語活動の学習評価

> **学びの
キーワード** 指導と評価の一体化、資質・能力の３本の柱、見取り（行動観察）、
ポートフォリオ、振り返りシート
>
> **学びの
ポイント** 数値による評価がなじまないとされる外国語活動ですが、**指導と評価の一体化**と言われるように外国語活動においても評価は必要です。本章では、評価の３観点「知識・技能」「思考・判断・表現」「主体的に学習に取り組む態度」に沿った外国語活動の評価の在り方を考えます。

１．指導と評価の一体化

　外国語活動では、数値による評価はなじまないとされています。しかし、評価は必要です。「指導と評価の一体化」と言われるように、指導があれば必ず評価があるのです。指導者は授業を行う際には目標を設定し、それに沿って題材、言語材料、活動などを選びます。授業中は常に児童を観察し、目標が達成できるかどうかを考えながら授業を進めます。達成できていれば、さらにより良い授業のために改善を行いますし、できていない場合は原因を探り、その結果を次時の指導に生かします。このように、指導者は「授業の立案（Plan）」→「授業の実施（Do）」→「授業や指導案の評価（Check）」→「次の授業の改善、個に応じた指導の充実（Act）」という PDCA サイクルの確立を目指します。外国語活動の評価では、以下のように身に付けるべき三つの資質・能力に合わせた観点を設定しています。

外国語活動 評価の観点　　　　　　　　　　表１

観点	知識・技能	思考・判断・表現	主体的に学習に取り組む態度
趣旨	・外国語を通して、言語や文化について体験的に理解を深めている。 ・日本語と外国語の音声の違い等に気付いている。 ・外国語の音声や基本的な表現に慣れ親しんでいる。	身近で簡単な事柄について、外国語で聞いたり話したりして自分の考えや気持ちなどを伝え合っている。	外国語を通して、言語やその背景にある文化に対する理解を深め、相手に配慮しながら、主体的に外国語を用いてコミュニケーションを図ろうとしている。

（国立教育政策研究所 , 2019, p.7）

　外国語活動では、これらの観点に沿って、行動観察、ワークシートの点検、パフォーマンス評価、振り返りシートの点検・分析等を通して、「聞くこと」「話すこと［やり取り］」「話すこと［発表］」の３領域の評価を行うことになりますが、指導者は評価の方法を工夫しなが

ら、指導改善や学習改善につながる評価を心掛けることが大切です。

２．外国語活動における評価の在り方

　外国語活動の評価には、活動の見取り（行動観察）、ポートフォリオ評価、パフォーマンス評価（インタビュー、面接、授業内の発表、ワークシートや作品の評価等）、振り返りカード点検など、多様な方法があります。パフォーマンス評価については第一部 Unit 15 で詳しく述べていますので、参考にしてください。指導者は単元の中で、どの言語活動を、どの観点で、どのような評価方法で見取るかを計画します。

2.1　ポートフォリオ評価

　ポートフォリオとは元々書類入れやファイルを意味しており、これまでも総合的な学習の時間で活用されてきました。ポートフォリオ評価は「学習活動において児童生徒が作成した作文、レポート、作品、テスト、活動の様子が分かる写真や VTR などをファイルに入れて保存する方法」（グロワート，1999，p.8）と定義されていますが、児童の学習プリントや作品、振り返りシートなどの記録を蓄積したものです。ポートフォリオを作ることにより、児童の自己評価力を育てることができます。指導者は、児童の学習状況を確認しながら、ポートフォリオにコメントし、自身の指導への評価に活用することができます（泉，2017）。指導者にとっても、また学習者にとっても学びの軌跡が可視化できるポートフォリオは、学習活動において効果的であり、学びを俯瞰するために活用できるものと言えるでしょう。

2.2　振り返りシート

　授業の最後に、振り返りの時間を持つこと、すなわち自己評価は児童の自己肯定感や有能感を高める役割をします（泉，2017）。指導者は本時のめあてを再確認し、児童に振り返りシートに記入させます。「知識・技能」、「思考・判断・表現」、「主体的に学習に取り組む態度」の視点での自己評価ができるように、中学年児童が分かる言葉で質問を設定できるとよいでしょう。また、自由記述の内容からは、粘り強い取り組みや自らの学習を調整しようとしていることを読み取ることもできます。

３．評価事例

　『「指導と評価の一体化」のための学習評価に関する参考資料』（以下、参考資料）から外国語活動における評価の事例を取り上げ、学習成果をどのように捉え、主体的・対話的で深い学びの観点からどのように授業改善を図るべきかを考えていきます。ここでは、事例 5 の「話すこと［やり取り］」における評価について考察します。この評価事例では、『Let's Try! 1』Unit 7 This is for you. の単元において、第 4 時、第 5 時で「話すこと［やり取り］」の記録に残す評価を行います。なお、この単元では、「聞くこと」に関しては記録に残す評価は行わな

いが、目標に向けて指導を行い、指導者は児童の学習状況を確認することとされています。記録に残す評価に関しては、第一部 Unit 15 で詳説しています。

　以下は「話すこと［やり取り］」の記録に残す評価を行う上での、単元の評価規準です。

単元の評価規準（話すこと［やり取り］）　　　　　　　　　　　表2

知識・技能	思考・判断・表現	主体的に学習に取り組む態度
色や形など、身の回りの物について、What do you want? や〜, please. などを用いて欲しいものを尋ねたり答えたりすることに慣れ親しんでいる。	学級の友達に感謝の気持ちを伝えるカードを作るために、相手に伝わるように工夫しながら、色や形など、身の回りの物について、欲しいものを尋ねたり答えたりして伝え合っている。	学級の友達に感謝の気持ちを伝えるカードを作るために、相手に伝わるように工夫しながら、色や形など、身の回りの物について、欲しいものを尋ねたり答えたりして伝え合おうとしている。

（国立教育政策研究所教育課程研究センター，2020，p.88）

　この単元の第4時と第5時のグリーティングカードを作る活動では、表2の評価規準に沿って「話すこと［やり取り］」の記録に残す評価を行います。以下、児童の発話例です。

児童1と児童2のやり取り
児童1: Hello!（手を振る）
児童2: Hello.
児童1: What ... do you want?
児童2: I like pink.
　　　　A pink heart, please.
児童1: OK. One? Two?
児童2: Three, please.
児童1: OK.
児童2: Thank you.
児童1: You are welcome.
児童2: See you.

児童3と児童4のやり取り
児童3: Hello! Hello!（笑顔で手を振って）
児童4: Hello!
児童3: あれ…何て言うんだっけ？ What do ... want?
児童4: Blue triangle, please.
児童3: Blue? Triangle? OK! I like blue!
児童4: Good!
児童3: え〜と…あっ、One? Two? Three?（指で示す）
児童4: Two.（指で示す）
児童3: Oh, two? Good! OK! Thank you.（形を手渡して）
児童4: Thank you.
児童3: You are ... ウ、ウ welcome. See you!（手を振り）
児童4: See you.

（国立教育政策研究所教育課程研究センター, 2020, p. 90）

　この発話例では、提示された児童同士のやり取りから「主体的に学習に取り組む態度」の評価方法として、慣れ親しんだ語句や表現を使っている特徴的な様子を見取るほか、児童が友達のやり取りを見て、その良さを取り入れたり、工夫したりしている特徴的な様子も見取っています。上記の発話例を参考に、児童2を「知識・技能」「思考・判断・表現」、児童3を「思考・判断・表現」「主体的に学習に取り組む態度」の観点で、どのような評価の記録を残すかを考えてみましょう。

　参考資料では、事例に提示されたやり取りの発話からどのように評価したかが解説されています。解説によると、児童3への評価では、表現の誤りや言いよどみがあり、支援が必要

な場面があっても粘り強く取り組み、相手に配慮しながらジェスチャーを交えたり、よりよく伝えようとしたりする工夫が見られたとし、評価簿にはこの状況を肯定的に評価する記述を残しています。活動状況の観察を通して、評価の3観点において十分でない状況が見られた場合の事後指導が大切であることも参考資料から読み取れます。

　「参考資料」は国立教育政策研究所のホームページからPDFをダウンロードできますので、事例5，6[(1)]をよく読み、外国語活動における評価の方法、事前の手だて、評価例、そしてどのように事後指導するかを確認し、『Let's Try! 1』『Let's Try! 2』の他の単元での評価場面についても評価計画を立ててみましょう。記録に残す評価は、1単元で全児童について記録するのではなく、1年間を通して各観点・各領域でバランスよく全児童の記録を蓄積できるよう、年度始めに年間評価計画を立てておけるとよいでしょう。

Discussion Topic

「参考資料」の事例6（『Let's Try! 2』Unit 5）を読み、Let's Watch and Think 2の映像を視聴します。映像資料を視聴している様子や気付いたことの発表の記録から、4名の児童の評価をどのように記録に残すかを話し合いましょう。デジタル教科書に収録されている映像を視聴できない場合は、事例6、93ページの＜映像資料スクリプト＞を読み上げてください。

注(1)　国立教育政策研究所教育課程研究センター（2020）「指導と評価の一体化」のための学習評価に関する参考
　　　資料 小学校外国語・外国語活動 , <https://www.nier.go.jp/kaihatsu/pdf/hyouka/r020326_pri_gaikokg.pdf>
　　　2021年7月1日アクセス .
　　　事例5　キーワード「話すこと［やり取り］」における評価…88ページ
　　　事例6　キーワード「聞くこと」「話すこと［発表］」における評価…92ページ

【参考文献】
グロワート・E.（鈴木秀幸訳）（1999）『教師と子供のポートフォリオ評価（総合的学習・科学編）』論創社 .
泉惠美子（2017）「11章評価のあり方、進め方」樋口忠彦、加賀田哲也、泉惠美子、衣笠知子（編著）『新編 小学
　　　校英語教育法入門』研究社 .
国立教育政策研究所教育課程研究センター（2019）「学習評価の在り方ハンドブック」,
　　　<https://www.nier.go.jp/kaihatsu/pdf/gakushuhyouka_R010613-01.pdf>2021年7月1日アクセス .
国立教育政策研究所教育課程研究センター（2020）『「指導と評価の一体化」のための学習評価に関する参考資料 小
　　　学校 外国語・外国語活動』東洋館出版社 .

Unit 9
中学年に適したさまざまな活動

外国語活動では『Let's Try! 1』『Let's Try! 2』を使用することが多いでしょうが、指導者のアイデア次第でより充実した活動になります。本章では中学年に適した活動を紹介します。まずはシンプルで楽しい One to Ten Wow! ゲームです。二つ目は動物の鳴き声チャンツで、動物の鳴き声をチャンツで覚えて絵本の音読や発表に役立てます。そして、三つ目はたった50秒でイソップ物語の音楽劇を作る活動に挑戦します。

1．ゲームはシンプルなものが楽しい

　中学年では、時々クラス全体で盛り上がるような英語のゲームをしたいものです。そこで本章では One to Ten Wow! ゲームを紹介します。これはルールがシンプルで準備が不要ですが、なぜか笑いが起こる楽しいゲームです。進め方は次のようになります。

①1から10の数字の発音練習をする　②6人ぐらいのグループを作り輪になる　③最初に one と言う人を決める。ボランティアがよい　④初めの子が one と言いながら輪の中の誰かを指す。この時、大きな動作で指す　⑤指された子は two と言いながら素早く次の子を指す　⑥これを次々とやり ten と指されたら、その子は何もしないで両側の子が Wow! と言って手を挙げる　⑦たいていここで勘違いが起こり爆笑となる　⑧次は ten で指された子が one と言って始める　⑨慣れてきたらスピードを上げる　⑩繰り返す

　このゲームを体験すると分かりますが、私たちはどうも同じ向きにいる同じ人を指してしまいがちです。自分で次はこっちの人を指してみようと思っていても、なかなか思うようにいかないのです。また、ten で指された子が自分で Wow! と言ったり、両側の子が忘れていることもあります。そして、何よりも nine で指された子が自分の隣の子に ten で指してしまうことが面白いです。これでは自分が Wow! を言わなければなりません。

　外国語活動で行うゲームは、ただの遊びではありません。英語が基になっていることを意識して行うのがポイントです。このゲームでは数をしっかりと発音することが大切です。そして、やめ時は何度かやり盛り上がった後、完全燃焼しない前です。やめ時が良いと子どもたちはまたやりたくなります。それによって何度も数字の発音練習ができるのです。

　ルールが複雑で準備が大変なゲームはお勧めしま

せん。シンプルなゲームは隙間時間やクラスの雰囲気を変えたい時にすぐできます。ぜひ挑戦してみてください。

2．動物の鳴き声チャンツ

　動物の鳴き声の表現は国によって違います。日本人の耳に犬は「ワン、ワン」と鳴くように聞こえますが、英語圏の人たちには "bow-wow" と聞こえるようです。動物の鳴き声を知っていると絵本を読む時に鳴き声を入れることができますし、発表やさまざまな活動に使えます。このクイズチャンツに合わせて動物の鳴き声を練習していると自然に覚えることができます。

⑪ What does a duck say in English? / "quack, quack"　　　アヒルは英語で何と鳴く？

⑫ What does a frog say in English? / "ribbit, ribbit"　　　カエルは英語で何と鳴く？

⑬ What does a pig say in English? / "oink, oink"　　　ブタは英語で何と鳴く？

⑭ What does a rooster say in English? / "cock-a-doodle-doo"　　　ニワトリは英語で何と鳴く？

⑮ What does a horse say in English? / "neigh, neigh"　　　ウマは英語で何と鳴く？

⑯ What does a cow say in English? / "moo, moo"　　　ウシは英語で何と鳴く？

⑰ What does a tiger say in English? / "growl, growl"　　　トラは英語で何と鳴く？

⑱ What does a dog say in English? / "bow-wow"　　　イヌは英語で何と鳴く？

⑲ What does a mouse say in English? / "squeak, squeak"　　　ネズミは英語で何と鳴く？

⑳ What does a cat say in English? / "meow, meow"　　　ネコは英語で何と鳴く？

『クイズでチャンツ』mpi 松香フォニックス

3．50秒の音楽劇に挑戦
The boy who cried "Wolf!" オオカミとさけんだ少年

音 声

あの有名なイソップ物語の一つです。音源を使って50秒の音楽劇にまとめましょう。セリフはたったの6行ですが、臨場感あふれる音楽が物語の世界を演出してくれます。セリフは音源にかぶせて言いますから誰でも楽しく参加できます。ぜひ挑戦してください。あらかじめ音源を何度も聞いて、全員でセリフの部分を練習するとスムーズになります。

配役

少年1人、村人たち多数、オオカミ1人、フクロウ1人

音源スタート

（1）16秒続く前奏が、何か大変なことが起こる前触れのようです。

（2）少年：遠くからひそかに村人たちの動きをうかがっているジェスチャーをする。

　　　村人たち：何も知らずみんなでおしゃべりをしながら農作業をしているジェスチャーをする。草取りをしたり、鍬を持ったり種を撒いたりする。

（3）Scene 1 The boy cries "Wolf!" 少年が「オオカミ！」と叫ぶ。

　　①少年が叫ぶ。両手を口にあてて叫ぶ。

　　　The boy: Wolf! Wolf! オオカミ！オオカミだ！　発音に注意、ウルフにならないように。

　　②村人たちは農作業の手を休める。

　　　The villagers: Where? Where? どこだ？どこだ？

　　　その場で立ち止まって、きょろきょろ、あちこちを見渡す。

　　③少年がからかう。村人たちを指さして言う。

　　　The boy: Made you look! Made you stare! バカは見る！バカは見る！

　　　「バカは見る！」という訳になりますが、この made は使役動詞で、made＋目的語＋動詞の原形「人に〜させた」という表現になります。この場合「あなたに見ることをさせた」という意味になりますが、一般的にはいたずらをして相手を振り向かせた時によく使い「ほら、見た」「ひっかかった」というような感じになります。

（4）間奏

　　　この間に本当にオオカミが出てきて少年を追いかける。少年は真剣に逃げる。

　　　その場で手と足を動かして逃げるふりと追いかけるふりをしてもよい。

（5）Scene 2 The wolf really comes オオカミが本当にやってくる。

　　①少年は逃げながら叫ぶ。

　　　The boy: Wolf! Wolf! It's true! It's true! オオカミ！オオカミ！本当だ！本当だ！

　　　少年は真剣に何度も叫ぶ。両手を口にあてて必死に叫ぶ。

　　②村人たちは農作業をやりながら言う。農作業の手を休めずに続ける。

　　　Yeah, yeah, we don't trust you. はい、はい、信用しませんよ。

　　　立ち止まった手で Yeah, yeah というしぐさをしながら言う。

③少年はオオカミに追いかけられながら遠くへ逃げて、やがて見えなくなる。

（6）賢いフクロウが登場する。

　①ステージや教室の隅にあるテーブルなどの下に隠れていてそっと現れる。

　②人差し指を動かして人に諭すように言う。セリフに合わせて口パクでもよい。

　　The wise old owl says: 賢い老フクロウの言葉：

　　If you lie, no one trusts you, even when you're telling the truth.

　　うそをつくと、本当のことを言っているときでも誰も信じてくれない。

　③そっと下に消えていく。

The goose with the golden eggs　mpi 松香フォニックス
© Tomo'o Tsuruya, Norihito Sumitomo, 2003

Unit 10
中学年に適した教材

中学年に適した教材として、外国語活動の授業でみんなが元気に仲良くなれる歌、児童がストーリーに入り込める歌、発音がなかなか定着しない国の名前を楽しく覚えるチャンツ、クマの家族の旅行を通して形の名前をインプットする絵本を紹介します。指導者が歌やチャンツ、絵本を自分で選ぶ時の参考になるように考えました。

1．歌の教材

1.1　♪ HELLO ～ Cheers ～

　外国語活動の授業は元気に始めたいものです。初めの歌は、元気が出るもの、クラスの結束が固くなるもの、英語のリズムを感じられるもの、テンポが良いもの、ジェスチャーが付けられるものを選ぶことがポイントです。

　ここで紹介する♪ HELLO ～ Cheers ～は「チームワークと元気」をアピールする歌です。リーダーの後について元気よく歌います。下の図のように体を使って大きな文字を作りながら歌ってください。リーダー（指導者）が体文字を作ると児童はそのまままねをします。

　また、これは学習指導要領（文部科学省, 2018, p.31）、外国語活動の言語活動及び言語の働きに関する事項にある「文字の読み方が発音されるのを聞いて、活字体で書かれた文字と結び付ける活動」の練習の一つにもなります。

　Hello の続きのジェスチャーはクラスで作ってみましょう。1年間で少しずつ改良していくこともできますし、幾つかのバリエーションがあってもよいでしょう。

H-E-L-L-O　× 2　　　　　　　　　　　　H-E-L-L-O　　　

That's the way we say hello × 2　　　それが私たち流のハロー。

Now that you've got the beat × 2　　ビートにのったね！

Listen to your hands and feet × 2	耳をすませて、手足にあわせて、
Yeahhhhhhhhhhhhhhh!	イェ〜イ！

1.2 　♪ The Bus Song

　子どもがストーリーに入り込めるというのも歌を選ぶ上でのポイントになります。♪ The Bus Song は自分たちが乗客や運転手、車輪、ワイパー、赤ちゃん、お母さんになって歌うことができます。登場人物や物になれる歌はストーリーがよく分かり英語で歌っていることを忘れてしまいます。日本語とは違う sh, swish, honk などの擬音語に触れることもできます。この歌では主語によって go が goes になりますが、児童は意識せずに聞いたとおりに歌えますので、特別な指導は不要です。

1. The <u>people</u> on the bus go up and down,	バスの乗客は上下に	**音声**
Up and down, up and down,	ゆれる、	
The people on the bus go up and down,		
All through the town.	街の中を走っている間ずっとね。	

people の部分が以下のように変わり up and down も入れ替わります。

The <u>wheels</u> on the bus go round and round,	バスの車輪はぐるぐるまわる、
The <u>baby</u> on the bus goes wah, wah, wah,	赤ちゃんはワーワーって泣きわめく、
The <u>mommy</u> on the bus goes sh, sh, shhhh,	お母さんはシーシーって（赤ちゃんを）なだめる、
The <u>wipers</u> on the bus go swish, swish, swish,	ワイパーはシュッシュッと動く、
The <u>driver</u> on the bus goes honk, honk, honk,	運転手はクラクションをブーブーと鳴らす、

Songs and Chants 2 　mpi 松香フォニックス
© 2007 Tomo'o Tsuruya, Norihito Sumitomo, Shusei Murai

2. チャンツの教材

　チャンツの教材は、英語のリズムをはっきりと表しているものを選びます。良い教材ではリズムに合わせて歌っているうちに語彙や表現が丸ごとインプットされます。このチャンツを練習すると日本語名と似ているため英語の発音がなかなか定着しない国名（例：ブラジル→ Brazil）、日本語名と英語名がまったく違う国名（例：ドイツ→ Germany）などが自然に身に付きます。

　ここには16か国の名前が収録されています。イギリス、スイス、インド、タイ、アルゼンチン、ギリシャなどは英語で言うのが難しい国々ですが、楽しくインプットしたいものです。国際理解教育の一環として国旗が一緒に紹介されていますので、デザインや色の数などを確認するのもよいでしょう。なお、このチャンツのリズムを利用すると「〜じゃなくて〜」というチャンツを幾つでも作れますので容易に教材開発ができます。

動画

『バナナじゃなくて banana チャンツ』mpi 松香フォニックス

3. 形の名前をインプットする絵本

　絵本を利用する時には、慣れ親しませたい語彙や目標表現は何かを
考えましょう。*A Trip to Grandma's House* では、クマの家族がおばあちゃんのお家に遊びに
行きます。道中には困難がいっぱい。そこに「形」の仲間がやってきて、クマの家族を助け
てくれるストーリーです。形の名前を自然にインプットできる珍しい絵本です。

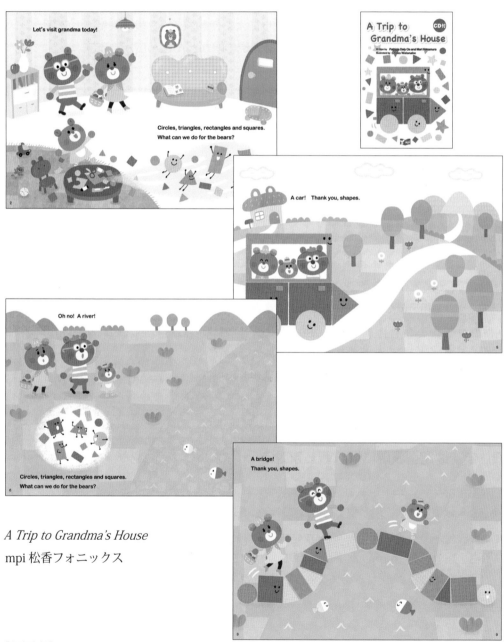

A Trip to Grandma's House
mpi 松香フォニックス

【参考文献】
文部科学省（2018）『小学校学習指導要領（平成29年告示）解説　外国語活動・外国語編』開隆堂出版.

Unit 11
英語によるやり取りの仕方

英語のやり取りに使う表現は慣用的なものが多く、定型表現に慣れ親しませることは、やり取りができるようになるための第一歩です。本章では、ジェスチャーと歌が付いたやり取りによく使われる12表現を紹介して解説します。単語を置き換えるだけで表現の幅がどんどん広がります。

1. 話すこと［やり取り］について

外国語活動の話すこと［やり取り］に関して、文部科学省（2017, p.17）は次のように述べています。

挨拶、感謝、簡単な指示をしたり、それらに応じたり、自分のことや身の回りの物について、動作を交えながら、自分の考えや気持ちなどを伝え合ったり、サポートを受けて、自分や相手のこと及び身の回りの物に関する事柄について、質問をしたり質問に答えたりすることが目標である。初めて外国語に触れることもあり、使う表現は慣用的なものが多いが、機械的なやり取りに終わることがないようにしたい。また、外国語を話すことに抵抗感をもつ児童もいる。指導者がサポートをし、児童同士がサポートし合える環境づくりも大切である。

2. まずは定型表現に慣れ親しませる

児童がやり取りを行う場面は、挨拶をする、質問をする、褒める、お礼を言う時などです。使う表現は慣用的な表現が多いことから、定型表現に慣れ親しませることは、やり取りができるようになるための第一歩です。英語の習い始めには、単語を「1語1語つなぎ合わせるよりも、定型表現（formulaic language）、すなわち英語の『チャンク（chunks：固まり）』として話すことになる」（ブルースター、エリス , 2005, p.136）と述べていますが、外国語活動ではチャンクが欠かせません。松香（2003, pp.129-130）はチャンクの種類を次の八つにまとめています。

1. 一語、実は一言で用事がたりることば Yes. No. Certainly. Open.
2. いつも決まっている単語＋単語　salt and pepper, cup and saucer, bread and butter
3. 決まったかたまり　by the way, hurry up
4. 相性のよい組み合わせ　take a bus, miss a bus, catch a bus
5. あいさつ語など　Good morning! Happy New Year!
6. 決まり文句　No, thank you. I have to go.
7. 文を始める決まり文句　Can you tell me the way to ...?
8. 一部しか変えることができないもの　That's not my fault.

　松香（2000）は、こうしたチャンクの中から、児童に必要で、なるべく表現が固定されている96の英語表現を選び『英会話たいそう Dansinglish®』を作りました。表現は八つのユニットに分かれそれぞれに12の表現があります。次の3では、その中から6番目のユニットにある12表現を紹介します。それぞれの表現はジェスチャー付きで歌うことができ児童はあっという間に覚えてしまいます。単語を入れ替えたり、順番を変えたり、既習表現を加えることにより、自分たちらしいやり取りに発展させることができます。

3.　歌とジェスチャーで慣れ親しんでやり取りをしよう

A	B
（1）Do you like *sushi* ?	Yes, I do. How about you?
Me, too.	
（2）Are you a good singer?	Yes, I am.
（3）Are you tired?	No, I'm not.
（4）Do you have any brothers?	No, I don't.
（5）How old are you?	I'm 16 (sixteen).

解説

（1）このやり取りでは A と B が基本になっていますが、B が "Yes, I do." の次に "How about you?" と A に尋ねています。これがこのユニットのキーセンテンスです。この「あなたはどう？」の一言で会話が続くことになります。自分が答えに窮した時も使うことができます。B が "Yes, I do." と答えましたので、自分も Yes の場合は "Me, too." もし、B が "No, I don't." と答え、自分の答えも No の場合は "Me, neither." を使います。

（2）"Are you a good singer?" とは、「歌は、上手？」という意味でとても英語らしい表現です。"Are you a good cook?"「料理は上手？」などと使えます。日本人は謙遜しますので、"No, I'm not." と答えがちですが、外国では全くふつうに "Yes, I am." と答える人が多いようです。

（3）"Are you tired?" は tired の代わりに、hungry, thirsty, sleepy なども使えて応用ができます。ここでは "No, I'm not." と答えていますが、"Yes, I am." も使って、自分の本当の気持ちを答えさせましょう。

（4）brothers の代わりに sisters を入れることができます。もちろん、兄妹以外に物でも使えます。教室内で "Do you have any questions?" とよく使います。この場合、ない時は "No, I don't." の他に "Not really. I'm OK." などと答えることもできます。

（5）日本人は外国人よりも上下関係を気にするため、いつも年齢を気にします。しかし、外国では人に年齢は尋ねませんし尋ねられません。ALT とのやり取りでも年齢については気を付けさせたいものです。この答えは一般的には I am（I'm）＋ 数字となります。years old を付けると少しフォーマルな感じがしますので、子どもは数字だけで十分です。

【参考文献】

J. ブルースター、G. エリス（2005）『「小学校英語」指導法ハンドブック』佐藤久美子編訳、大久保洋子、杉浦正好、
　　八田玄二訳，玉川大学出版部.

松香洋子（2000）『英会話たいそう Dansinglish』mpi 松香フォニックス.

松香洋子（2003）『発想転換の子ども英語』mpi 松香フォニックス.

文部科学省（2017）「小学校外国語活動・外国語研修ガイドブック」文部科学省 HP.

音声

『英会話たいそう Dansinglish®』mpi 松香フォニックス

© G. A. Satt

Unit 12
児童の発話の引き出し方・
児童とのやり取りの進め方

児童の発話を引き出し、やり取りを進めるには絵本の活用をしてみましょう。絵本が一冊あるだけで児童の発話を引き出す問いかけができ、発話への意欲を高めます。本章では、絵本の読み聞かせを扱った研究を紹介するとともに、本テーマにぴったりの絵本 *Where's Sam?* の読み聞かせに挑戦したいと思います。

1. 絵本で発話を促進

外国語活動では絵本を使うことが定着してきました。しかし、絵本を利用するといってもただ読み聞かせをするだけでは児童の心に言葉が残って、それがやり取りに結び付くような効果は薄いでしょう。読み聞かせには教師と児童のインタラクションが欠かせないのです。

萬谷（2009，p.72）は、絵本の読み聞かせにおける3人の教師の発話カテゴリーの頻度分析を行い、小学校の教師たちは絵本を読む時にどのような談話手法を用いているかを研究し、次の三つに分類しました（使用絵本は Eric Hill（1980）の *Where's Spot?*）。

(1) アウトプット誘因系（子どもに考えさせ発言させるための発問）

T ＝教師、C＝子供

カテゴリー	定義	例
Wh 疑問文	Wh で始まる疑問文	T: What is in the closet? C: Monkey!
Yes-No 疑問文	Yes-No question	T: Is he under the bed?
Completion Prompt	文の途中まで言い、子供にその後を言わせる（抑揚は上昇調）	T: Is he in the wardrobe? （たんすの扉をめくりながら） I am a … C: Monkey!

(2) インプット系（正しい英語表現を印象づける談話手法）

Recast	子供の返答をそれとなく正しい英語で言い換える（意味が正しければ受け入れる。）	T:（時計の中の動物をちらりと見せる） C all: Snake! Snake! T: It's a snake!

Repeat Prompt	重要な単語をリピートさせる。	T: Bear. C: Bear.
Answer Confirmation	子供の正しい返答を繰り返し、確認する。	T: Oh, is he inside the clock? 　I am a … C: Snake. T: Snake. Very good.
Answer Provision	児童の発話（英語、日本語）が誤っている場合に、正解を示し、明示的に訂正する。	T:（絵を指差し、名前を問う） C: ペロペロキャンディー！ T: Lollipop. Lollipop. 　You say lollipop.

（3）発話意欲促進系（発話促進のための情緒的談話手法）

Acceptance	子供の返答を受け入れる言語反応	T: That's right.
Doubt	子供の発言の真偽を疑う発話	T: Really?

萬谷（2009, p.72）の表1を筆者が整理したものです。

　萬谷（2009, p.79）は、「この3分類には、絵本の読み聞かせを通じて教師が何をねらうのかが現れているとも言える。つまり子供の発話を引き出す工夫を行いながら、子供が発話しやすいように受容的雰囲気を作ったり、あるいは挑戦的な問いかけをすることにより発話を刺激する一方で、英語の正しい表現をも印象づけることである。このように絵本の読み聞かせは、子供の自発的な発話を引き出し、意味のやりとりを大切にしながら、英語の表現もさりげなく印象づけることができるという点で、中学校段階でのより明示的な『覚えさせる』指導手法とは対照的である。つまり、『言わされる』より、『言いたい』という子供の気持ちを優先させた言葉のやり取りを通じたより自然な言語習得である。その意味で、絵本の読み聞かせは、子供の理解にもとづいて子供の反応をみながら相互交渉することに長けている小学校教師の良さが現れる教育手法であるとも言えるであろう」と述べています。

　さらにこの研究は、英語の発話を引き出す教師の談話手法として、児童の発話を賞賛し認めることが極めて重要であること、日本語より英語によって問いかけることが有効であること、読み聞かせの回数を重ねるにしたがって発話量が増加し、教師は児童の力の伸びを見極めながら、児童の発話を引き出す工夫をしていることを明らかにしています。

【参考文献】
萬谷隆一（2009）「小学校英語活動での絵本読み聞かせにおける教師の相互交渉スキルに関する事例研究」『北海道教育大学紀要（教育科学編）』第60巻 第1号 北海道教育大学.

2. *Where's Sam?* で挑戦

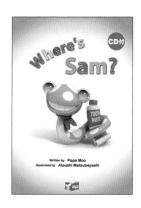

Where's Sam? は、「さっきまでいたのにどこにいっちゃったの？
お母さんと仲良し兄弟たちは家のあちこちを探し回ります。無事に
サムを見つけ出すことができるでしょうか。」というストーリーで
す。*Where's Spot?* は主人公がイヌで、こちらはヘビですが、共通
するものがあります。紹介した発話カテゴリーにある談話手法を
使って児童に読んでみましょう。回を重ねるごとに発話が活発にな
り、やり取りが促進されるでしょう。

Where's Sam? mpi 松香フォニックス
© 2012, 2013 Tomo'o Tsuruya, Norihito Sumitomo

Unit 13
語彙や表現に慣れ親しませる方法

本章では、動画と絵辞典を利用して語彙や表現に慣れ親しませる方法を紹介します。動画は登場人物の動きや言い方までそのまま伝わり、実際のやり取りを疑似体験できます。また、絵辞典には児童の好奇心をくすぐる項目が多く、新しい発見や驚きがいっぱいです。

1. 動画で親しむ

　文部科学省（2018, pp.90-91）は、児童に指導する語、連語及び慣用表現を「中学校の外国語科の学習の土台として十分な600～700語程度の語」「連語のうち、get up, look at などの活用頻度の高い基本的なもの」「慣用表現のうち、excuse me, I see, I'm sorry, thank you, you're welcome などの活用頻度の高い基本的なもの」としています。本節では、動画教材「小学校英語 SWITCH ON!® Grade 1」を使い、語彙や表現に慣れ親しませる方法を考えます。

　本教材は、10分から15分の短時間学習（モジュール学習）に活用できように作成されていますが、ストーリー部分の視聴だけでも回を積み重ねていくうちに語彙や表現が自然にインプットされるようになっています。ストーリー性のある動画は、絵本同様に外国語活動では必要不可欠なものです。内容は誰もが経験している日常の場面を取り上げていますが、「クスッ」と笑ってしまうようなユーモアを伴うパンチライン（オチ）が入っていることが魅力です。実際のやり取りの場面、絵本、スキットではこうしたパンチラインがあることでコミュニケーションが楽しくなります。英語ではよく使うパンチラインについて児童に説明するのは難しいのですが、この動画を通して簡単に体験させることができます。次に示す場面はあまりにも自然で誰もが経験ある朝の光景で、英語であることを忘れてしまいそうです。

Grade 1 Good Morning!

This is Jim. ジムを紹介しています。人を紹介する時にいつでも使える表現です。

Jim	Dad
Hi, Dad.	Good morning, Jim. How are you? Wow!
I'm sleepy ...	Are you alright? Look at your hair.

　Hi から始まる短い挨拶は使い勝手がよく気軽に使えます。Hi の後に Dad と呼び、Good morning の後に Jim と名前を呼ぶだけで、英語でやり取りをしている雰囲気が出ます。"How are you?" の答えが sleepy でしたから、お父さんは思わず "Are you alright?" と聞いたのでしょう。"Wow!" という間投詞は一言で気持ちを表すことができ、驚いている雰囲気がよく出ます。最後の "Look at your hair!" は命令文の表現に慣れるのに役立ちます。

Jim	Mom
Hi, Mom.	Good morning, Jim. How are you? Wow!
I'm sleepy ...	Are you alright? Look at your hair!

　お母さんに挨拶する所から始まりますが、お父さんと同じパターンです。声や言い方が違うだけで、いろいろな人とやり取りをしている感じがします。同じことを違う人と話す練習も中学年にとっては重要です。

Jim goes to the bathroom. 三人称単数の es に触れずに音で慣れさせましょう。

Jim	Mom
Wow! Cool! I'm a lion.	Jim! Brush your hair and wash your face!
I brush my hair. I wash my face.	
Now, I'm ready!	

　"Wow!" は、自分を見て驚いたのでしょう。その次がパンチラインです。まさか、「かっこいい！」「僕はライオンだ」と言うとは誰も思い付かないところに、このストーリーの魅力があります。お母さんの髪をとかして歯を磨いてという表現は、みんなで一緒に言えます。Jim が "I brush my hair." "I wash my face." と独り言のように言う場面は、習慣的な感じがしていつも洗面所でこう言っているのかと思うとほほ笑ましくなります。動画を利用すると登場人物の動き、やり取りの間合い、声の調子から言い方までそのまま伝わります。実際に使うやり取りを疑似体験しながら、語彙レベルではなくセンテンスレベルで表現に慣れ親しませることができるのです。

小学校英語 SWITCH ON!® Grade 1 mpi 松香フォニックス

2. 絵辞典を楽しむ

　教室に絵辞典を置くといつも誰かが見ています。ある日、教室英語を扱っているページをじっくり見ている2人の女の子がいました。「ここ見て」と1人が指さした先には、先生が黒板の前で片手を挙げて何かを話していて、一番左の女の子と一番右の男の子が手を挙げている絵がありました。2人からは「先生が "Any volunteers?" って言っていて、子どもたちは "Let me try!" だね」と言う声が聞こえました。実際そこには "Any volunteers?" と "Raise your hands." "I have a question." と書かれていました。このように児童は絵辞典を使って推測して遊ぶことができるのです。ここに CD などの音を上手に利用すればたくさんの語彙や表現に慣れ親しませることができるでしょう。ここでは『英語ビジュアル辞典555』の中から Recess Activities と Animals 2 を取り上げて紹介します。

（1）Recess Activities「休み時間は何してる？」のページには体育館、校庭、図書室の絵があります。そこには休み時間に児童がよくやることが詰まっています。

　　① go to the bathroom ② play dodgeball ③ play basketball ④ roll a big ball ⑤ play games ⑥ ride a unicycle ⑦ play on the jungle gym ⑧ pull a tyre ⑨ play soccer ⑩ jump rope ⑪ drink water ⑫ jump long rope ⑬ play tag ⑭ play rough with my friends ⑮ ask the teacher a question ⑯ draw cartoons ⑰ go to the library

　児童が休み時間にすることは一つに決まっていません。「まずはトイレに行って、図書館に本を返しに行って、それからふざけっこ」と、絵を指しながら自分だけの休み時間ストーリーを英語で作ることができます。キーセンテンスは "What do you do during recess?" "I draw cartoons." です。絵を見て音を聞いて、次は指さして言ってみる。こうして繰り返すうちに休み時間の語彙や表現に徐々に慣れ親しんでいくことができます。

音声

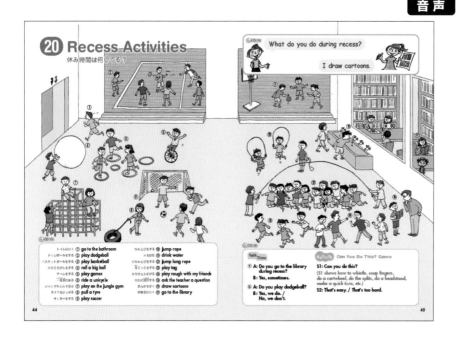

（2）Animals 2「動物をくらべてみよう」は、単なる動物の絵と名前が紹介されているもので
　　はありません。動物を走る速さ、体の重さ、危険度で比べている珍しい絵辞典です。

・一つ目のキーセンテンスは "Is a tiger faster than a lion?" "Yes, it is." 速さの絵には starfish
　　→ lobster → hippo → giraffe → lion → tiger → kangaroo → ostrich → cheetah の順番で、
　　みんなが右に向かって走っていますが、右に行くほどスピードが出ている感じがします。

・二つ目のキーセンテンスは "Which is heavier, an elephant or a hippo?" "An elephant is." こ
　　こでは koala → penguin → sheep → panda → horse → cow → camel → rhino → elephant
　　と右に向かって体が大きくなり、重くなっているのが分かります。

・三つ目の dangerous ではキーセンテンスはありませんが、jellyfish → monkey → gorilla →
　　king cobra → alligator の順番に絵が並び右に行くほど危険になっていることを示しています。

　　動物好きな児童にとっては手元に置いておきたい本です。児童の好奇心をくすぐる教材を
児童のそばに置いておくことは、語彙や表現に慣れ親しませるためには大変効果的です。児
童には推測力があります。文字は読めなくても、何度も見て音を聞いているうちに何となく
読めるようになっていくことは、次へのステップとして大切です。

音声

【参考文献】
文部科学省（2018）『小学校学習指導要領（平成29年告示）解説　外国語活動・外国語編』開隆堂出版.

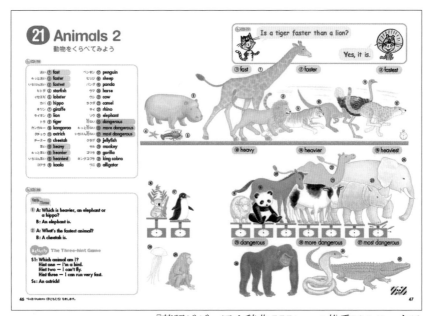

『英語ビジュアル辞典555』mpi 松香フォニックス

Unit 14
読み聞かせ指導

良い絵本にはパワーがあります。指導者の工夫次第で児童の認知・情緒的な発達に応じていかようにも対応できます。英語のインプットも促進させます。本章では、絵本の読み聞かせのコツを考えるとともに、仲良し兄弟のケンカと仲直りの気持ちを丁寧に描いた絵本 *Jack and Zak* の読み聞かせに挑戦したいと思います。

1．絵本のパワー

『はらぺこあおむし』という有名な絵本があります。ストーリーはとてもシンプルです。これは何歳の子どもに適しているでしょう。3，4歳くらいでしょうか。実は、この英語版は年齢に関係なく世界中の英語を学ぶ子どもたちに愛されています。日本の高学年だとこの絵本は内容が単純過ぎると思いがちですが、英語の絵本は表現が複雑なのです。*The Very Hungry Caterpillar* を実際に教室で活用している場面を見ると、児童は真剣に絵本を見ながら、先生の読み聞かせを聞いています。児童にとって日本語では簡単すぎるような絵本でも、英語になると違うのです。

これは *The Very Hungry Caterpillar* が持つパワーです。この絵本は子どもたちの年齢、認知的・情緒的な発達などに応じて活用することができるのです。もちろん、最大限に絵本を生かすためには良い指導が必要になるということは言うまでもありません。

2．読み聞かせのコツ

いくらパワーがある絵本を使っても、先生の読み聞かせ方によってその効果に大きな違いが出ます。そこで中学年の外国語活動としての読み聞かせのコツを整理しました。最初は、表紙から裏表紙まで丁寧に見せながら全部のページを通して読むことが必要ですが、次のようにやり取りを行いながら読み進むことで、英語をしっかりインプットできます。

1. 先生の顔と絵が見えるように座らせる。
2. ゆっくり、はっきり読む。聞いた英語と絵と結び付けて考える時間を与える。
3. 絵について説明して注意・関心を集める。
4. キーワード、キーセンテンスを繰り返し、時々、一緒に言うように促す。

5. ジェスチャーを使い、顔の表情を豊かにする。

6. 必要に応じて動物の鳴き声、擬音、効果音などを入れる。

7. 声に変化を持たせる。

8. ポーズを効果的に入れる。

9. "What happens next?"「次は何が起こる？」などと質問をして、ストーリーの世界へ引き込む。

3．*Jack and Zak* の読み聞かせに挑戦

ここでは *Jack and Zak* の絵本を実際に使って読み聞かせを行いたいと思います。

この読み聞かせでは、仲良し兄弟がケンカをした後に本当は仲直りをしたいのにできずにいる微妙な気持ちを丁寧に感じ取らせながら読み進めます。言葉が少ないページは2人の顔の表情をしっかりと見せてください。

（1）表紙を見せます。手をつないで仲の良い兄弟に見えますが、2人の影の真ん中に赤い線があります。そこに児童は何かを感じ取ります。次にタイトル、作家名・絵の作者名を必ず読みます。作者を常にリスペクトする姿勢を大切にしたいものです。

（2）中表紙もしっかりと見せます。おもちゃのイラストに児童は気付きます。

（3）①から本文です。"My name is Jack." で始まりますので、Jack の言葉で物語が語られていくことが分かります。児童は2人の部屋の中にあるおもちゃやベッド、遊び道具に興味を持ちますので、ぜひ触れてください。"We get on great!" は、仲が良いという意味です。

（4）②では、"Zak draws a line." とありますので誰が線を引いたかが重要です。ここに仲が悪くなったことが分かる言葉があります。"That side is yours." "This side is mine." That と This、yours と mine に気付かせたいです。線を引いた Zak が That side, This side と言っていますから、どのように読むか考えてください。

（5）③では、"when I come back." ここを意識させるといつ attack されたかが分かります。"I am attacked by a robot cat." ではどちらが Jack でどちらが Zak かをはっきりさせておく必要があります。

（6）④では、He と I が出ています。He が何をやって I が何をやり返したか面白い展開になっています。"He grabs my ear." と "I grab his toe." の He と I が重要です。後に耳が腫れたり、つま先に包帯を巻いている Jack と Zak の絵と合致します。

（7）⑤では、2人とも scream と yell しています。お母さんの言葉 "Go straight to bed! I'm telling Dad!" に「感嘆符！」が付いているのをしっかり見せてほしいです。かなり怒っている様子が分かります。このように文字でも感情を表現できるのです。

（8）⑥では、負傷した2人の泣いている姿をじっくり見せます。片耳、つま先が腫れてい

るようです。

（9）⑦では、部屋の線を境にして左右のベッドで寝ている２人の顔の向きに注目です。"We are roommates. We DON'T get on great." の DON'T を見せましょう。文字に関心がある時です。読めなくてもそこだけ大文字だと気付くでしょう。なぜ大文字か考えたいです。

（10）⑧では、暗い部屋の様子では Jack の顔に注目です。

（11）⑨では、黒い影になって線を越えて Zak の所に行く Jack とそれを迎える Zak の優しい顔に気付かせたいです。

（12）⑩では、ベッドで仲良く寝ている２人に Shark までうれしそうです。

（13）⑪では、２人で仲良くおやつを食べています。仲直りできたようです。Robot や Shark までご機嫌になっているところに注目です。

この絵本には CD, DVD があり、効果音付きの朗読、歌、リズム読みも入っています。

音声

表紙

中表紙

①
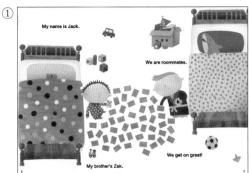

②

③
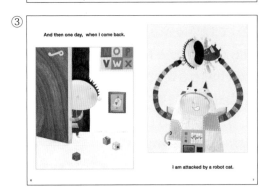

④
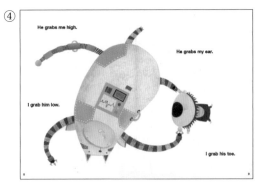

⑤

⑥

⑦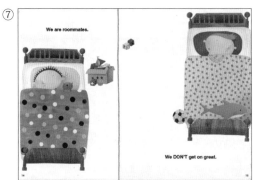

⑧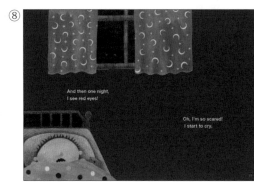

⑨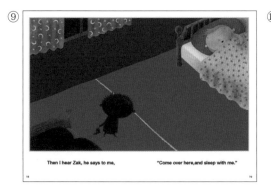

⑩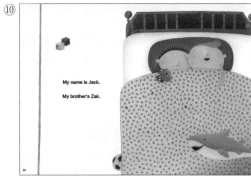

⑪

Jack and Zak mpi 松香フォニックス
© 2012 Tomo'o Tsuruya, Norihito Sumitomo

Unit 15
発表活動の指導

人前で自分の考えや気持ちを発表することは、中学年の児童にとってはハードルが高い活動です。実物や絵などのコミュニケーションツールを利用して挑戦させましょう。発表経験はやがてスピーチにもつながっていきますし、聞き手のマナーも向上し、良いオーディエンスを育てることもできます。

1. 外国語活動における発表

中学年の外国語活動の話すこと［発表］について、文部科学省（2017, p.18）は次のように述べています。

人前で実物などを見せながら、自分の考えや気持ちなどを話すようにすることがポイントとなる。「人前」というのは児童にとっても抵抗感があると思うが、事前の準備も可能なので、実物を活用したりして、様々なコミュニケーションのツールがあることを体験させたい。

1.1　Show and Tell と実例

これに最適な活動として Show and Tell が考えられます。Show and Tell は実物や絵を見せながら自分の考えや気持ちを紹介する活動です。ここでは好きなおやつを紹介する活動を紹介します。

4年生　単元 : What's your favorite snack?
　　　　　　「一番好きなおやつは何？」

自分の好きなおやつについて、実物、コラージュ（貼り絵）、写真や絵を見せながら、みんなの前で発表します。発表では、以下のように好きなおやつを三つ紹介します。

① 挨拶をして名前を言います。Hi. My name is Satoshi.

② 好きなおやつを言う。I like cookies.

③ 好きなおやつをもう一つ言う。I like rice crackers.

④ 一番好きなおやつを言う。But my favorite snack is chocolate.

⑤ 挨拶をする。Thank you.

『子供のための英語で自己表現ワーク1』mpi 松香フォニックス

　この他に自分が知っている表現（例："Yummy!"）などを自由に入れます。本番の発表前にはリハーサルをすることが大切です。リハーサルは全員で行う必要がない場合は、グループで実施することもできます。リハーサル後に修正や練習をする時間を与えるとより良い発表に結び付きます。

1.2　良い発表には良いオーディエンスがいる

　良い発表には良いオーディエンスが必要です。発表は発表者だけでなくオーディエンスにとっても大切な時間です。そのためには発表を聞くマナーを大切にします。オーディエンスは発表者をリスペクトして応援したいものです。

1.3　発表で大切にしたいこと

　発表活動はパフォーマンス評価とも関連付けられますが、次のような点を大切にして発表させたいものです。

　　○プレゼンテーションとして
　　　① 目線、姿勢、笑顔　　② 顔や体で表現している　　③ 熱意、自信がある
　　　④ 内容、意味が伝わる　　⑤ 個性的で魅力がある
　　○英語として
　　　①英語らしいリズムとイントネーション　　②通じる発音　　③声の大きさ、速さ、明瞭さ

2.　Colors（色）

　次は色を使った活動です。自分の好きな色と友達の好きな色を発表します。次ページにワークブックがありますので活用してください。

　指導の流れは次のようになります。

(1) キーセンテンスに慣れ親しむ。"What's your favorite color?" "My favorite color is ～ ."

(2) リズムに合わせて色を練習します。

　　1. beige　2. light green　3. orange　4. pink　5. green　6. gray　7. blue　8. brown

　　9. white　10. black　11. sky blue　12. red　13. gold　14. purple　15. yellow　16. silver

　　　これらの色はカタカナ英語として日常の会話で使われていますので、児童はどんな色か知っていますが、英語で発音するのが難しいものです。ここでは実際の色（Vocabulary のコーナーにある）を指さしながら丁寧に発音練習することが大切です。学習指導要領（文部科学省, 2018, p.13）でも「日本語と外国語との音声の違い等に気付くとともに、外国語の音声や基本的な表現に慣れ親しむ」とあり、色の練習は大変重要です。

(3) ❶では、星に自分の一番好きな色を塗ります。

(4) 色を塗った星を見せながら "My favorite color is blue." のように人前で言う練習をします。

(5) 時間がある場合は、1 人ずつ前に出て、ワークシートを見せながら、

　　① "Hi! My name is ～ ."　② "My favorite color is pink."　③ "Thank you." と発表するのもよいでしょう。

(6) ❷では、「文字を読んでその色をぬろう」という活動になっていますが、中学年は読めませんので先生が読んで星に色を塗る活動にしてください。しかし、このように文字を添えておくことは大切です。

(7) ❸では、外国語語活動では「ゆっくりはっきりと話された際に、自分のことや身の回りの物を表す簡単な語句を聞き取るようにする」（文部科学省, 2018, p.19）ことが求められていますので、"My favorite color is ～ ." と音声が流れたら、そこで止めて、聞き取ったことをみんなで言ってみましょう。ここでは書きません。

(8) ❹では、教室内を歩き、友達に好きな色を聞いてワークブックに記入します。ゲーム感覚でジャンケンをして（Rock, scissors, paper, one two three）、勝った人が "What's your favorite color?" と聞き、負けた人が "My favorite color is green." のように答えます。ジャンケンに負けているといつまでも色を聞けませんので、"How about you?" を練習しておくと便利です。その一言があれば勝った人にも聞くことができます。

(9) 発表をします。

①挨拶と名前を言う。	Hi! My name is ～ .
②自分の一番好きな色を言う。	My favorite color is light green.
③友達の一番好きな色を言う。	Takashi's favorite color is purple.
④挨拶をする。	Thank you.

【参考文献】
文部科学省（2017）「小学校外国語活動・外国語研修ガイドブック」文部科学省 HP.
文部科学省（2018）『小学校学習指導要領（平成 29 年告示）解説　外国語活動・外国語編』開隆堂出版.

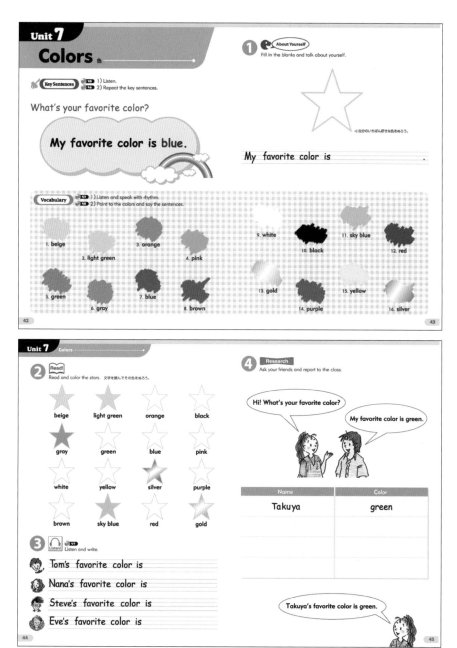

『子供のための英語で自己表現ワーク1』mpi 松香フォニックス

※本ワークブックには高学年で「書く」活動で使用することを考えて4線が入っています。

資料　教室英語ノート

　授業ですぐに使える教室英語の表現を『リズムでおぼえる 教室英語ノート』(mpi 松香フォニックス) から抜粋しました。教室英語をもっと学びたい方は CD 付きの上記テキストを使って、表現を練習することをお勧めします。Let's try! では、先生役・児童役になって会話練習をしてみましょう。

---

1. 始めのあいさつ

〈Teachers〉	〈Students〉
Hello, everyone.	Hello, Mr. Ogawa.
It's time for English class.	Yeah!
How are you today?	I'm fine, thank you. And you?
I'm fine, too. Thank you.	
How's the weather today?	It's sunny.
What's the weather like today?	It's cloudy.
＊どちらの表現も使われます。	
What day is it today?	It's Monday.
What's the date today?	It's April 21st. (twenty-first)
Are you ready?	Yes, I'm ready.
Let's sing the hello song.	All right!

2. よく見て、よく聞いて、まねをして

〈Teachers〉	
Look at Mr. Ogawa.	小川先生を見なさい。
Look at the board.	黒板を見なさい。
Point to the picture.	絵を指しなさい。
Touch the floor.	床をさわりなさい。
Listen to the CD.	CD を聞きなさい。
It's your turn.	あなた（たち）の番です。
One more time, please.	もう一度お願いします。
Close your eyes.	目を閉じなさい。
Open your eyes.	目を開けなさい。
Clap your hands.	手をたたきなさい。

Let's try!

〈Teachers〉	〈Students〉
Who wants to try?	Let me try! ＊やってみる時は "Let me try!"
Who knows the answer?	I know!　＊答えを言う時は "I know!"
Let's watch the DVD.	Okay.

3. ペアになったり、グループになったり

Stand up.	立って。
Make pairs.	2人組になって。
Face each other.	向かい合って。
Do rock, scissors, paper.	じゃんけんして。
Find a new partner.	新しい人とペアになって。
Make groups of 4.	4人組になって。
Let's make 4 lines.	4列になりましょう。
Get into 2 groups, A and B.	A と B、2つのグループに分かれなさい。
You are in Group A.	あなたは A グループです。
Group A and Group B, face each other.	AB グループ、お互いに向かい合って。
Ready? One, two!	いい？ 1、2。
Change parts. One, two!	交代して。1、2。
Go back to your seat, please.	席に戻ってください。

4. 発表しよう、ほめあおう

It's time for our skit show.	スキットショーの時間です。
You can do it!	できるよ。
Do your best.	ベストを尽くして。
Don't give up.	あきらめないで。
That was great!	とてもよかったです！
You did a good job.	よくできました。
I liked your gestures.	ジェスチャーがよかったです。
I liked your pictures.	絵がよかったです。
I liked your smile.	笑顔がよかったです。
Well done!	よくできました。
That was perfect.	完璧でした。
You did great.	すばらしくできました。
Very good.	とってもよかったです。
That's excellent!	すばらしい！
Give them a big hand!	発表者に拍手！

Let's try!

〈Teachers〉	〈Students〉
Any volunteers?	Let me try!
Who's next?	It's our turn.
Very well done.	Thank you very much.

5. 読んだり、書いたり、チェックしたり

Take out your books.	本を出して。
Take out your pencils.	えんぴつを出して。
Open your books to page 8.	テキストの8ページを開けて。
Turn to page 10.	10ページを開けて。
Let's start from here.	ここから始めましょう。
Let's read a story.	お話を読みましょう。
Look at the picture.	この絵を見て。
What is it?	何ですか？
This is the end of the story.	これでお話は終わりです。
Did you enjoy the story?	お話は楽しかったですか。
Come to the front.	前に出て来て。
Let's write the letter together.	一緒に文字を書きましょう。
Watch and copy carefully.	よく見てまねをして書きなさい。
Write the word on the worksheet.	ワークシートに単語を書きなさい。
Choose one of the words and copy it.	単語を一つ選んで、書き写しなさい。

Let's try!

〈Teachers〉	〈Students〉
Take out your homework.	I forgot.
Are you finished?	Yes, I'm finished.　/ No, not yet.
What is it?	I know! It's a bear.
Whose turn is it?	It's my turn.

6. 児童のための教室英語

I don't feel very well today.	今日は調子がわるいです。
I have a headache/ stomachache.	頭（お腹）が痛いです。
Can I go to the bathroom?	トイレに行ってもいいですか。
Can you say it again?	もう一度言ってくれますか。
Can you speak slowly?	ゆっくり言ってくれますか。
I'm sorry, I don't understand.	すみません、わかりません。

Let's try!

〈Teachers〉	
I went to Rome during the spring vacation.	Wow! That's great.
I like natto.	Me, too.
I have four brothers.	Really? That's amazing!
I can play the flute.	Cool!

7. 活動の終わり

Stop now.	やめなさい。
When you're finished, sit down.	終わったら、すわりなさい。
Who won?	誰が勝ちましたか？
Team A was the winner.	A チームの勝ちです。
It was a tie.	引き分けです。
How many cards do you have?	何枚カードを持っていますか。
Count your cards.	カードを数えなさい。
Let's count together.	一緒に数えましょう。
Who has two points?	2 ポイント取った人は誰ですか。
Three points for Group B.	B グループに 3 ポイント。

8. 終わりのあいさつ

Time is up.	時間です。
It's time to finish now.	もう終わりの時間です。
That's all for today.	今日はこれでおしまい。
Stand up, everyone.	みんな、立って。

Let's try!

〈Teachers〉	〈Students〉
Was the lesson fun?	Yes, that was fun.
Say "Thank you for the lesson, Sue."	"Thank you for the lesson, Sue."
You're welcome.	
Let's sing the good-bye song.	Okay.
Good-bye, class.	Good-bye, Mr. Ogawa.
	Good-bye, Sue.
See you next time.	See you next time.
Have a nice day.	Thank you. You, too.
Bye.	See you.

See you later, alligator. In a while, crocodile.
（じゃ、あとでね、ワニさん。ちょっとたってからね、ワニさん。）
英語のことば遊びです。Good-bye song の代わりに
このチャンツを掛け合いで言っても楽しいです。

9. ALT との会話

This is today's lesson plan.	これは今日の指導案です。
I want to teach these words.	これらの単語を教えたいです。
How do you spell it?	どう綴りますか。
How do you pronounce it?	どう発音するのですか。
What did you think of today's lesson?	今日の授業についてどう思いましたか。
Today's lesson was very good.	今日の授業はとてもよかったです。
You need to speak more slowly.	もう少しゆっくり話す必要があります。
Could you speak in simpler English?	もう少し簡単な英語で言ってくださいますか。

10. 授業や学校に関わる表現例

textbook	テキスト	worksheet	ワークシート
picture card	絵カード	lesson plan	指導案
classroom	教室	meeting room	会議室
hallway	廊下	library	図書館
gym	体育館	rooftop	屋上
nurse's office	保健室	broadcasting room	放送室
entrance	玄関	teachers' room/office	職員室
boys' room	男子トイレ	girls' room	女子トイレ
bathroom/restroom	トイレ	parking lot	駐車場
bulletin board	掲示板	principal's room/office	校長室
principal	校長	vice principal	教頭・副校長
school secretary	事務員	board of education	教育委員会
school nurse	養護教諭	supervisor of school education	指導主事
morning meeting	職員朝会	morning assembly	児童朝会
staff meeting	職員会議	field trip	遠足
recess	休み時間	school trip	修学旅行
Opening Ceremony	始業式	Entrance Ceremony	入学式
Graduation Ceremony	卒業式	first term	1学期
second term	2学期	third term	3学期
Sports Day	運動会	School Foundation Day	創立記念日
open school	授業参観	Open Day	参観日
demonstration lesson	研究授業	school lunch	給食
cleaning	清掃	class monitor duties	係活動
special activities	特別活動	student council	児童会
club activities	クラブ活動	student committee activities	委員会活動
outdoors school	林間学校	study camp	移動教室

第一部、第二部　音声・動画の出典一覧

p.21　第一部 Unit 3　音声	p.102　第二部 Unit 7　音声
♪ Five Little Monkeys *Songs and Chants*	♪ From Head to Toe ストーリーを 楽しみましょう *From Head to Toe*
p.39　第一部 Unit 8　音声	**p.103　第二部 Unit 7　音声**
『リズムでおぼえる 教室英語ノート』p.18〜19	♪ Peanut Butter and Jelly ストーリーを 楽しみましょう *Peanut Butter and Jelly*
p.40　第一部 Unit 8　音声	**p.103　第二部 Unit 7　音声**
『リズムでおぼえる 教室英語ノート』p.20	♪ Bears in the Night ストーリーを 楽しみましょう *Bears in the Night*
p.49　第一部 Unit 10　音声	**p.106　第二部 Unit 8　音声**
♪ Humpty Dumpty *I like coffee, I like tea* ©2002 Tomo'o Tsuruya, Norihito Sumitomo	♪ There's a Hole in the Bottom of the Sea *Mary had a little lamb* ©2003 Tomo'o Tsuruya, Norihito Sumitomo
p.49　第一部 Unit 10　音声	**p.106　第二部 Unit 8　音声**
♪ Peter Piper *I like coffee, I like tea* ©2002 Tomo'o Tsuruya, Norihito Sumitomo	♪ One Fat Hen *Songs and Chants 2* ©2007 Tomo'o Tsuruya, Norihito Sumitomo, Shusei Murai
p.85　第二部 Unit 3　動画	**p.106　第二部 Unit 8　音声**
♪発音たいそう 『アルファベットチャンツ』 ©2005, 2007 Tomo'o Tsuruya, Norihito Sumitomo, Shusei Murai	♪ I Will Not Give in to the Rain (Ame ni mo makezu) *Gorsh the cellist* ©2005 Tomo'o Tsuruya, Norihito Sumitomo
p.85　第二部 Unit 3　動画	**p.111　第二部 Unit 9　音声**
♪フォニックスアルファベット・ジングル 『フォニックスチャンツ』 ©2007 Tomo'o Tsuruya, Norihito Sumitomo	♪ I ♡ Japan 『おもてなしチャンツ』
p.93　第二部 Unit 5　動画	**p.112　第二部 Unit 10　動画**
♪バナナじゃなくて banana 『バナナじゃなくて banana チャンツ』	♪小文字たいそう 『アルファベットチャンツ』 ©2005, 2007 Tomo'o Tsuruya, Norihito Sumitomo, Shusei Murai
p.102　第二部 Unit 7　音声	mpi 松香フォニックス
♪ Brown Bear, Brown Bear, What Do You See? ストーリーを楽しみましょう *Brown Bear, Brown Bear, What Do You See?*	

小学校英語 はじめる教科書　改訂版
外国語科・外国語活動指導者養成のために－コア・カリキュラムに沿って－

特設サイト

https://www.mpi-j.co.jp/store/nb_elementary/

著者

小川 隆夫
聖学院大学 人文学部児童学科 特任教授
獨協大学外国語学部英語学科卒業。立教大学大学院異文化コミュニケーション研究科修
士課程修了。埼玉県内の小中学校にて30年以上勤務し、数々の英語教育を実践した後、
英国立リーズベケット大学大学院に留学。現在、聖学院大学の小学校教員養成課程で学
生指導にあたる。
☆第一部、第三部 Unit 9 ～ Unit 15 を執筆。

東 仁美
聖学院大学 人文学部欧米文化学科 教授
北九州大学外国語学部米英語学科卒業。テンプル大学大学院 教育学研究科英語教授法専攻
修士課程修了。2003年より品川区での教員研修を担当するなど、教員指導の豊富な経験
を持つ。現在、小川氏とともに聖学院大学の小学校教員養成課程で学生指導にあたるほ
か、J-SHINE（小学校英語指導者認定協議会）理事・トレーナー検定委員を兼任している。
☆第二部、第二部 Unit 1 ～ Unit 8 を執筆。

監修者

吉田 研作
上智大学 名誉教授・日本英語検定協会会長
上智大学外国語学部英語学科卒業。同大学大学院言語学専攻修士課程修了。ミシガン大
学大学院博士課程修了。現在、上智大学名誉教授、日本英語検定協会会長を務める。英
語教育、バイリンガリズム、異文化間コミュニケーション教育の第一人者。文科省など
の外国語教育に関する各委員会にも携わり、英語が使える日本人の育成に関する研究、
活動を行っている。

小学校英語　はじめる教科書　改訂版
外国語科・外国語活動指導者養成のために－コア・カリキュラムに沿って－

発行日　2021年8月25日　初版第1刷
発行日　2023年4月20日　　第4刷

著者　　小川隆夫
　　　　東仁美
監修　　吉田研作
編集　　株式会社メディアビーコン
デザイン・DTP　株式会社アクセス
印刷　　日新印刷株式会社
発行　　株式会社 mpi 松香フォニックス
　　　　〒 151-0053
　　　　東京都渋谷区代々木 2-16-2 第二甲田ビル 2F
　　　　fax : 03-5302-1652
　　　　URL : https://www.mpi-j.co.jp